dtv

Im Sommer 1939 war die wohlbehütete Kindheitswelt für den Jungen David Faber noch in Ordnung, doch mit dem Einmarsch der Deutschen im September 1939 änderte sich alles. Die jüdische Familie versuchte zu fliehen, der Verfolgung zu entgehen, doch es gab kein Entkommen. Eltern und sechs Geschwister wurden ermordet, nur David blieb wie durch ein Wunder verschont. Für den Jungen begann eine grauenvolle Odyssee durch verschiedene Arbeits- und Konzentrationslager – ständiger Todesangst, entsetzlichen Grausamkeiten und fortdauernden Entbehrungen ausgesetzt. Doch das Andenken an seine Familie, insbesondere an seinen bewunderten älteren Bruder Romek, der im Untergrund Widerstand zu leisten versucht hatte und vor den Augen Davids zu Tode gefoltert worden war, gab ihm die Kraft zu überleben. Erst 20 Jahre nach seiner Befreiung begann David Faber, über seine Leidenszeit zu sprechen. Aus seinen Berichten entstand dieses Buch. Aufgrund des großen zeitlichen Abstandes ist manches in seiner Erinnerung verwischt, mischen sich in der Erzählung Realität, Fiktion und später erworbene Informationen. Doch auch unter Berücksichtigung dieses bekannten psychologischen Phänomens ist das Buch ein erschütterndes Zeugnis gegen das Vergessen und eine Mahnung zum entschlossenen Widerstand gegen jegliche Inhumanität.

David Faber, geboren 1926 in Nowy Sącz/Polen, wanderte nach dem Krieg nach England aus. 1957 übersiedelte er mit seiner Frau und seinem Sohn in die USA und lebt heute in San Diego.

David Faber
mit James D. Kitchen

Romeks Bruder

Erinnerungen eines
Holocaust-Überlebenden

Aus dem Englischen
von Gabriele Ackermann

Deutscher Taschenbuch Verlag

Zum Andenken an meine gesamte Familie

Deutsche Erstausgabe
März 2000

Titel der amerikanischen Originalausgabe: ›Because of Romek.
A Holocaust Survivor's Memoir‹, Granite Hills Press, El Cajon,
California 1997.

Umschlagkonzept: Balk & Brumshagen
Umschlagfoto: © Granite Hills Press, California
Gesamtherstellung: C. H. Beck'sche Buchdruckerei,
Nördlingen
Gesetzt aus der Aldus 10,5/12'
Gedruckt auf säurefreiem, chlorfrei gebleichtem Papier
Printed in Germany · ISBN 3-423-30761-7

Endlösung

Niedrig hängt Rauch
Und schwärzt, was er berührt;
Flammen verschlingen
Alles auf ihrem Weg.
Der enge Raum wird enger;
Erstickend
Saugt er den letzten Atem aus dem Leben.
Durch die Wände sickern Geräusche
Nach draußen,
Erstickte Stimmen.
Klar zu hören ist nur Feuerprasseln –
Es verwandelt Leben in Asche.

Laß mich mein Bild malen,
Selbst wenn es dir nicht gefällt.
Laß mich die Wahrheit hinausschreien,
Selbst wenn du sie nicht glauben kannst.
Ich will beweisen, daß du unrecht hast,
Selbst wenn du es nicht willst.
Aber die Wahrheit wird ans Licht kommen,
Denn da sind Überlebende.

Anna Vaisman, 16 Jahre
Enkelin von David Faber

Prolog

Polen. Ende August 1939. Flugzeuge kreisten niedrig über Kattowitz. Den ganzen Tag tönten Beschwichtigungsparolen aus ihren Lautsprechern: »Wir sind stark. Wenn die Deutschen kommen, werden wir sie stoppen. Keine Aufregung! Wir sind stark!« Niemand glaubte ihnen.

Anfang September stießen Panzer-Divisionen nach Pszczyna vor. Die polnische Verteidigung brach zusammen. Hunderte von Soldaten starben; Tausende kamen in Kriegsgefangenenlager.

Von unserer Wohnung im dritten Stock in der Pocztowastraße aus beobachtete ich deutsche Militärlastwagen, voll beladen mit Männern in Stahlhelmen und grauen Uniformen. Wie Vorboten des Todes waren die Nazis gekommen.

Schon vorher war das Leben schwer gewesen in einer Stadt, in der die meisten Menschen Deutsche waren – und Katholiken. In jedem Klassenzimmer hing ein Kruzifix, und die Tage begannen und endeten damit, daß Schüler zum Gebet niederknieten. Jüdische Kinder knieten nicht. »Christusmörder« nannten sie uns.

Unser Zuhause bot uns Zuflucht vor dem Spott und den Schikanen. Papas ruhige Gegenwart machte mir Mut, meine sechs Schwestern Rachel, Kreindel, Laika, Fella, Sabina und Sonia und mein Bruder Romek, alle älter als ich, verhätschelten und neckten mich abwechselnd, und Mamas Liebe wärmte uns alle.

Papa importierte Zitronen und Orangen, die er an Obstläden verkaufte, aber eigentlich kümmerte sich Mama ums Geschäft. Papas Lebenszentrum war die Synagoge, er ging täglich hin, morgens, mittags und abends.

Wie würde es jetzt weitergehen? Ich hatte von Juden gehört, die vor Hitler geflohen waren. Andere verloren ihre Arbeit, ihre Läden. Wiederum andere verschwanden über Nacht, und niemand hörte je wieder etwas von ihnen. So würde es auch in Kattowitz sein, das wußte ich. Weder Papas Glauben konnte uns retten noch Mamas Liebe.

Erstes Kapitel

Mein eigener Schrei zerriß meinen Schlaf und machte dem Entsetzen ein Ende, Romek wieder sterben zu sehen. Ich fühlte eine Hand auf meiner Schulter; eine Stimme sagte beruhigend: »Es ist gut, David, es ist gut. Wir sind jetzt sicher.«

Ich setzte mich auf, fuhr mit den Händen über mein Gesicht und streichelte Tonias Hand. »Ich weiß. Jahrelang habe ich nicht mehr davon geträumt. Der Brief hat die Erinnerung geweckt.«

Der Brief ging mir nicht aus dem Sinn.

Ich wußte, daß Romek tot war. Nichts konnte ihn zurückbringen. Die Deutschen hatten ihn umgebracht, und jetzt rührten sie alles wieder auf. Warum ließen sie es nicht auf sich beruhen?

Gestern, als ich von der Arbeit nach Hause kam, hatte Tonia mir den Umschlag gegeben. Ärger überfiel mich, als ich den Absender »Konsulat der Bundesrepublik Deutschland« las.

Als ich das dicke Kuvert aufriß und den Brief herauszog, zitterten meine Hände.

»Es handelt sich um eine wichtige Angelegenheit«, stand da. »Wir möchten Sie gerne als Zeugen hören in dem Fall Ihres Bruders, Romek Faber. Wir wären Ihnen dankbar, wenn Sie uns in New Haven im Hilton Hotel aufsuchen würden ...«

Ich sah meine Frau an. »Ich frage mich, was das soll? Wir haben 1966! Was wollen die?«

»Warum rufst du nicht an und fragst?« sagte sie. »Ich finde, du solltest dich nicht mit ihnen treffen oder als Zeuge aussagen, solange du nicht weißt, worum es geht.«

Ich griff zum Telefon und wählte die Nummer, die auf dem Briefkopf stand.

»Hier spricht David Faber. Ich möchte Dr. von Keudell sprechen.«

Einige Sekunden später sagte ein Mann auf Deutsch: »Ja bitte?«

»Dr. von Keudell, ich möchte Englisch sprechen. Ich kann zwar Deutsch, aber Englisch ist mir lieber.«

»Wie Sie wollen.«

»Mein Name ist David Faber. Ich habe Ihren Brief bekommen, in dem Sie mich bitten, als Zeuge in einem Fall auszusagen, der meinen Bruder, Romek Faber, betrifft. Ich verstehe das nicht. Ihr Deutschen habt ihn zu Tode gefoltert. Was wollen Sie noch von ihm oder von mir?«

»Ich bedaure, aber ich kann Ihnen nicht mehr sagen, bevor wir uns getroffen haben.«

»Hören Sie, Dr. von Keudell, ich bedaure ebenfalls; aber ich habe nicht die Absicht, mich in etwas hineinziehen zu lassen, worüber ich nicht Bescheid weiß. Ich werde weder nach New Haven noch sonstwo hingehen, solange Sie mir nicht sagen, worum es geht. Ich traue Ihnen einfach nicht.«

»Wir brauchen dringend Ihre Hilfe. Es tut mir leid, aber ich kann Ihnen nicht mehr sagen.«

»Dann weigere ich mich, irgend etwas zu tun«, sagte ich und hängte ein.

Zu meiner Frau sagte ich: »Ich hoffe, die Sache hat sich erledigt.«

Aber nein. Nach einer Weile rief ein Mann an, der sagte, er sei vom FBI.

»Wir wären Ihnen dankbar, wenn Sie der deutschen Regierung behilflich wären«, sagte er.

»Behilflich wobei?« fragte ich. »Die sagen mir ja nichts. Ich weiß nicht mal, wer *Sie* sind und ob Sie wirklich vom FBI sind. Ich unternehme überhaupt nichts ohne genauere Informationen.«

Am nächsten Tag klopfte es an der Haustür. Draußen stand ein Mann; er trug Anzug und Hut.

»Herr Faber?« fragte er.

»Ja. Wer sind Sie?«

Er zeigte mir ein Lederetui mit einem Ausweis vom FBI; darauf war sein Foto und sein Name.

»Hier ist mein Ausweis. Darf ich hereinkommen und mit Ihnen sprechen?«

»Ja, kommen Sie. Aber ich habe bereits mit dem FBI telefoniert. Ich habe gesagt, daß ich nichts tun kann, solange sie mir nicht sagen, was das alles zu bedeuten hat.«

Er trat ein, setzte sich aber nicht.

»Haben Sie mit Dr. von Keudell vom deutschen Konsulat gesprochen?« fragte er.

»Ja. Ich sagte ihm dasselbe wie dem FBI.«

»Es ist äußerst wichtig, daß Sie in dieser Angelegenheit mit den Deutschen zusammenarbeiten. Es ist auch für die Vereinigten Staaten wichtig.«

»Sehen Sie«, sagte ich, »die Deutschen haben mir und meiner Familie so viel Grausames angetan. Erwarten Sie wirklich, daß ich denen traue, daß ich allein in einen Raum voller Deutscher gehe? Und ich weiß ja nicht einmal, wozu! Das ist mir zu gefährlich. Ich werde es nicht tun.«

Er versuchte, mich zu überreden, aber ich unterbrach ihn. »Wissen Sie überhaupt, wie sie meinen Bruder ermordet haben, daß ich mit ansah, wie sie ihn zu Tode gefoltert haben? Bedaure, aber Sie verschwenden wirklich Ihre Zeit.«

Es verging noch mal etwa eine halbe Stunde, in der er Gründe anführte, warum ich mich mit den Deutschen treffen sollte, und ich meine Weigerung wiederholte; endlich ging der FBI-Mann.

Das gleiche wiederholte sich etwa eine Woche später; diesmal mit einem Mann, der sich als CIA-Agent auswies. Wieder erzählte ich von den Greueln, die die Deutschen mir und meiner Familie angetan hatten, und bat, mir wenigstens andeutungsweise zu sagen, was sie jetzt von mir wollten; wieder wurde meine Bitte abgelehnt.

»Sie werden es erfahren, wenn Sie hingehen«, war die einzige Antwort.

Eine weitere Woche später, an meinem freien Tag, läutete gegen Mittag das Telefon. Als ich mich meldete, sagte ein Mann auf Jiddisch:

»Hier ist Senator Jacob Javits. Spreche ich mit Herrn David Faber?«

»Ja.«

Er sagte mir, wie wichtig es sowohl für die Amerikaner als auch für die Deutschen sei, mir Fragen über meinen Bruder zu stellen, und drängte mich, die Leute zu treffen.

»Aber wie kann ich denen irgend etwas erzählen, was sie nicht selber wissen?« fragte ich. »Ich war ein Kind damals, und ich wußte nicht, was mein Bruder machte, wenn er nicht im Ghetto war. Ich weiß überhaupt nichts und ich will diese Leute auch nicht sehen. Warum lassen sie mich nicht in Ruhe? Haben sie mir und meiner Familie nicht schon genug angetan? Nichts, was ich ihnen erzähle, kann meinem Bruder noch helfen. Er ist seit 25 Jahren tot. Und woher soll ich überhaupt wissen, daß Sie derjenige sind, für den Sie sich ausgeben, daß Sie wirklich Senator Jacob Javits sind?«

»Ich kann Ihnen am Telefon nicht mehr sagen«, antwortete er. »Aber diese Angelegenheit ist so wichtig, daß ich mich gerne mit Ihnen treffen würde; dabei kann ich Ihnen dann mehr erzählen.«

»Können Sie nach Springfield, Massachusetts, kommen?« fragte ich ihn.

»Wie wäre es kommenden Freitag?« erwiderte er.

»Das kann ich einrichten«, sagte ich. »Wollen wir uns in der Beth El Synagoge treffen?«

»Ich werde am Mittag dasein«, antwortete er. »Sie können sich dort sicher fühlen, und wir können miteinander sprechen.«

»Ich danke Ihnen. Ich werde kommen.«

Ich war noch immer verwirrt, und die ganze Sache beunruhigte mich; trotzdem schien mir ein Treffen in einer Synagoge hinreichend sicher, mit einem Mann, der behauptete, Jacob Javits zu sein. Also ging ich an jenem Freitag in die Beth El Synagoge.

Als ich die Stufen hinauf und durch die Vordertür ging, kam ein Mann auf mich zu. »Der Senator erwartet Sie«, sagte er, und deutete in Richtung des Thoraschreins.

Ich sah auf. Ja, es war Jacob Javits. Ich erkannte ihn sofort, denn ich hatte ihn bei vielen Gelegenheiten im Fernsehen oder in den Zeitungen gesehen. Ich eilte durch den Gang auf ihn zu.

Wir gaben uns die Hand, und er dankte mir, daß ich gekommen war. »Ich habe nur wenig Zeit«, sagte er, »ich werde Ihnen also so schnell wie möglich berichten. Ihr Bruder war der Anführer einer großen Untergrundbewegung, die Sabotage gegen die Nazis betrieb. Unter anderem vernichteten sie Lieferungen von schwerem Wasser nach Deutschland, ohne das die Deutschen keine Atombombe bauen konnten.«

Ich unterbrach ihn. »Tut mir leid, aber von all dem wußte ich nichts. Ich war ein Kind damals und hatte nichts zu tun mit dem Untergrund. Im übrigen, was kann all das Romek noch helfen?«

Der Senator hob die Hand. »Es geht darum, daß Gerechtigkeit geschieht. Ihr Bruder rettete zusammen mit seiner Gruppe Tausenden das Leben, bevor er starb. Bevor er von einem Doppelagenten verraten wurde. Jahrelang haben wir und die Deutschen diesen Agenten gesucht, und wir glauben, ihn jetzt gefunden zu haben. Vielleicht können Sie uns helfen zu beweisen, daß er es wirklich ist.«

»Wie denn? Ich weiß doch überhaupt nichts davon!«

»Warum überlassen Sie uns diese Entscheidung nicht? Warum wollen Sie nicht mit den Deutschen sprechen, ihrem Bruder zuliebe?«

»Ich habe immer noch Angst davor, allein in einem Raum mit Deutschen zu sein«, sagte ich. »Wie kann ich sicher sein, daß nichts passiert?«

»Sie werden nicht allein sein«, erwiderte Javits. »Der Mann vom FBI, der Sie besucht hat, wird auch dabeisein. Sie haben mein Wort.«

Meine Augen füllten sich mit Tränen. In meiner Erinnerung war Romeks Todesqual genauso deutlich und grauenvoll wie damals, als er sie durchlitt. Jetzt wußte ich, warum die Gestapo ihn zum Sprechen bringen wollte, und warum er es vorgezogen hatte, zu sterben.

»Ja«, sagte ich leise, »ich werde hingehen. Ich will alles tun, was ich kann.«

»Danke, David.« Senator Javits drückte mir die Hand und verließ die Synagoge.

Eine Woche später bestieg ich einen Greyhound-Bus nach New Haven, Connecticut. Als ich die Eingangshalle des dortigen Hilton-Hotels betrat, kam ein kleiner, rundlicher Mann auf mich zu.

»*Herr* Faber? *Herr* David Faber?«

Der schwere deutsche Akzent versetzte mich zurück in die Lager, zu den Greueln. Ich erstarrte, und einen Augenblick lang konnte ich nicht sprechen.

»Es gibt keinen Grund, Angst zu haben«, sagte ich zu mir selbst. »Hier ist Amerika.« Ich zwang mich zu antworten.

»Ja, ich bin David Faber.«

»Bitte kommen Sie nach oben. Die anderen erwarten Sie.«

Wir gingen zum Lift und fuhren in den dritten Stock. Als wir den Flur betraten, begrüßte uns dort ein anderer Mann.

»Meine Herren«, sagte er, »bitte kommen Sie herein.« Er führte uns in einen Raum, genau gegenüber vom Lift. Ein großer, dunkelhaariger Mann, mit einer Narbe auf der einen Wange, verließ eine Gruppe von Leuten, die dort versammelt waren, und streckte seine rechte Hand aus.

»Ich bin Dr. von Keudell, Herr Faber. Wir haben miteinander telefoniert.«

»Ja«, erwiderte ich und zögerte, bevor ich ihm die Hand gab. Ich fühlte mich unbehaglich unter all diesen Deutschen. Wo war der FBI-Mann, dessen Anwesenheit mir Javits versprochen hatte? Ach ja, dort stand er, an der anderen Seite des Raumes. Es war also nichts zu befürchten.

Einige andere Deutsche kamen dazu und stellten sich als Mitglieder der deutschen Untersuchungskommission vor.

»Ich würde Ihnen gerne ein paar Fragen stellen«, sagte einer von ihnen, ein großer, schwerer Mann mit einer tiefen Stimme. »Aber vorher möchte ich Ihnen etwas zeigen.«

»Bitte sehr.«

Er zog einen Stapel Papier und einige Fotos aus einer braunen, ledernen Aktentasche.

»Bitte sehen Sie sich dieses Bild an.« Er reichte mir ein großes Foto. »Erkennen Sie den Ort?«

Als ich das Foto ansah, überfielen mich bittere Erinnerungen. Ich empfand den Geruch der Angst, genau wie damals. Einen Moment lang schloß ich die Augen. »Es ist die Judenstraße, ulica Zydowska. In Tarnów.«

»Bitte sehen Sie sich noch ein Foto an.«

»Und das dritte, bitte. Haben Sie diesen Mann schon einmal gesehen?«

»Ich habe ihn gesehen. Wie könnte ich ihn je vergessen? Das ist der Mörder, Grunow. *Hauptsturmführer* Grunow.«

»Richtig.«

»Das ist der Teufel, der meinen Bruder ermordet hat.« Wieder fühlte ich die Qual jenes Tages; mein Körper wurde von Schluchzen geschüttelt.

Die Deutschen warteten geduldig.

»Es geht schon wieder.« Ich trocknete meine Augen. »Ich kann weitermachen.«

Noch ein Foto. Rommelmann! Er war dabei, als Romek ermordet wurde.

Ein anderer Mann, ebenso groß wie der erste, aber dünn und mit schütterem Haar, stellte sich als einer der Anklagevertreter vor.

»Können Sie uns Auskunft darüber geben, was für Fragen Ihrem Bruder gestellt wurden?«

»Sie wollten wissen, wo irgendwelche Papiere wären. Sie dachten, Romek wüßte es. Er rief immerzu: ›Ich weiß von keinen Papieren.‹«

»Können Sie uns mehr über Ihren Bruder erzählen?«

»Ich wußte nie, wohin Romek ging oder was er machte. Ich wußte nicht, daß er im Untergrund tätig war.«

Der erste Mann entnahm den Papieren in seiner Hand ein weiteres Foto und gab es mir. »Haben Sie jemals diesen Mann gesehen?«

Ich sah das Gesicht auf dem Foto an. Ein ziemlich junger Mann, wahrscheinlich Anfang Dreißig. Ich wußte nicht, wer er war, aber ich erkannte ihn an der langen Narbe, von dem einen Ohrläppchen über den ganzen Hals, bis unter seinen Hemdkragen. Ja, ich hatte diesen Mann gesehen, sogar öfter. Warum zeigten sie mir dieses Bild? Es mußte etwas mit Romek zu tun haben.

»Ja, ich habe diesen Mann gesehen, aber ich weiß nicht, wer er ist.« Meine Stimme zitterte, als ich fortfuhr. »Ich sah ihn mindestens zweimal mit meinem Bruder sprechen; sie standen auf dem Bürgersteig der Szerokastraße. In Tarnów. Ich erkenne ihn an seiner Narbe.«

Dr. von Keudell holte tief Luft. »Danke, Herr Faber«, sagte er. »Sie waren sehr hilfreich.«

»Wieso?«

»Sie haben uns die Identifizierung geliefert, die wir brauchten. Wir sind Ihnen für Ihre Mitarbeit sehr dankbar.«

Plötzlich wurde mir klar, daß der Mann mit der Narbe der Doppelagent gewesen sein mußte, der Romek verraten hatte. Meine Identifikation seiner Person bewies, daß die beiden sich gekannt hatten. Das war es wohl, womit ich ihnen geholfen hatte. Ich hoffte es.

»Was wird mit dem Mann geschehen, den Sie verhaftet haben?« fragte ich.

»Wir danken Ihnen, daß Sie gekommen sind«, sagte der Anklagevertreter. »Wir werden Ihnen Ihre Unkosten und Ihren Verdienstausfall ersetzen.«

»Es tut mir leid, daß Sie so viel durchmachen mußten«, fügte Dr. von Keudell hinzu.

»Es tut Ihnen leid?« fragte ich. »Das glaube ich nicht. Auch was Sie meiner Familie angetan haben, tut Ihnen nicht leid.«

Er wich zurück, als hätte ich ihn geschlagen. »Herr Faber, ich war in der Wehrmacht. Ich habe die Gestapo gehaßt. Ich habe dieses Konsulat übernommen, um Menschen wie Ihnen zeigen zu können, daß es auch anständige Deutsche gab. Wenn ich irgend etwas für Sie tun kann ...«

»Nein«, unterbrach ich ihn. »Lassen Sie mich in Ruhe. Ich bin müde.«

Ich drehte mich um und verließ den Raum.

In den darauffolgenden Wochen rief ich mehrmals beim Konsulat an, um herauszufinden, wie alles weitergegangen war. Die Antwort war immer dieselbe.

»Bedaure, die Angelegenheit ist streng geheim. Wir dürfen Ihnen keinerlei Auskunft geben.«

Damit schien die Sache für mich beendet, in Wirklichkeit aber fing sie erst an. Erinnerungen begannen aufzusteigen: die Angst und das Leiden, der Verlust der Familie, die Erniedrigungen des Lagerlebens, der Kampf, am Leben und bei Verstand zu bleiben. Erneut waren die Deutschen in mein Leben eingedrungen, hatten mich in Angst und Schrecken versetzt und zerstörten die Geborgenheit meines neuen Zuhauses in Amerika.

Ich konnte es nicht für mich behalten. Es mußte heraus, wenn ich meinen Frieden wiedergewinnen wollte. Also begann ich …

Zweites Kapitel

Ich hörte das Geräusch des Schlüssels im Schlüsselloch. Die Tür ging auf und Vater kam in die Wohnung.

»Eva! Kinder!« rief er, ohne auf meine Begrüßung zu reagieren. »Kommt! Ich muß Euch etwas Wichtiges sagen.«

Ich stand vom Sofa auf, als Mutter und meine Geschwister ins Wohnzimmer kamen.

»Was gibt es, Solomon?« fragte Mutter besorgt. »Geht es um Romek?«

Die Deutschen hatten meinen einzigen Bruder am ersten Tag ihres Überfalls gefangengenommen. Er hatte eine Nachricht auf einen Fetzen Papier geschrieben und von dem Lastwagen fallen lassen, der ihn zum Gefangenenlager brachte. Ein verwundeter Soldat hatte den Zettel gefunden und uns gebracht. Wir wußten lediglich, daß Romek in Kriegsgefangenschaft war, bis Vater Herrn Hoffmann aufsuchte, der Romeks Chef gewesen war, bevor man ihn zum Kriegsdienst eingezogen hatte. Herr Hoffmann war Deutscher und konnte Dinge herausbekommen, an die wir nicht herankamen.

Einige Tage später teilte er uns mit, Romek sei in einem Kriegsgefangenenlager; wir könnten ihm kleine Päckchen mit Essen und Kleidung schicken.

»Nein«, sagte Vater. »Es geht nicht um Romek.« Er nahm seine Unterlippe zwischen Zeigefinger und Daumen. »Es geht um uns. Die SS wird morgen hier sein. Wir müssen weg von der Grenze.«

»Oh nein!« Mutter hielt ihre Hand vor den Mund. Dann drückte sie beide Hände gegen ihre Brust. »Wohin können wir gehen?«

»Wir werden zunächst nach Sosnowiec gehen. Vielleicht können wir dort bleiben, beim Schneider. Wir kennen ihn seit langem. Ich habe heute morgen ein Pferd und einen Wagen gekauft. Da können wir mehr mitnehmen als im Zug.« Er machte eine Pause. »Es wird sowieso nicht sehr viel sein.«

Mutter blickte einen Moment vor sich hin, dann sah sie Vater in die Augen: »Du weißt es am besten, Solomon.«

Er seufzte. »Wir nehmen Kleidung mit, Bettzeug und alles, was wir an Nahrungsmitteln haben. Und natürlich die sakralen Gegenstände.« Er hielt inne und lächelte ein bißchen gequält. »Ich kann nicht einmal meine Bücher mitnehmen.«

Plötzlich wurde mir klar, wie schlimm es war. Vater verbrachte Stunden damit, den Talmud und andere religiöse Schriften zu lesen. Die wichtigsten Dinge in seinem Leben waren seine Familie und die Synagoge. Er würde sich niemals freiwillig von seinen Büchern trennen.

Ich wußte, daß es keine andere Wahl gab. Es wurde immer schwieriger für Vater, Obst zu bekommen – er importierte und verkaufte es –, und die meisten seiner deutschen Kunden wollten nicht mehr bei ihm kaufen.

Sie wollten nichts mit Juden zu tun haben. Zwar konnten wir noch Gemüse- und Fleischerläden betreten, aber Flüchtlinge sagten uns, sobald die Nazis kämen, wäre es damit aus.

Meine Schwester Fella seufzte und fuhr sich mit der Hand durch ihr dichtes schwarzes Haar. Wahrscheinlich dachte sie an ihre Freunde, die sie zurücklassen mußte. Besonders an einen bestimmten jungen Mann, vermutete ich. Weder sie noch Sabina sagten etwas. Trotzdem wußte ich, wie ungern sie gerade jetzt weggingen. Fella war neunzehn; Sabina siebzehn. Kreindel und Laika waren älter und schon ernsthafter. Ich fragte mich, was sie wohl dachten.

»Wo werden wir wohnen?« fragte Sonia, meine jüngste Schwester. Ihr Kinn zitterte, und ich dachte, gleich würde sie weinen.

Vater lächelte sie an. »Ich weiß, es ist schlimm«, sagte er. Er nickte ihr zuversichtlich zu. »Aber Gott wird uns helfen.«

Ich fragte mich, wohin wir gehen würden, wie lange die Reise wohl dauerte. Vater wußte es vermutlich selbst nicht, der Entschluß kam so plötzlich.

Wahrscheinlich mußte ich einfach abwarten und sehen, wie es weiterging.

»Wann sollen wir aufbrechen, Solomon?« fragte Mutter.

»Sobald wir den Wagen beladen haben.«

Ich war mir sicher, daß ich Tränen in Mutters Augen sah.

Einen langen Augenblick rührte sie sich nicht. Dann wurden ihre Lippen zu einer harten, geraden Linie. Sie nickte, so als hätte sie es akzeptiert.

»Ihr Kinder packt eure Sachen«, sagte sie. »Wenn ihr fertig seid, helft Papa bei den Matratzen. Ich werde etwas zu essen machen.«

Meine Schwestern und ich standen auf und liefen in unsere Zimmer. Leise ging ich in meins und schloß die Tür. Zwei lange Regalreihen voller Bücher. Einige abgegriffen, die hatte ich, so lange ich denken konnte; einige neuere, noch in den Schutzumschlägen. Familienfotos auf der Kommode. Ein Bild von Romek in seiner Soldatenuniform, mit Abzeichen, die er für Schießen und Sport gewonnen hatte. Plötzlich durchfuhr mich Angst; vielleicht würde ich ihn nie mehr wiedersehen.

Auf dem Nachttisch stand ein kleines Radio, das ich zu meinem letzten Geburtstag bekommen hatte, und ein Marmorbär, den mir meine älteste Schwester, Rachel, einige Jahre zuvor aus Paris geschickt hatte. Ich war froh, daß sie nie mehr zurückgekommen war. Sie war in England in Sicherheit.

Es tat weh, alles zurückzulassen, es war wie ein großer Teil von mir selbst. Dann sagte ich zu mir: es macht nichts. Ich war dreizehn, ich war kein Kind mehr. Ich nahm Socken und Unterwäsche aus den Schubladen, und Hosen und Hemden aus dem Schrank. Ich nahm meinen Tallit, den Gebetsmantel, den mir meine Eltern zu meinem Bar-Mizwa-Fest ein paar Monate zuvor geschenkt hatten. Ich drückte ihn fest an mich; dann faltete ich ihn sorgfältig zusammen und legte ihn aufs Bett zu den Kleidern.

Ich zog einen Koffer aus dem Schrank. Ein Vetter hatte ihn

mir zu Bar-Mizwa geschenkt. Bestimmt hatte niemand gedacht, daß ich ihn für eine solche Reise benutzen würde. Ich dachte an diesen Vetter, er war sieben Jahre älter als ich. Auch er war in der polnischen Armee; ich fragte mich, wo er wohl sein mochte. Vielleicht in Gefangenschaft mit Romek. Vielleicht tot. Vielleicht würden wir alle getötet. Vater sagte, Gott würde uns helfen; aber ich hatte Angst.

Ich wollte den Koffer zuklappen, aber dann sah ich noch einmal auf Romeks Bild. Ich nahm es, steckte es unter den Tallit und machte den Koffer zu. Dann drehte ich mich um, ging hinaus und schloß die Tür hinter mir.

Fella saß schon im Wohnzimmer, ihren Koffer neben sich auf dem Fußboden. Sie winkte mich neben sich aufs Sofa. Als ich mich setzte, legte sie ihren Arm um mich und zog mich an sich.

»Wir schaffen es schon, David.« Sie lächelte. »Wir werden einen Platz finden.«

Sie war wie Mutter und schien sich kaum aufzuregen, wenn schlimme Dinge passierten.

»Wie soll Romek uns finden?« fragte ich.

In dem Augenblick kam Sonia herein, in der einen Hand einen Koffer, mit der anderen wischte sie sich die Augen. Sie stellte ihren Koffer ab und setzte sich auf die andere Seite neben Fella.

»Ich fürchte mich«, sagte sie. »Ich habe Angst vor dem, was kommen wird.«

»Ich fürchte mich auch«, sagte Fella, »aber Papa hat recht. Wir können hier nicht bleiben.« Sie legte ihren anderen Arm um Sonia. »Aber laß uns versuchen, es ihm und Mama nicht noch schwerer zu machen.«

Mutter rief aus der Küche. »Wenn Papa vom Wagen raufkommt, sagt ihm, daß das Essen fertig ist.«

Kurz darauf kam Vater zurück; er schüttelte den Kopf, als er uns drei auf dem Sofa sitzen sah.

»Die Welt geht nicht unter«, sagte er. »Schließlich haben wir uns.« Er ging durch den Flur zu seinem Schlafzimmer.

Meine Schwestern und ich gingen ins Eßzimmer und warteten. Sabina kam ein paar Minuten später dazu. Sie brauchte für alles immer am längsten. Sie war nicht faul, sie bewegte sich einfach langsamer. Mutter meinte, das komme, weil sie eine Träumerin sei.

Als alle am Tisch saßen, sprach Vater den Segen. Mutter teilte Suppe aus und schnitt dicke Brotscheiben ab. Ich nahm einen Bissen, aber ich konnte fast nicht schlucken. Mein Mund war ausgetrocknet und meine Kehle wie zugeschnürt. Ich sah die andern an. Meine Schwestern aßen auch nichts.

Vater strich Butter auf sein Brot und aß einen Bissen.

»Eßt, Kinder, eßt«, sagte er. »Wer weiß, wann wir wieder eine Gelegenheit haben.«

»Ich habe was zum Mitnehmen eingepackt, aber ein Abendessen gibt es heute vielleicht nicht«, fügte Mutter hinzu.

Fella tauchte ihren Löffel in die Suppe und führte ihn zum Mund. Kurz darauf machten Sabina, Sonia, Laika und Kreindel es ihr nach. Schließlich auch ich.

Vater aß wie immer langsam. Er aß nie viel. Er war dünn, etwa 1,68 m groß und trug stets einen Anzug. Ich fand, daß er gut aussah, und ich war stolz auf ihn. Auch auf Mama war ich stolz, obwohl sie sich kaum je feinmachte. Sie war zu sehr mit uns und dem Geschäft beschäftigt, um sich viel um Mode zu kümmern. Aber sie war hübsch.

Nachdem wir gegessen hatten, halfen die Mädchen Mutter beim Packen, während Vater und ich die Matratzen zum Wagen trugen.

Hans Ronczka, ein Nazi, der im selben Haus wohnte, stand auf dem Bürgersteig. Als er uns sah, stieß er seinen Sohn an. Der lachte.

»*Ja*! Lauft! Lauft«, rief der Junge. Er benutzte nicht die Schimpfwörter, die er sonst immer schrie, wenn er mich alleine sah.

Heinrich war größer und kräftiger als ich und tyrannisierte mich, wann immer er konnte. Jetzt zeigte er auf mich.

»Der Führer kommt! Du haust besser ab, du kleines *Schwein!*«

»Antworte nicht«, sagte Vater zu mir. »Mach einfach weiter.«

Vor den Wagen, der ein paar Meter weiter unten auf der Straße stand, war eine schwarze Stute gespannt. Sie zerrte an dem Strick, mit dem sie an einen Lampenmast angebunden war.

»Wahrscheinlich ist sie vor den Matratzen erschrocken«, sagte ich.

»Kann sein«, antwortete Vater, »sie wird sich schon beruhigen.« Wir gingen zur Rückseite des Wagens. »Hilf mir, sie einzuladen.«

Wir hoben die Matratzen hoch, eine nach der andern, und schoben sie in den Wagen. Ich stieg auf und glättete sie, damit wir eine weiche Unterlage hatten. Die Stute stand jetzt ganz still. Als ich fertig war, ging ich zu ihr und klopfte ihren Hals. Sie drehte den Kopf und sah mich an. Sie war schön, mit einer weißen Blesse.

»Weißt du wie sie heißt, Papa?«

»Ich vergaß, danach zu fragen. Du kannst ihr einen Namen geben, wenn du willst.«

»Ich werde sie Stern nennen. Das ist ein schöner Name, nicht wahr?«

»Ja, David, ein sehr schöner Name.«

Ich strich Stern mit der Hand über Blesse und Schnauze. Sie schmiegte ihren Kopf an mich. Sie will Freundschaft schließen, dachte ich. Aber sie ist ja schon ein Freund. Sie hilft uns, von den Nazis fortzukommen.

Die Mädchen brachten die Koffer und Taschen herunter. Dann kam Mutter, in jeder Hand einen Korb.

»Das ist alles, Solomon«, sagte sie. »Hier sind Lebensmittel drin.« Sie deutete auf den einen Korb; dann hob sie den anderen hoch. »Ich habe deinen Tallit, die Menora und den Kiddush-Becher ins Sabbat-Tischtuch gewickelt und in diesen Korb getan. Ich werde ihn auf den Schoß nehmen.«

»Gut«, sagte Vater. »Aber wir sollten jetzt abfahren. Du steigst mit Sonia auf. Wir anderen laufen.«

»Wie kommen wir denn rauf?« fragte Mutter.

»Hier ist eine Stufe, beim Vorderrad. Kommt, ich helfe euch.«

Der Wagen knarrte, als zuerst Mutter und dann Sonia hinaufstiegen und sich auf den harten Holzsitz setzten. Mutter strich ihren Rock zurecht und zog ihr Kopftuch fest.

»Wir sind soweit«, sagte sie.

Vater löste den Haltestrick und trat vor Stern. Er zog an dem Strick, und die Stute setzte sich in Bewegung und zog den Wagen die Straße hinunter.

Ich war froh wegzukommen. Ich hatte befürchtet, daß Roncz-ka und sein Sohn zurückkämen. Ich schaute hinauf zu meinem Fenster und dann zu Vater. Warum haßten uns die Nazis?

Ich warf einen Blick auf die anderen. Alle schauten geradeaus, nur Sonia nicht. Ihr Kopf war nach vorn gebeugt, als sie neben Mutter auf der Wagenbank saß. Wahrscheinlich weint sie, dachte ich. Da wurde ich wütend. Warum sollte sie nicht weinen? Sie mußte alles verlassen, genauso wie wir anderen. Ich wünschte, ich könnte das Ganze aufhalten, alles rückgängig machen, so, wie es immer gewesen war.

Es war Frühherbst, aber die Sonne schien warm. Ich fing an zu schwitzen und merkte, daß auch die Stute schwitzte. Dort wo der Gurt anlag, stand weißer Schaum auf ihrem schwarzen Fell. Es mußte anstrengend sein, so eine schwere Last zu ziehen. Vater zog sein Jackett und sein Halstuch aus und gab beides Mutter hinauf. Das war neu. Ich hatte ihn draußen noch nie in Hemdsärmeln gesehen.

Keiner von uns sagte ein Wort. Es gab nichts zu sagen, was uns hätte helfen können. Ich dachte an Moses, wie er sein Volk aus Ägypten führte. Uns erwartete kein Gelobtes Land.

Am späten Vormittag fragte Mutter: »Können wir anhalten? Ich finde, die Mädchen sollten ein bißchen fahren. Und David auch.«

»Ich bin nicht müde, Mama«, widersprach ich. Das stimmte zwar nicht, aber ich wollte nicht, daß sie wie eine Bäuerin zu Fuß ging.

»Ich steige ab«, sagte Sonia. »Laß Fella und Sabina mit dir fahren, Mama.« Sie sprang ab, und die beiden anderen stiegen hinauf, neben Mutter.

»Aah«, sagte Fella, »das tut gut.«

Sabina holte tief Luft und streckte ihre Beine aus. Sie machte die Augen zu, als wolle sie nicht sehen, was vor sich ging.

Vater ließ Stern eine Weile rasten, dann ging es weiter. Kreindel, Laika und Sonia trotteten neben mir her. Sonia sah auf den Boden. Sie drehte sich zu mir um, dann schaute sie zu Vater, der Stern führte.

»Ich hasse die Deutschen«, sagte sie; ihr Gesicht war finster. »Ich hasse sie!«

Vater ging weiter, Schweiß lief ihm übers Gesicht, sein Hemd wurde fleckig. Er starrte geradeaus, und ich fragte mich, woran er wohl denken mochte. Es mußte schrecklich für ihn sein, stellte ich mir vor, nicht so für uns sorgen zu können, wie er es immer getan hatte. Ich wollte ihn wissen lassen, daß ich ihn liebhatte, aber ich wußte nicht, wie ich es sagen sollte.

Wir kamen zu einem kleinen Fluß und hielten. »Ich werde die Stute ausspannen und sie trinken lassen«, sagte Vater. »Ihr ist schrecklich heiß.«

»Und wir können zu Mittag essen«, sagte Mutter.

Vater band Stern los und führte sie zum Wasser. »Nicht zuviel«, sagte er zu ihr und zog sie fort. Als er sie wieder vor den Wagen gespannt hatte, setzten wir uns unter einen Baum. Mutter verteilte Brot und Pastrami und etwas zu trinken. Es war wie ein Picknick, nur daß keiner lachte oder Spaß machte.

»David kann das Pferd eine Zeitlang führen, Solomon«, sagte Mutter, als wir aufluden. »Du mußt sehr müde sein.«

»Bitte laß mich, Papa«, bettelte ich. Ich liebte Stern, als wäre sie schon lange bei uns.

Vater lächelte. »Na gut. Es wird guttun, zu sitzen.«

Er gab mir den Strick. Sterns schwarzes Fell war naß, als ich ihren Hals klopfte.

»Du braves Tier«, sagte ich zu ihr. »Du gutes Tier.«

Wir erreichten das 25 Kilometer entfernte Sosnowiec genau bei Sonnenuntergang.

Vater ging wieder zu Fuß. Pötzlich blieb er stehen und hielt Stern an. Für einen Augenblick schien er in sich zusammenzusinken, dann stand er wieder aufrecht.

Mutter sagte sanft: »Wir sind fast angekommen, Solomon. Hoffentlich läßt uns der Schneider ins Haus. Es wird kalt werden heute nacht.«

»Bestimmt wird er. Und wenn er nicht kann, wird uns jemand anderes aufnehmen. Das ist die Targowastraße; unsere Leute wohnen hier.«

Ich stieg vom Wagen herunter und lief neben Vater her. Bald führte er den Wagen nach links, durch ein hohes Holztor, das offenstand. Ich kannte das Gebäude und den großen Hof. Mutter war einige Wochen vorher mit mir hier gewesen, um mir vom Schneider eine Schuljacke nähen zu lassen, marineblau mit großen Goldknöpfen an jedem Ärmel. Ich erinnerte mich so gut, weil ich mich so albern benommen hatte.

Wir waren ein zweites Mal zur Anprobe gekommen. Der Schneider hielt die Jacke auf, und ich schlüpfte mit dem Arm in einen Ärmel. Ich streckte meinen anderen Arm aus und wartete auf den zweiten Ärmel. Aber es gab nur einen.

»Mir gefällt diese Jacke nicht!« sagte ich. »Ich will sie nicht haben.«

Der Schneider schaute verärgert, bis Mutter lachte und mich an sich drückte.

»Ach David«, sagte sie. »Du bist ein ulkiger Junge! Sie ist doch erst halb fertig!«

Da lachte der Schneider auch und sagte: »Zeig einem Narren keine halben Sachen!«

Ich wurde knallrot und kam mir wie ein Idiot vor.

Vater hielt die Stute vor der Tür des Schneiders an, ging hinauf und klopfte. Als geöffnet wurde, fragte er den Mann, ob er Platz für uns zum Übernachten hätte.

»Es tut mir leid, aber mein Haus ist voll«, sagte der Schneider. »Der Bruder meiner Frau kam gestern mit seiner Familie. Es tut mir leid.«

»Oh nein«, rief Mutter. »Wohin können wir denn gehen?«

»Ich glaube, die Clapers haben noch Platz. Sie wohnen gleich nebenan. Ich gehe mit Ihnen, wir fragen sie.«

Er kam heraus, ging zur Nachbarstür und klopfte. Ein Mann

öffnete. Das Flurlicht warf einen Schimmer wie einen Heiligenschein über sein buschiges Haar.

»Das sind meine Freunde, die Fabers«, sagte der Schneider. »Sie kommen gerade aus Kattowitz und haben keine Unterkunft. Habt ihr Platz für sie?«

»Ja, kommen Sie herein. Sie können im Keller schlafen.«

»Danke«, sagte Vater, seine Stimme zitterte. Er ging zum Wagen zurück. »Komm, Mama, die guten Menschen geben uns ein Nachtquartier.«

Er half Mutter vom Sitz herunter. »Geh mit den Mädchen hinein«, sagte er zu ihr. »David und ich kümmern uns um Stern.«

»Ist gut, Papa.« Mutters Stimme klang todmüde. Der Mann und die Frau, die jetzt neben Vater standen, lächelten; sie streckten die Hände aus und zogen Mutter zur Tür herein.

»David, fang schon an abzuladen. Ich binde die Stute los und versuche, Wasser für sie zu finden«, sagte Vater.

Er löste den Strick, während ich Decken und Kissen vom Wagen herunterzog. Die Frau von vorhin öffnete wieder die Tür.

»Bring sie hier herein«, rief sie. »Deine Mutter und die Mädchen sind in den Keller gegangen.«

Ich hob alles auf, was ich in meinen Armen halten konnte, dann stolperte ich die Stufen hinauf in einen Vorraum.

»Hier entlang«, sagte die Frau und führte mich zu einer Tür an der Vorderseite des Hauses. Im Licht sah ich eine kleine Figur, rundlich wie Mutter, mit tiefschwarzem Haar, das sich auf ihrem Kopf türmte. Ich folgte ihr in eine große Küche, in der an einer Wand Töpfe und Pfannen aufgehängt waren.

Sie öffnete noch eine Tür.

»Paß auf die Stufen auf«, sagte sie. »Fall nicht.« Sie lächelte. »Obwohl du dich wohl kaum verletzen würdest, bepackt mit all den Kissen.«

Sie lachte; doch dann wurde sie ernst, so als ob sie merkte, daß es nicht richtig war, irgend etwas lustig zu finden.

Mutter stand am unteren Ende der Treppe.

»Leg sie auf den Tisch dort, David. Und dann hilf Papa.«

Vater hatte Stern an einer Wäschestange angebunden, an der einen Hofseite. »Hilf mir bei den Matratzen«, sagte er.

In dem Augenblick kam der Hausherr heraus.

»Ich bin Isidor Claper«, sagte er und gab Vater einen Eimer. »Hier ist etwas Wasser für das Pferd. Es tut mir leid, daß ich kein Futter habe.«

Vater nahm ihm den Eimer ab und stellte ihn vor Stern.

Zu dritt trugen wir die Matratzen ins Haus.

»Wirf sie ruhig die Treppe runter«, meinte Vater. »Das ist am einfachsten.«

»Wenn Sie sich eingerichtet haben, kommen Sie und essen Sie was«, sagte Frau Claper, als wir in die Küche kamen.

»Danke. Ich sage den anderen Bescheid«, antwortete Vater.

Die Matratze glitt mir aus den Fingern, und ich ließ sie gerne die Treppe runterrutschen. Vater und Herr Claper machten es mit ihren genauso, und als Vater und ich in den Keller hinunterstiegen, schloß Herr Claper die Tür.

»Frau Claper hat uns aufgefordert, zum Essen hinaufzukommen«, sagte Vater zu den anderen.

»Laß uns zuerst die Betten herrichten«, meinte Mutter. »Es dauert nur ein paar Minuten, danach können wir raufgehen.«

Es gab keine Bettgestelle. Nur einen Tisch und ein paar abgewetzte Sessel. Wir legten die Matratzen auf den Fußboden, dann breiteten wir die Decken und Kissen darüber.

»David, bitte geh rauf und sag ihnen, wir möchten nur ein bißchen Tee«, sagte Mutter. »Wir sind alle todmüde.«

»Ist gut, Mama.« Ich hatte Hunger, aber ich wollte nicht ohne die anderen essen.

Als ich in die Küche kam, unterhielten sich zwei junge Männer mit Frau Claper.

»Hallo«, sagte sie zu mir. »Kommst du rauf zum Essen? Leider weiß ich deinen Namen nicht.«

»Ich heiße David. Vielen Dank, aber wir sind zu müde. Aber eine Kanne Tee wäre schön.«

»Natürlich.« Sie füllte einen Wasserkessel und setzte ihn auf den Ofen. »So, das ist in ein paar Minuten heiß.«

Sie deutete auf die anderen.

»Das sind meine Söhne, Samuel«, das war der ältere, »und Moishe. Sie sind Studenten.«

Ihre Stimme klang stolz, als sie die beiden ansah.

»Hallo, David.« Samuel lächelte und streckte die Hand aus.

»Hallo«, sagte ich.

Sein jüngerer Bruder stellte seine Tasse ab und gab mir die Hand.

»Hallo«, sagte er, »und willkommen.«

Da sagte Samuel: »Ich fürchte allerdings, es ist hier kein bißchen besser. Die Deutschen sind überall.«

Bei seinen Worten lief mir ein Schauer über den Rücken. Vater dachte, weg von der Grenze würde es besser sein. Offenbar stimmte das gar nicht. Mir war nicht nach Weiterreden zumute. Statt dessen beobachtete ich, wie Frau Claper Teeblätter in eine große Porzellankanne schüttete und sie mit kochendem Wasser aufgoß.

»Du kannst nicht die Kanne und dazu noch sechs Tassen tragen«, sagte sie. »Moishe, bitte hilf David.«

»Klar. Ich nehme die Tassen.«

Als ich in den Keller kam, waren Sabina und Sonia schon eingeschlafen. Fella, Laika und Kreindel hatten sich hingelegt, aber sie waren noch wach. Mutter saß in einem wackligen Sessel. Ihre Augen waren sorgenvoll. Vater saß neben ihr und hielt ihre Hand.

»Stell die Kanne auf den Tisch, David«, sagte sie.

»Und hier sind die Tassen«, sagte Moishe und stellte sie neben die Teekanne. »Gute Nacht.«

»Gute Nacht und vielen Dank«, sagte Mutter.

Sie schenkte Tee ein und reichte uns die Tassen. Zuerst Vater, dann den Mädchen und mir. Es war seltsam, sie das in einem Keller tun zu sehen, anstatt in unserem Eßzimmer.

Der heiße Tee wärmte mich und machte mich müde. Aber ich war zu beunruhigt, um sofort schlafen zu gehen. Statt desssen fragte ich: »Werden wir morgen einen Platz finden, Papa?«

»Herr Claper glaubt nicht, daß wir hier sicher sind. Wir werden weiter nach Osten gehen.« Er lächelte. »Aber sorg dich nicht, wir werden einen Platz finden. Jetzt trink deinen Tee aus und geh schlafen.«

Mutter strich mir übers Haar.

»Ja, David, ruh dich jetzt aus. Du bist viel gelaufen heute.«

Ich legte mich hin, ohne mich auszuziehen, und Papa drehte die nackte Glühbirne aus, die von der Decke hing. Nach ein oder zwei Minuten war ich eingeschlafen.

Irgendwann später wurde ich durch ein tiefes Grollen geweckt. Ich horchte, das Geräusch wurde lauter. Dann hörte ich Mutter und Vater leise reden.

»Was ist das, Papa?« flüsterte ich. »Die Nazis? Was werden sie tun?«

»Schlaf weiter, David. Das ist die Artillerie, die großen Geschütze. Es passiert uns nichts heute nacht.«

Ich machte die Augen zu, aber ich konnte nicht einschlafen. Ich fürchtete mich, als das Geräusch lauter wurde und immer näher kam. Ich vergrub meinen Kopf unter dem Kopfkisssen, um es nicht mehr zu hören. Endlich schlief ich ein.

Drittes Kapitel

Mutter weckte mich am nächsten Morgen. »David, Frau Claper hat ein Frühstück für uns.«

Ich kroch über die Matratze. Dabei stieß ich an die Blase, die ich an meiner Ferse hatte. Ich gab mir Mühe, nicht aufzuschreien. Ich wollte nicht, daß Mutter es merkte; sie würde unnötig viel Aufhebens davon machen. Meine Schwestern waren schon auf, ihre Kleider waren glattgestrichen, die Haare gebürstet. Vater saß in einem Sessel und starrte auf den Boden.

Ich setzte mich hin, zog meine Schuhe an und strich meine Haare glatt. Sie standen am Hinterkopf hoch, aber ich hatte nichts, was ich drauf tun konnte.

Vater sah mich an. »David ist fertig«, sagte er. »Laßt uns raufgehen.« Er lächelte und wandte sich der Treppe zu.

Ich fühlte mich fremd in der großen Küche. Die Sonne schien durch ein Fenster über der Spüle, spiegelte sich in einer glänzenden Pfanne und warf helle Flecken an die Küchendecke. Alles schien viel zu normal, um wirklich zu sein.

»Guten Morgen«, begrüßte uns Frau Claper. »Im Badezimmer sind Handtücher. Wenn Sie fertig sind, gibt's Frühstück.«

»Guten Morgen«, antwortete Vater, »und vielen Dank.«

»Ja, vielen Dank«, fügte Mutter hinzu.

Nach wenigen Minuten saßen wir um den großen rechteckigen Tisch. Herr Claper und seine Söhne erwarteten uns. Näpfchen mit Butter und Marmelade standen in der Mitte, und Frau Claper brachte einen Teller, gefüllt mit dicken Brotscheiben. Sie schenkte jedem von uns Kaffee ein. Ich hielt die warme Tasse in beiden Händen und fand, daß er wunderbar duftete.

Ich nahm eine Scheibe Brot und bestrich sie mit Butter. Mutter beobachtete mich, deshalb gab ich acht, nicht zuviel von der

Marmelade zu nehmen. Es schmeckte mir, und mit wenigen Bissen hatte ich es aufgegessen. Es gab noch mehr Brot und Marmelade, aber ich wollte mir nichts nehmen, ohne daß Frau Claper es anbot. Sie sah mich an und lächelte.

»Nimm noch ein Stück«, sagte sie. »Ich weiß doch, wie hungrig junge Männer sind.«

Ich sah Mutter an. Sie lächelte und nickte.

»Danke«, sagte ich. Das zweite Brot schmeckte noch besser als das erste, und ich nahm nur ganz kleine Bissen, damit es länger dauerte. Ich glaubte nicht, daß genug da war für ein drittes.

»Was werden Sie jetzt tun?« fragte Herr Claper Vater.

Vater zögerte und nahm die Lippen zwischen die Finger, wie er es immer tat, wenn er sich Sorgen machte.

»Ich weiß es nicht«, sagte er. »Ich dachte, wir wären hier sicher, aber inzwischen bin ich nicht mehr überzeugt davon. Was meinen Sie?«

Herr Claper nickte. »Auch wir haben die Geschütze gehört. Die Deutschen werden heute oder morgen hier sein.«

Sonia holte tief Luft. Ich schaute sie über den Tisch hinweg an und sah, wie ihre Augen sich weiteten. Das bedeutete normalerweise, daß sie anfing zu weinen.

Die großen Geschütze der vergangenen Nacht waren verstummt, aber bald hörten wir Gewehrfeuer. Dann deutsche Worte, laut und arrogant.

»Komm her, du Judenschwein! Los, beeil Dich!«

Wir hörten auf zu essen, die Brote blieben zwischen Teller und Mund. Mutter streckte ihre Hand aus und zog Sonia zu sich. Vater legte das Brot weg, das er gerade mit Butter bestrichen hatte, und starrte zum Fenster.

»Sie sind hier«, sagte er ganz ruhig.

Sonia fing an zu weinen, und Mutter drückte sie fester an sich.

Vater ging zum Fenster und hob eine Ecke des Vorhangs hoch.

Wir hörten immer mehr Rufe und Gewehrsalven, unter die sich jetzt Schreie mischten. Ich stand vom Tisch auf und ging nahe ans Fenster. Ich wollte sehen, was passierte, aber ich brachte es nicht fertig, hinzusehen. Ich ging näher zu Vater.

Meine Stimme zitterte, als ich fragte: »Was machen sie?«

»Sieh hin, David«, sagte er. »Du bist jetzt ein Mann. Sieh dir an, was sie machen.«

Ich zwang mich, hinzusehen. Dann drückte ich fest meine Augen zu und redete mir ein, daß ich es nicht gesehen hätte. Aber ich hatte. Ich sah wieder hin. Männer in den langen Mänteln der Chassidim stolperten mit erhobenen Händen und übers Gesicht flatternden Locken die Straße entlang, unmittelbar gefolgt von schreienden und fluchenden deutschen Soldaten. Ein alter Mann stürzte beinahe, als ein Soldat ihm sein Seitengewehr ins Gesäß stieß und mit einem Ruck wieder zurückzog. Ein anderer, viel jüngerer Mann stand auf dem Bürgersteig mit geneigtem Kopf, den Körper vor- und zurückwiegend, als betete er. Ein Soldat schlug ihm das Gewehr auf den Hinterkopf, daß seine Jarmulke herunterfiel.

»Mach los, du Drecksjude! Lauf, verdammter Kerl, lauf!«

Auf der gegenüberliegenden Straßenseite stürmten Soldaten Stufen hinauf, hämmerten mit ihren Gewehrkolben an die Türen und riefen: *»Aufmachen, ihr Judenschweine! Wollt ihr wohl aufmachen!«*

Weitere Männer wurden herausgezerrt und auf Kopf und Schultern geschlagen. »Aieee, aieee!« Ich hörte ihre Schreie, mit lauten deutschen Worten vermischt.

Mir wurde schlecht. Ich wollte nicht mehr hinsehen, aber ich konnte mich nicht abwenden. Ich fühlte mich wie ans Fenster genagelt, unfähig, mich zu bewegen, und am ganzen Körper zitternd. Ich schaute zu Vater hinauf und sah, wie ihm Tränen über die Wangen liefen. Ich drückte mein Gesicht an seine Brust und schluchzte. Er ließ den Vorhang herunter und hielt mich fest.

Wenige Minuten später drehte ich mich wieder um, hob den Vorhang und spähte hinaus. Männer aus den gegenüberliegenden Wohnungen füllten fast die ganze Straße. Soldaten stießen sie zu Fünferreihen zusammen und trieben sie voran, strauchelnd und blutend. Ein junger Mann mit einer grünen Jacke entriß sich dem Griff eines Soldaten.

»Lauf!« rief ich. »Lauf!«

Ein Soldat legte sein Gewehr an und erschoß ihn, bevor er weiter als ein paar Schritte gekommen war. Er stürzte zu Boden und lag auf dem Pflaster, während die anderen weggingen. Es war das erste Mal, daß ich jemanden sterben sah.

Das also war Sosnowiec, unser Zufluchtsort.

Die Schüsse und das Schreien dauerten Stunden. Meine Familie saß zusammen mit den Clapers im Wohnzimmer, wartend. Ich hatte noch nie gesehen, daß Mutter nur dasaß und nichts tat. Immer hatte sie gekocht oder genäht oder irgend etwas für einen von uns getan. Jetzt wirkte sie ganz verloren. Sie hielt ihre Hände im Schoß gefaltet, oder sie hob sie auf und rieb sie aneinander. Ab und zu holte sie tief Luft, und ich dachte, sie würde etwas sagen. Aber sie sagte nichts. Lange nicht.

Endlich fragte sie Vater: »Meinst du, wir sollten in den Keller gehen? Wären wir da sicherer?«

Er ließ seine Lippen los.

»Ich glaube nicht. Außer, Herr Claper möchte, daß wir es tun.«

»Bleiben Sie hier«, sagte Herr Claper. »Es macht keinen Unterschied.«

Samuel, der ältere Sohn der Clapers, stand auf und ging um den Tisch. Er blieb vor seinem Vater stehen.

»Warum sitzen wir hier herum und warten?« fragte er. »Es muß doch irgend etwas geben, was wir tun können. Vielleicht könnten wir uns im Keller verstecken. Oder zur Hintertür rausgehen. Vielleicht könnten wir auf die andere Straßenseite gehen, wo sie schon waren. Sitzt doch nicht rum und wartet!«

Herr Claper begann zu sprechen.

»Ich werde nicht ...«

Gewehrkolben hämmerten gegen die Eingangstür. Samuel ließ sich in einen Lehnstuhl fallen.

»Jetzt ist es zu spät«, murmelte er.

»Geht in die Küche«, sagte Vater zu uns. »Laßt euch nicht sehen.«

Mutter und Frau Claper schoben uns den Flur hinunter, während Herr Claper zur Haustür ging. Totenblaß öffnete er sie und trat zurück. Zwei deutsche Soldaten stürmten herein.

»Raus, ihr alle! Raus!«

Der eine von ihnen, ein großer Dunkelhaariger, trieb Vater, Herrn Claper und seine beiden Söhne zur Tür hinaus und die Stufen hinunter und stieß sie mit seinem Seitengewehr. Der andere, jünger, blond, mit rosigem Gesicht, guckte in die Küche, wo wir Restlichen rund um den großen Tisch saßen. Er starrte uns an und spuckte auf den Fußboden. Mutter richtete sich auf ihrem Stuhl auf, faltete die Hände im Schoß und sah ihn voll an. Nach einem Augenblick schaute der junge Soldat weg, murmelte irgend etwas, drehte sich um und ging. Er schien beinahe beschämt.

Keiner rührte sich oder sagte ein Wort. Wir wußten, daß Vater und die Clapers nicht mehr heimkommen würden.

Viertes Kapitel

Wir blieben lange in der Küche, ohne ein Wort zu sprechen. Jedesmal, wenn ich auf der Straße ein Geräusch hörte, sah ich den betenden Mann vor mir und den Soldaten, der ihn schlug.

Mutter beugte ihren Kopf und bedeckte die Augen mit der Hand. Als sie aufschaute, sah ich Tränen in ihrem Gesicht. Ich hatte sie noch nie weinen sehen.

»Mama«, sagte ich, »Mama.« Ich stand auf und ging zu ihr.

Sie streckte die Hand aus und streichelte über meine Haare. »Ich mache mir solche Sorgen.«

Frau Claper schlug die Hände zusammen. Dann stand sie auf und trat neben Mutters Stuhl.

»Bitte bleiben Sie oben.« Ihre Stimme zitterte. »Ich halte es nicht aus, allein zu sein.« Sie zögerte, dann fuhr sie fort: »Es gibt ja jetzt reichlich Platz.«

»Natürlich bleiben wir«, sagte Mutter. Sie umarmte Frau Claper, und eine Weile hielten sie sich gegenseitig fest.

Später gingen Mutter und meine Schwestern hinunter, um ein paar Sachen zu holen. Ich ging ins Wohnzimmer und stellte mich ans Fenster. Ein paar Minuten hörte ich nichts. Dann ertönten Schreie auf Deutsch und Schüsse, ganz nah beieinander, es klang wie eine Serie von Knallfröschen. Als ich versuchte, den Vorhang anzuheben, konnte ich meinen Arm nicht bewegen. Er fühlte sich kalt an und steif. Ich versuchte es noch einmal, energischer. Endlich gelang es mir; ich zog den Vorhang zur Seite und spähte hinaus.

Ein alter Mann kniete am Boden und griff nach seinem Hut, der vor ihm auf dem Pflaster lag. Ein Soldatenstiefel trat auf seine Hand. Der alte Mann öffnete den Mund, aber es kam kein Laut.

Ich wollte nicht noch mehr sehen. Ich drehte mich um und setzte mich in einen großen Ledersessel. Immer noch sah ich das verzerrte Gesicht des Alten vor mir. Inzwischen war es Abend geworden. Mutter und meine Schwestern waren in den Schlafzimmern, aber mir war nicht nach reden zumute. Ich dachte nur an Papa und was die Nazis wohl mit ihm machten.

Mutter hatte die Betten fertig gemacht und setzte sich an den Küchentisch.

»Bleib bei mir«, sagte sie, »und ihr Mädchen auch.«

Frau Claper setzte sich zu uns. Ich sah Tränen in Sonias Gesicht. Mutter sah sie auch und hielt ihr ein Taschentuch hin.

»Wir müssen hoffen, daß es ihnen gutgeht«, sagte Mutter.

»Wie können wir das?« fragte Fella. »Du hast doch gehört, was die Flüchtlinge sagen.«

Mutter schloß die Augen, ihre Schultern fielen herunter. »Wir müssen hoffen«, flüsterte sie. »Das ist alles, was uns bleibt.«

Niemand sagte mehr etwas. Ich versuchte zu glauben, daß Vater nicht verletzt war; aber ich erinnerte mich, was ich auf der Straße gesehen hatte. Aber jetzt war es mein Papa, den ich stolpern und bluten sah, keine Fremden. Meine Brust tat so weh, daß ich beinahe aufschrie.

Sabina blickte auf, sie neigte ihren Kopf zur Seite. »Horcht«, sagte sie. »Es hat aufgehört. Ich höre nichts mehr.«

Wir brauchten einen Augenblick, um zu begreifen, was sie meinte. Dann sagte Mutter: »Sie sind wohl gegangen.« Sie seufzte. »Wir sind alle erschöpft. Gehen wir schlafen.«

Ich küßte Mutter und sagte den anderen gute Nacht. Frau Claper hatte mir einen Schlafanzug ihres jüngeren Sohnes bereitgelegt. Blau mit weißen Punkten. Ich hielt ihn in den Händen und fragte mich, ob Moishe tot sei. Ich wollte Frau Claper nicht weh tun, deshalb zog ich mich aus und den Schlafanzug an. Er war mir überall zu groß. Ihr Sohn war mindestens 15 cm größer als ich mit meinen 1,52 m, außerdem wog er viel mehr.

Ich ging ins Bett, zog die Decke bis unters Kinn und versuchte einzuschlafen. Aber es war völlig unmöglich. Immerzu sah ich den jungen Mann, der betete, und den Mann mit der grünen Jakke, der versuchte zu fliehen. Und immerzu dachte ich an Vater.

Ich versuchte, auf dem Rücken zu schlafen, auf der Seite, auf dem Bauch; nichts half. Nach einer Weile, die mir wie viele Stunden vorkam, hörte ich, wie Sonia und Fella miteinander redeten, und ich ging zu ihrem Zimmer, auf der anderen Seite des Flurs.

Ich stand in der offenen Tür. »Ich kann nicht schlafen«, sagte ich.

»Komm rein«, antwortete Fella. Sie nahm meine Hand und drückte sie.

»Glaubst du, Papa ... geht es gut?« fragte ich.

»Bestimmt erschießen sie nicht jeden. Ich habe gehört, daß die Nazis Männer für schwere Arbeiten einsetzen.«

»Papa wird krank werden und sterben«, sagte ich.

Fella seufzte. »Vielleicht muß er nicht ganz so schwer arbeiten.«

Bestimmt sagte sie das, damit es mir besser ging. Aber es ging mir nicht besser, denn ich glaubte ihr nicht. Den Nazis wäre es egal, wenn Papa krank würde und starb. Ich haßte sie!

Eine Uhr im Wohnzimmer schlug drei. »Versuch, ein bißchen zu schlafen«, sagte Fella.

Ich ging zurück in mein Zimmer. Ich wünschte, Romek wäre da. Die anderen hatten alle jemanden, der bei ihnen war.

Schließlich schlief ich ein und träumte, die Nazis hätten Vater in einen Käfig gesperrt. Ich versuchte immerzu, das Schloß aufzubrechen und ihn rauszuholen. Jedesmal, wenn ich die Tür beinahe auf hatte, stieß mich ein Soldat weg und befestigte ein neues Schloß.

»Aaah!« schrie ich und wachte auf.

Mutter kam in mein Zimmer gestürzt. Sie strich sich die Haare aus dem Gesicht.

»Was ist los, David? Ist dir nicht gut?«

»Ich habe von Papa geträumt«, erzählte ich ihr. »Ich möchte nicht drüber reden.«

Sie setzte sich neben mich und streichelte meinen Kopf. »Schlaf weiter«, sagte sie. »Es ist schon fast Morgen.«

Sie ging, und ich lag da, fest entschlossen, wach zu bleiben. Der Traum war zu realistisch gewesen.

Am Morgen stand ich vor den anderen auf. Draußen war es still, und als ich aus dem vorderen Fenster schaute, war die Straße leer. Wo war Vater? fragte ich mich. Lebte er? Mußte er für die Deutschen arbeiten? Und was, wenn die Soldaten heute wiederkämen und uns alle abholten?

Ich fing an zu zittern, immer mehr. Meine Zähne klapperten; ich wankte zum Sofa.

»David!« rief Mutter, als sie ins Zimmer kam. »Bist du krank?«

Ich bemühte mich, nicht mehr zu zittern. »Ich habe an Papa gedacht. Mit mir ist nichts.«

Sie sah erschöpft aus, und ich sah neue Falten in ihrem Gesicht. Ihre Mundwinkel verzogen sich zu einem winzigen Lächeln.

»Komm frühstücken«, sagte sie.

Frau Claper nickte mir zu, als ich in die Küche kam.

»Setz dich dorthin«, sagte sie und zeigte auf die Seite, wo Sabina saß.

Sabinas Stuhl scharrte auf dem Fußboden, als sie rückte, um mir Platz zu machen. Ich setzte mich hin und sah die anderen an. Sonias Augen waren vom Weinen gerötet, und Fella starrte auf ihren Teller.

Frau Claper fing an, den Segen über dem Brot zu sprechen. Ihre Stimme versagte. Keiner sah sie an, und nach einem Augenblick fuhr sie fort. Mutter reichte mir eine Tasse mit dampfendem Kaffee, und ich nahm Brot von dem großen Teller in der Mitte des Tischs.

Plötzlich schrie Frau Claper auf: »Wo sind sie? Was haben die Nazis mit ihnen gemacht?«

Sie rang die Hände und schlug sie vors Gesicht.

Wir waren alle still. Ich wollte nichts wissen. Nur so konnte ich mir einreden, daß es Vater gutging.

Am späten Nachmittag fing der Lärm wieder an. Ich lief zum Fenster und sah hinaus. Die Straße war voller Männer und Soldaten, die neben ihnen herliefen.

»Was ist los?« fragte Fella.

»Ich weiß nicht. Viele Männer mit Schaufeln und Besen.«

»Hast du deinen Vater gesehen?« fragte Frau Claper. »Oder meinen Mann?«

»Nein. Es waren zu viele.«

Vielleicht war Vater dabei, dachte ich. Oder vielleicht war er in einer anderen Gruppe irgendwo in Sosnowiec. Vielleicht konnte ich ihn finden. Ich wußte, ich durfte Mutter nichts davon sagen. Sie würde sich ängstigen. Aber ich konnte nicht dasitzen und warten.

Ich ging zur Küche und wieder zurück. Mutter saß auf einem hölzernen Stuhl und klammerte sich an die Lehnen, als fürchte sie, herunterzufallen. Frau Claper stand an der einen Seite des Zimmers und hielt ein großes, gerahmtes Foto ihrer Söhne in beiden Händen. Ein paar Sekunden sah sie es an, dann drückte sie es an die Brust. Fella und Sonia saßen Hand in Hand auf einem Sofa mit großen blauen Kissen. Sabina, Kreindel oder Laika sah ich nicht. Wahrscheinlich waren sie in ihre Schlafzimmer gegangen.

Keiner beachtete mich. Ich horchte auf Lärm von der Straße. Nichts. Die Gelegenheit war günstig, rauszugehen, ohne gesehen zu werden. Ich ging in die Küche und schlüpfte durch die Hintertür hinaus.

Fünftes Kapitel

Vorm Haus blieb ich stehen und spähte um die Ecke. Niemand. Ich hatte keine Ahnung, wo Vater sein mochte, aber Sosnowiec war keine Riesenstadt. Sollte er in einem Arbeitstrupp sein, dann wäre das sicher auf einer der Hauptstraßen. Ich konnte sie alle absuchen.

Ich begann, von Toreinfahrt zu Toreinfahrt in Richtung Stadtmitte zu laufen. Jeden Augenblick konnte ein Soldat um die nächste Ecke kommen. Vermutlich würde er mich erschießen, aber ich mußte die Gelegenheit nutzen. Es war die einzige Möglichkeit, wie ich Vater vielleicht finden konnte.

Kurz vor dem Ende des vierten Häuserblocks hockte ich mich in eine Toreinfahrt und schnappte nach Luft. Es war ein warmer Tag, und mein Hemd war schweißdurchnäßt. Ich zog ein Taschentuch heraus und trocknete mein Gesicht ab.

Plötzlich hörte ich einen Hund knurren. Dann folgte ein schriller Schrei. Ich konnte von der Einfahrt aus niemanden sehen, also kroch ich vor und streckte langsam den Kopf um die Ecke des Hauses.

Männer arbeiteten in der Seitenstraße; sie kehrten die Straße und füllten Schlaglöcher aus. Ein Soldat stand an der mir nächstgelegenen Straßenecke; er hielt einen großen Schäferhund an der Leine. Den hatte ich knurren hören. Aber warum der Schrei?

Ich mußte näher herankommen, um zu sehen, ob Vater in dem Trupp war. Es war eine lange Strecke von der Ecke bis zur ersten Toreinfahrt. Wenn ich rennen würde, würden sie mich sehen. Ich ließ mich auf die Knie fallen und kroch den Bürgersteig entlang. Als ich die Einfahrt erreicht hatte, waren meine Knie aufgeschürft und die eine Handfläche hatte ich mir an einer Glasscherbe aufgeschnitten.

Der Hund knurrte wütend. Ich hörte lautes Rufen auf deutsch und wieder einen Schrei. Auf dem Pflaster lag ein Mann, der Hund zerrte an seinen Kleidern. Ein Soldat zog den Hund weg und trat den Mann in die Seite.

»Steh auf!« brüllte er.

Der Mann erhob sich auf Hände und Knie und blieb so für einen Augenblick. Der Soldat schlug ihm den Gewehrkolben über den Rücken.

»Steh auf!«

Der Hund zerrte an seiner Leine.

Ich hielt den Atem an. Vielleicht war das Papa! Der Mann rappelte sich mühsam hoch und stand mir gegenüber. Nein, er war es nicht. Dieser Mann war viel jünger.

Ich atmete erleichtert auf, dann schämte ich mich. Vater hatte mich gelehrt, an den Übeln, die einem Fremden widerfuhren, genauso Anteil zu nehmen, als handle es sich um jemanden, den ich gern hatte. Aber ich schaffte es nicht.

Ich wußte immer noch nicht, ob Vater unter diesen Männern war. Bestimmt würden mich die Soldaten sehen, wenn ich aus der Einfahrt herauskäme.

Die lauten deutschen Rufe nahmen zu. Ich drückte mein Gesicht an die Mauer und sah hinaus. Die Männer kamen zur Straßenkreuzung, und ich sah jedes Gesicht, als sie abbogen. Nein, Vater war nicht unter ihnen.

Als sie außer Sichtweite waren, verließ ich mein Versteck. Ich lief an den Häusern entlang, rannte und versteckte mich abwechselnd, bis ich die Hauptstraße von Sosnowiec erreicht hatte. Einige polnische Männer standen auf dem Bürgersteig und gelegentlich fuhr ein Auto oder ein Lastwagen vorbei. Jetzt durfte ich nicht mehr rennen und mich nicht mehr verstecken. Ich blickte geradeaus und tat so, als wüßte ich, wohin ich ging. Aber als mir ein deutscher Militärlastwagen entgegenkam, wollte ich mich instinktiv in eine Einfahrt stürzen.

Nein, dachte ich, dann werden sie mir nachkommen.

Ich zwang mich weiterzugehen und versuchte zu sehen, ob der Lastwagen langsamer fuhr. Er fuhr vorbei, und ich klammerte mich an einen Laternenpfahl; ich zitterte am ganzen Körper.

Etwa in der Mitte des Nachmittags sah ich – es war fast am anderen Ende der Stadt – wieder einen Haufen Männer, einige Häuserblocks entfernt. Ich ging näher hin und beobachtete, daß sie auf der Straße Gräben aushoben. Das war sonderbar.

Ich kam bis zum letzten Block, nachdem ich mich in jeder Einfahrt versteckt hatte. Dieser Arbeitstrupp war größer als der erste, vielleicht mehrere hundert Mann. Es würde schwierig sein, Vater zu finden, wenn ich nicht näher herankäme.

Die Straße war von dreistöckigen Wohnhäusern gesäumt. Wenn es mir gelänge, auf die andere Seite zu kommen und auf ein Dach zu steigen, könnte ich vielleicht sehen, ob Vater dabei war. Aber wenn ich die Straße an der Ecke überquerte, würden die Soldaten mich sehen. Ich beschloß, wieder in die Seitenstraße einzubiegen und so lange weiterzugehen, bis ich aus ihrem Blickwinkel verschwunden war.

Ich bog um die Ecke und raste auf die andere Seite. Vor mir sah ich ein offenes Tor hinter dem Eckhaus. Wahrscheinlich war es für Lieferanten und für die Müllabfuhr. Vielleicht konnte ich auf den rückwärtigen Weg gelangen. Ich schlüpfte durch die Öffnung und einen schmalen Steg entlang zum Hintereingang.

Bitte sei nicht abgesperrt, betete ich, dann ergriff ich den Türknauf und drehte. Die Tür ging auf. Ich huschte hinein, fand das Treppenhaus und stieg bis zu dem flachen Dach hinauf.

Ich hielt mich auf der rückwärtigen Seite des Hauses, als ich zum nächsten lief. Es gab keine Zwischenräume zwischen den Dächern, und so war es einfach, vom einen aufs nächste zu gelangen.

Als ich glaubte, über den Männern angekommen zu sein, ließ ich mich auf Hände und Knie nieder und kroch zu dem niedrigen Mäuerchen, das die ganze Häuserfront entlanglief. Langsam hob ich meinen Kopf und schaute drüber.

Der Arbeitstrupp befand sich genau unter mir. Ich sah die Männer einen nach dem andern an. Da war Vater, der dritte von hinten, von meiner Seite aus gesehen! Er sah schrecklich erschöpft aus, aber er lebte.

Vater hob eine Spitzhacke bis über seinen Kopf und stieß sie in den Boden. Wieder und wieder. Mein Magen krampfte sich zusammen, als ich ihn beobachtete und das Geräusch der aufschlagenden Hacke hörte. Meine Freude, ihn gefunden zu haben, verwandelte sich in Furcht. Ich hatte zu Fella gesagt, auf diese Weise würden ihn die Nazis umbringen.

Ein anderer Mann, älter als Vater, fuhr mit einer Schaufel in die gelockerte Erde und warf sie zur Seite. Die Männer standen bereits knietief in dem Graben.

Ich dachte an die Clapers und suchte sie unter den übrigen in der Kolonne. War das nicht Herr Claper, der dort schaufelte, fast am anderen Ende? Der Mann hielt inne, um sich die Stirn zu wischen; da konnte ich sein Gesicht sehen. Ja, er war es. Er sah genauso mitgenommen aus wie Vater.

Seine Söhne mußten auch hier sein. Dann sah ich sie, sie arbeiteten nebeneinander. Wie Vater hatten auch sie beide eine Hacke.

Vater mußte unbedingt weg hier, bevor die harte Arbeit ihn umbrachte. Aber wie? Zu beiden Seiten der Männer standen Soldaten, in ihren Gewehrläufen spiegelte sich die Sonne des Spätnachmittags. Ich sah genauer hin und stellte fest, daß sie den Gefangenen nicht allzuviel Aufmerksamkeit schenkten. Die meiste Zeit unterhielten sie sich miteinander. Und es waren auch nicht viele Hunde da. Vielleicht konnte Vater fliehen, wenn es ihm gelang, ungesehen um die Ecke in die Seitenstraße zu schleichen.

Ich hob einen Kieselstein auf, zielte und warf. Er landete in dem Graben, direkt vor Vater. Er schaute auf und öffnete den Mund.

Ich wurde starr vor Angst. Er hätte mir beinah zugerufen, ich solle mich verstecken! Statt dessen hob er die Spitzhacke hoch und schlug sie in die Erde. Dann hob er sie wieder und sah in die Höhe.

Ich zeigte auf die Straßenecke und forderte ihn durch einen Wink auf zu fliehen. Er nickte und hackte weiter. Kurz darauf drehte sich der Soldat, der am nächsten bei ihm stand, um und ging zu einem Wachposten auf der anderen Seite. Sie unterhielten sich eine Weile, und der eine zeigte auf die Arbeiter. Beide Soldaten lachten, und dann redeten sie weiter.

»Jetzt, Papa!« murmelte ich. »Jetzt!«

Als hätte er mich gehört, warf Vater die Hacke auf die Erde und rannte los. Ich hielt den Atem an in Erwartung von Schreien und Schüssen – nichts. Er war entkommen! Ich schaute noch mal auf die Straße und sah, wie der alte Mann Erde über Vaters Hakke schaufelte.

Ich kroch über die Hälfte des Dachs zurück, dann lief ich zum Eckgebäude. Ich riß die Tür auf und stolperte die Treppe hinunter. Als ich halb unten war, sah ich Vater unter mir.

»Papa!« Ich stürzte die restlichen Stufen hinunter und warf meine Arme um ihn. »Papa!« schluchzte ich. »Papa! Du bist entkommen!«

Ich drückte mich an ihn, sein schweißgetränktes Hemd näßte mein Gesicht. Er hielt mich fest und zauste meine Haare.

Dann schob er mich ein wenig weg. »Schau dich mal an«, sagte er lächelnd. »Du bist fast so schmutzig wie ich. Was würde Mama dazu sagen?«

Ich versuchte zu lächeln, aber es glang nicht. Er sah so müde aus und so alt.

»Ach Papa!« sagte ich und umarmte ihn wieder.

Wir standen noch einen Augenblick da.

»Wir müssen hier raus«, sagte Vater. »Man wird uns hören. Laß uns aufs Dach gehen, bis ich mich ein bißchen ausgeruht habe.«

Wir begannen, so leise wie möglich die Treppe hinaufzusteigen. Vater ging voran; er atmete schwer jedesmal, wenn er einen Fuß auf die nächste Stufe setzte. Er griff nach dem eisernen Geländer und zog sich daran hoch. Ich fragte mich, ob er es überhaupt bis oben schaffen würde.

Als wir den obersten Treppenabsatz erreicht hatten, blieb er stehen.

»Ich muß haltmachen«, keuchte er.

Er lehnte sich gegen die Wand und schloß die Augen.

»Ich helf dir, Papa. Nimm meine Hand, ich zieh dich.«

»Gleich«, sagte er.

Ich sah ihn mir an und wurde immer zorniger: Sein Hut und seine Krawatte waren weg; seine Kleider waren zerknittert und dreckverschmiert. Er sah aus wie ein Landstreicher.

Er öffnete die Augen. »Gehen wir weiter. Mir geht's wieder besser«, sagte er. Er setzte seinen rechten Fuß auf die erste Stufe, griff nach dem Geländer und zog sich hoch. Ich stand direkt hinter ihm, um ihn entweder zu schieben oder vorm Fallen zu bewahren. Er stellte seinen linken Fuß auf die zweite Stufe, dann den rechten auf die dritte.

Er stieß die Tür am Ende der Treppe auf, und wir gingen hinaus aufs Dach.

»Laß uns hier hinsetzen«, flüsterte er.

Ich setzte mich neben ihn und lehnte den Kopf an seine Schulter. Die Sonne wärmte uns, und ich wurde schläfrig. Sein Mund öffnete sich. Er begann zu schnarchen, ganz leise. Ich wollte ihn nicht wecken, also saß ich einfach da. Schließlich bewegte er sich und machte die Augen auf.

»Ich habe nichts gehört, Papa«, sagte ich, »ich glaube nicht, daß sie dich suchen.«

»Laß uns nachsehen, was los ist.«

Wir krochen bis nach vorn und sahen über die Mauer. Alles war wie vorher, außer daß die Gräben inzwischen so tief waren, daß die Männer bis zur Taille darin standen. Die Soldaten hatten offenbar nicht gemerkt, daß ein Gefangener geflohen war.

Ich hörte das Rattern eines Motors, dann sah ich einen Militärlastwagen einen Häuserblock entfernt um die Ecke biegen. Er hielt wenige Meter hinter den Gefangenen, und ein Offizier stieg aus dem Führerhaus. Er ging zur Wagenrückseite und rief den Soldaten, die im Lastwagen waren, etwas zu. Sie sprangen ab und drängelten sich, in Erwartung seiner Befehle, dicht aneinander. Jeder trug ein Maschinengewehr.

»Was haben sie vor, Papa?« flüsterte ich.

Er antwortete nicht.

Die Soldaten rannten auf die eine Seite des Grabens und bildeten eine Reihe, die Gewehre auf die Arbeiter gerichtet.

Der Offizier rief etwas, was ich nicht verstand, dann hob er den Arm und rief noch mal.

Das Knattern von Maschinengewehren dröhnte in meinem Kopf, als ein Mann nach dem anderen in das Grab stürzte, das er ausgehoben hatte. Einen Moment dachte ich an die Schießbude auf dem Jahrmarkt vom vorigen Jahr. Dann sah ich Moishe Claper, dessen blauen Schlafanzug ich letzte Nacht getragen hatte. Sein Gesicht war blutüberströmt. Er drückte die Hände gegen den Leib, wankte und fiel auf die Toten. Herrn Claper oder Samuel sah ich nicht. Vielleicht waren sie bereits erschossen.

»*Shema Yisrael, Adenoy Eloheynu, Adenoy Echad*«, murmelte Vater.

»Höre, Israel, der Ewige, unser Gott, der Ewige ist einzig!« Er fuhr fort: »Er ist mein Hirt ...« Tränen liefen über sein Gesicht. Ich sprach mit, aber meine Stimme versagte, als wir zu den Worten kamen »Auch wenn ich gehn muß durch die Todesschattenschlucht ...«

Ich wurde von Schluchzen geschüttelt. Dann wurde mir schwindlig und ich übergab mich, bis ich fast erstickte.

Ich sagte zu mir selbst, daß ich doch ein Mann war. Aber es war zu schrecklich. Ich war wie betäubt und konnte nicht mehr weinen.

Vater sprach den Psalm zu Ende und schaute noch einmal über die Mauer. Ich zwang mich, auch hinzusehen. Das Entsetzliche mußte in ein paar Minuten vorbei sein, aber es schien endlos.

Der letzte Mann war erschossen; die Gewehre schwiegen. Hier und da ragte ein Arm oder ein Bein aus dem Graben. Manche Körper lagen nur zur Hälfte drin.

Ein oder zwei Männer, die offenbar versucht hatten zu fliehen, lagen ausgestreckt auf dem Pflaster. Der Offizier zeigte auf sie. Soldaten packten sie an den Beinen und zerrten sie in den Graben. Ein paar Minuten sahen sie hinunter auf die Leichen, dann rief der Offizier wieder irgendwas. Die Soldaten kletterten in den Lastwagen und fuhren davon.

»Gehen wir«, sagte Vater.

Langsam standen wir auf, unsere Körper waren steif vom Liegen auf dem Dach. Vater strauchelte und fiel auf die Knie. Er brummte etwas, als er sich aufrichtete und nach meiner Hand griff. Ohne ein Wort zu sagen, überquerten wir das Dach und gingen hinunter.

»Mach bloß keinen Lärm«, warnte Vater.

Ich nickte und gab mir Mühe, vorsichtig zu gehen. Auf dem letzten Treppenabsatz hörte ich, wie im Erdgeschoß eine Tür geöffnet und wieder geschlossen wurde. Vater umklammerte meine Hand fester; wir horchten. Die Schritte einer Frau kamen auf das Flurende zu. Mein Herz hämmerte, und ich hielt die Luft an.

Die Schritte hielten an, kurz vorm Ende der Treppe. Ich hörte, wie Abfall ausgeschüttet wurde, und atmete aus. Die Schritte gingen den Flur zurück, eine Tür wurde geöffnet und wieder geschlossen. Es war wieder still.

Vater lächelte mir zu. Ich wollte zurücklächeln, aber mein Gesicht war wie gefroren.

»Wir schaffen es, David«, flüsterte er.

Wir gingen die letzten Stufen hinunter und hinaus auf den Bürgersteig. Niemand war zu sehen.

»Das ist gut«, sagte Vater. »Wir müssen nur auf Soldaten achtgeben.«

Wir gingen schnell und blieben von Zeit zu Zeit stehen, wenn Vater sich an eine Wand lehnte, um auszuruhen. Das große Hoftor war offen, als wir das Haus der Clapers erreichten. Wir hasteten durch und blieben an den Stufen stehen, die zu ihrer Haustür führten.

Vater legte mir die Hand auf die Schulter. »Nur eine Minute, David«, sagte er. »Laß mich zu Atem kommen.«

Nichts war zu hören. Vielleicht waren ja die Nazis zurückgekommen und hatten alle umgebracht. Ich traute mich vor Angst nicht hinein. Vater schien meine Gedanken zu erraten.

»Wir müssen raufgehen, David. Ich bin sicher, es geht ihnen gut.«

Er nahm die Hand von meiner Schulter und stieß mich sanft

vorwärts. Oben auf der Treppe zögerte er, dann klopfte er. Keine Antwort. Er klopfte noch einmal, lauter.

Ich hörte drin ein Schlurfen, dann sah ich, wie eine Gardine ein paar Zentimeter zur Seite geschoben wurde. Vater klopfte zum dritten Mal und rief: »Wir sind es, Herr Faber und David.«

Wir hörten eilige Schritte, dann wurde ein Riegel zurückgeschoben, der Türgriff quietschte. Die Tür wurde einen Spalt geöffnet und eine Frauenstimme fragte: »Sind Sie es wirklich?«

»Ja, wir sind es, Herr Faber und David«, sagte Vater noch einmal. »Bitte lassen Sie uns rein.«

Die Tür ging ein Stückchen auf, grade so viel, daß wir durchschlüpfen konnten, dann wurde sie wieder geschlossen.

»Gott sei Dank!« murmelte Frau Claper. »Wir dachten, Sie wären tot.«

Wir eilten den Flur entlang und in die Küche, wo Mutter und meine Schwestern um den großen Tisch saßen.

»Solomon!« rief Mutter. »Solomon! David!«

Sie stürzte auf uns zu und umarmte uns beide.

»Ihr seid in Sicherheit! Ihr seid in Sicherheit!« sagte sie immer wieder, bis Vater sie unterbrach.

»Nicht in Sicherheit, Eva. Nur entflohen.«

Mutter sagte nichts mehr, aber sie drückte mich so fest an sich, daß ich kaum Luft bekam. Jetzt fühlte ich mich in Sicherheit, egal was Vater sagte.

Sabina, Kreindel und Laika umarmten uns beide, Mutter und mich, und Sonia und Fella liebkosten Vater. Alle weinten wir ein bißchen, obwohl wir lächelten.

Ich bemerkte Frau Claper, die von der offenen Türe aus zusah und ihre Hand vor den Mund hielt. Auch Vater sah sie, und er lächelte nicht mehr. Sie streckte beide Hände aus, die Handflächen nach oben gekehrt.

Ihre Stimme zitterte, als sie fragte: »Haben Sie meine Söhne gesehen? Haben Sie meinen Mann gesehen?«

»Nein!« antwortete Vater schnell. »Nein, ich habe sie nicht gesehen. Ich weiß nicht, wohin sie gegangen sind.«

Sechstes Kapitel

»Fella müßte bald kommen.«

Mutters Stimme klang ängstlich, als sie den Vorhang zurückzog und aus dem Fenster sah. Fella war an diesem Morgen mit dem Zug zurück nach Kattowitz gefahren, um herauszufinden, ob es vielleicht besser wäre, wenn wir in unsre alte Wohnung zurückgingen.

»Es ist zu früh, Eva«, sagte Vater.

Wir anderen sagten nichts, aber ich wurde immer unruhiger, je länger Fella wegblieb. Es war schon fast dunkel.

Mutter setzte sich auf das blaue Plüschsofa und faltete die Hände im Schoß. Ich nahm ihren Platz am Fenster ein.

»Kommt sie, David?« fragte sie.

»Nein, Mama, noch nicht.«

Plötzlich schien es mir, als sähe ich jemanden um die Ecke biegen. Ich hielt den Atem an und wartete, bis ich mir sicher war. Ja, es war Fella! Ich erkannte sie an ihrer Art zu gehen, so als wüßte sie immer ganz genau, wo sie hinwollte. Ich rief: »Da kommt Fella! Sie ist wieder da!«

Alle drängten sich um mich.

»Laß mich sehen«, bat Mutter.

Ich ging zur Seite, und sie preßte ihr Gesicht gegen die Scheibe.

»Ja.« Sie atmete erleichtert auf. »Ja, es ist Fella.«

Frau Claper beeilte sich, die Tür zu entriegeln, während wir anderen am Fenster standen und winkten. Fella sah uns und winkte zurück. Dann liefen wir alle zur Haustür.

Mutter umarmte Fella als erste, wortlos drückte sie sie an sich. Dann nahm Vater sie in die Arme. »Fella, Fella«, sagte er. Seine Stimme war sanft, und ich sah Tränen auf seinen Wangen.

Der Reihe nach umarmten wir sie alle.

»Bestimmt hast du Hunger«, sagte Frau Claper. »Ich hole etwas Brot und Tee.« Sie ging in die Küche.

Vater führte Fella zu einem Sessel. »Ist es irgendwie besser zu Hause?« fragte er.

»Ich hatte keinerlei Schwierigkeiten, und mit der Wohnung ist nichts passiert.« Sie machte eine Pause, als wolle sie ihre Gedanken sammeln. »Die Nachbarn erzählten mir, daß es schwer ist, Lebensmittel zu bekommen. Sie kommen zurecht, aber jeder macht sich Sorgen.«

»Vielleicht sollten wir zurückgehen«, sagte Vater.

»Du solltest lieber hier im Haus bleiben, Solomon«, sagte Mutter. »Womöglich verhaften sie dich noch einmal.«

Ich merkte, daß Vater die Idee, daß wir ohne ihn fortgingen, nicht gefiel, aber schließlich stimmte er Mutter zu.

Am nächsten Morgen im Zug gab es keine Probleme. Es war gut, wieder zu Hause zu sein, und trotzdem war es seltsam. Viel von unserem Bettzeug war in Sosnowiec, und wir mußten ohne zurechtkommen. Auch den siebenarmigen Leuchter, die Menora, und andere sakrale Gegenstände hatten wir dort gelassen.

Wir brauchten Lebensmittel, aber bevor Mutter zum Einkaufen ging, kam Frau Goldman, die Nachbarin.

Sie war Mutters beste Freundin. Für mich war sie wie eine Großmutter mit schneeweißem Haar und vielen Runzeln. Jetzt sah sie noch älter aus und sehr erschöpft.

»Wie gut, dich wiederzusehen, Eva«, sagte sie. »Aber wo ist Solomon? Geht es ihm gut?«

»Ja«, sagte Mutter. »Die Deutschen nahmen ihn mit, aber er konnte fliehen. Er ist bei Freunden in Sosnowiec. Wir hatten Angst, ihn mit dem Zug fahren zu lassen.«

»Ach«, seufzte Frau Goldman, »die Welt ist so schlecht geworden! Heute früh haben alle Läden Schilder ausgehängt: Für Juden verboten. Wie wird es weitergehen?«

Sie bedeckte ihren Kopf mit den Händen.

»Wir brauchen Lebensmittel«, sagte Mutter.

»Vielleicht kann Herr Hoffmann uns helfen«, meinte Fella. »Er war so hilfsbereit, als es um Romek ging.«

»Vielleicht.« Mutter ging zum Telefon und rief Herrn Hoffmanns Büro an. Sie beschrieb ihm unsere Situation und fragte, ob er vielleicht helfen könne. Sie nickte ein-, zweimal, bedankte sich und hängte ein.

»Er sagte, er würde uns heute nachmittag etwas zu essen bringen«, berichtete sie uns. »Es würde für einige Tage reichen.«

»Dem Himmel sei Dank für einen solchen Freund«, rief Frau Goldman aus.

»Ja«, Mutter nickte. »Wir teilen alles mit dir, Emma.«

»Danke. Es tut so gut, mit euch reden zu können.«

Spät am Nachmittag kam Herr Hoffmann, die Arme voll mit Lebensmitteln. Kartoffeln und anderes Gemüse, Brot, ein gebratenes Huhn, Tee und sogar Obst.

Mutter weinte fast, als sie ihm dankte.

»Ich verabscheue, was hier geschieht«, sagte er. »Ich werde helfen, so lange ich kann, aber wer weiß, wie lange das sein wird.«

Er ergriff Mutters Hand und hielt sie einen Moment in der seinen; dann ging er.

Die Lebensmittelfrage war gelöst, aber bald lernten wir ein anderes Problem kennen. Hans Ronczka fing an, uns zu terrorisieren, als er Sonia am Fenster stehen sah.

»Drecksjuden!« schrie er. »Ich dachte, ihr wärt fort. Kommt raus! Kommt raus!«

Dann hörten wir ihn im Flur. Er hämmerte an unsere Tür.

»Der Führer wird sich um euch kümmern!« brüllte er. »Dann werden wir anständige Nachbarn kriegen.«

Ich wollte zurückschreien, aber Mutter legte den Finger an den Mund. Er grölte noch weiter, dann ging er.

Drei Tage später saß ich mit Mutter im Wohnzimmer, als jemand an unsere Tür hämmerte. Eine derbe Stimme rief: »Mach auf, du Schwein! Ich werde diesen Ort selber säubern!«

Meine Schwestern kamen aus ihren Zimmern den Flur heruntergerannt, mit vor Angst geweiteten Augen.

»Was ist los?« fragte Fella.

»Es ist Ronczka«, antwortete ich. »Er ist verrückt geworden. Er will uns umbringen.«

»Ruf Herrn Hoffmann an, Mama. Er ist der einzige, der vielleicht helfen kann.« Sonias Stimme bebte. »Er ist nur ein paar Häuserblocks entfernt.«

Mutter ging zum Telefon und wählte.

»Hier spricht Eva Faber.« Sie sprach schnell und überschrie den Lärm an der Tür. »Ronczka hämmert gegen unsere Tür, er droht uns, uns umzubringen. Ich weiß nicht, was wir tun sollen.«

Sie lauschte einen Augenblick ins Telefon, dann legte sie auf.

»Er kommt sofort. Wir sollen hinten in die Wohnung gehen und warten.«

Als wir den Flur entlanggingen, hörten wir Schüsse.

»Er wird uns umbringen«, flüsterte Sonia. »Ich weiß es.«

»Die Tür ist stabil«, sagte Mutter. »Er kann sie nicht so leicht einschlagen. Herr Hoffmann muß gleich hier sein.«

Plötzlich war alles still.

»Was macht er?« Meine Stimme klang unsicher. »Ist er weg?«

»Vielleicht hat er keine Kugeln mehr«, antwortete Mutter. Sie legte ihre Hand auf meinen Arm. »Bleib hier.«

»Frau Faber! Es ist alles in Ordnung!«

»Das ist Herr Hoffmann«, sagte ich.

Mutter atmete tief durch. Sie lief zurück zum Wohnzimmer, blieb einen Augenblick stehen, um die Einschußstellen anzusehen. Dann machte sie auf.

»Gott sei Dank, daß Sie hier sind«, sagte sie zu Herrn Hoffmann. »Er hätte uns umgebracht. Wie ...?«

Herr Hoffmann hielt einen Revolver in die Höhe. Er sah wütend aus.

»Hiermit. Ich rate Ihnen, so bald wie irgend möglich von hier wegzugehen. Es tut mir leid, aber ich kann Sie nicht weiter schützen.«

»Ja«, sagte Mutter. »Wir werden morgen früh abreisen. Wir gehen zurück nach Sosnowiec. Gott schütze Sie, Herr Hoffmann.«

»Und Sie, Frau Faber.« Er drehte sich um und ging.

»Vielleicht ist es besser so«, sagte Mutter. »Wenigstens sind wir dann bei Papa.«

Siebentes Kapitel

»Ich hätte mitfahren sollen«, sagte Vater, als wir ihm von Ronczka erzählten. »Er hätte euch alle umbringen können!« Er nahm Mutters Hand. »Wir müssen uns entscheiden, was wir tun wollen. Vielleicht könnten wir zu deinem Bruder nach Tarnów gehen.«

Mutter nickte. »Er hat viel Platz.«

Vater preßte die Lippen zusammen, dann räusperte er sich. »Wir fahren morgen, wenn wir Fahrkarten bekommen.«

Fella stand von ihrem Stuhl auf und ging zum Fenster. Sie sah kurz hinaus, dann drehte sie sich um und holte tief Luft.

»Ich komme nicht mit«, sagte sie. »Nirgends in Polen ist es sicher.«

»Fella!« rief Mutter, »wir müssen zusammenbleiben.«

»Das möchte ich auch«, sage Fella, »aber wir müssen weg von den Deutschen.«

»Was meinst du denn, wo wir hingehen können?« fragte Vater.

»Laßt uns nach Lwow fahren. Von dort können wir nach Rußland gehen.«

»Rußland!« rief Vater. »Die lassen uns doch nicht rein.«

»Ich werde es versuchen«, sage Fella. »Hier jedenfalls werden uns die Deutschen umbringen.«

Vater versuchte Fella zu überreden, mit uns nach Tarnów zu gehen, aber sie änderte ihre Meinung nicht. Er brachte sie am nächsten Morgen zum Bahnhof und sah sie abfahren, nach Lwow. Am selben Tag nahmen wir übrigen einen Zug nach Tarnów.

Onkel Hanoh und Tante Sarah bewohnten eine geräumige Wohnung im zweiten Stock; man konnte den ganzen Marktplatz von Tarnów überblicken. Mein Vetter Leo war bei ihnen und seine Verlobte, Helene. Ihre Hochzeit war wegen des Krieges verschoben worden, und Helene war dageblieben, anstatt nach Hause nach Kattowitz zu fahren.

Am Morgen nach unserer Ankunft saßen wir um den Küchentisch. Vater nahm die Finger von seinen Lippen. »Wir können nicht auf eure Kosten leben, Hanoh«, sagte er. »Wir müssen irgendwie an Lebensmittel kommen. Ich werde mich umsehen.«

»Mach dir keine Gedanken, Solomon«, unterbrach ihn Onkel Hanoh. »Bleibt ein paar Tage und –«

»Nein«, erwiderte Vater, »ich möchte sofort etwas unternehmen. Bestimmt kann ich mit den Bauern ins Geschäft kommen. Was wir an Lebensmitteln nicht brauchen, kann ich an die Nachbarn oder auf dem Markt verkaufen.«

Mutter sah auf. »Ich komme mit, Solomon.«

»Wir müssen zu Fuß gehen«, sagte er. »Das wird zu anstrengend für dich.«

»Das kann ich schon. Und außerdem will ich hier nicht den ganzen Tag rumsitzen.«

Er dachte kurz nach, dann lächelte er. »Na gut, Eva.«

Außer am Sabbat zogen sie jeden Morgen los. Normalerweise brachten sie mehr mit, als wir brauchen konnten. Da es für alle Leute schwierig war, an Lebensmittel zu kommen, war es einfach, das, was wir nicht aßen, zu verkaufen.

Eines Morgens, in der zweiten Woche, waren sie unterwegs, um einzukaufen, und meine Schwestern waren auf den Markt gegangen. Ich saß auf dem Sofa im Wohnzimmer, neben mir Helene. Onkel Hanoh saß in einem großen Sessel am Fenster und las. Tante Sarah stand daneben.

Auf einmal hörten wir laute Schritte die Treppe heraufkommen. Ehe wir reagieren konnten, knallte etwas gegen die Tür und sie brach krachend auf.

Ein Soldat mit einem Gewehr in der Hand stand im Flur, hinter ihm sah ich noch andere. Helene schrie auf und warf sich auf mich. Das Maschinengewehr feuerte. Ich fühlte, wie Helenes Körper zuckte, als die Kugeln sie trafen. Die Schüsse brachen ab und ich hörte, wie die Soldaten die Treppe hinuntergingen. Dann war alles still.

Ich lag da, mit geschlossenen Augen, und fühlte Helenes Gewicht auf meinem Rücken. Schließlich öffnete ich die Augen. Onkel Hanoh hing in dem Sessel. Tante Sarah lag ausgestreckt auf dem Fußboden.

Ich fror und begann derartig zu zittern, daß ich Angst hatte, Helenes Körper abzuschütteln. Das wollte ich nicht. Und auch Tante Sarah durfte nicht auf dem Boden liegen.

Immer noch zitternd, kroch ich unter Helene hervor und schob ihren Körper vorsichtig gegen die Sofalehne. Ihr Blut tränkte die Kissen und besudelte meine Hände.

Ich ging zu Tante Sarah. Sie lag auf dem Rücken, mit offenen Augen. Es war nicht gut für sie, so dazuliegen. Ich ging in mein Zimmer, nahm meinen Tallit und die Yarmulke aus einer Schublade und legte sie an. Ich holte frische weiße Leintücher, trug sie ins Wohnzimmer und breitete über jeden Leichnam eines. Dann faltete ich meine Hände und neigte meinen Kopf.

»Er ist mein Hirt, mir mangelt's nicht ...«

Ich sprach den Psalm zu Ende, setzte mich auf einen Stuhl und wartete auf Vater und Mutter. Das nächste, was ich wahrnahm, war, daß Mutter mich in ihren Armen hielt. Sie hielt mich fest, ohne etwas zu sagen; mein Körper wurde von Schluchzen geschüttelt.

Es war uns unmöglich, in Onkel Hanohs und Tante Sarahs Wohnung zu bleiben, nachdem sie ermordet worden waren. Wir mußten einen anderen Platz finden. Vater ging früh am nächsten Tag weg, um etwas zu suchen; einige Stunden später kam er zurück.

»Es gibt eine Behelfssynagoge drüben in der Szerokastraße«, berichtete er. »Wir können in den Frauenraum dort gehen.«

Die Deutschen hatten jüdische Gottesdienste verboten und alle Synagogen geschlossen. Den Juden diente eine leere Lagerhalle als Behelfssynagoge. Jetzt konnte man uns dort unterbringen. Wir packten ein paar Sachen zusammen und gingen.

Die Halle war riesengroß, und man hatte sie notdürftig in Wohnräume unterteilt. Es gab nur eine Außentoilette hinter dem Gebäude. Vater fand irgendwo einen kleinen Holzherd, und Mutter kochte unsere kärglichen Mahlzeiten darauf. Als Betten benutzten wir Strohsäcke.

Ein paar Tage später stieß Romek zu uns. Nach seiner Entlassung aus dem Kriegsgefangenenlager hatte er uns in Kattowitz gesucht. Frau Goldman gab ihm die Adresse von Clapers, und Frau Claper sagte ihm, daß wir zu unserem Onkel gefahren waren. Als er nach Tarnów kam, sagten ihm Onkel Hanohs Nachbarn, wohin wir gegangen waren.

Es war wunderbar, ihn wieder bei uns zu haben. Ich liebte meine Schwestern, aber Romek war mein großer Bruder. Er nahm sich immer Zeit für mich, zum Reden, zum Spielen.

Ich erinnerte mich an einen Tag in Kattowitz; er kam von der Arbeit.

»Zieh mir die Schuhe aus«, neckte er mich. »Ich bin zu müde.«

»Wenn du mir 25 *groszys* gibst«, antwortete ich.

Er lachte und zog mich an den Haaren. »Du feilschst ganz schön zäh.«

Ich zog ihm die Schuhe aus, und er bezahlte. So lief das zwischen uns.

Am Morgen nach Romeks Rückkehr hörte ich zufällig, wie er mit Vater sprach.

»Warum seid ihr geblieben?« Seine Stimme klang laut und ärgerlich. »Warum seid ihr nicht weggegangen, wie Rachel?« Er sah Vater starr an. »Rachel war klug.«

Rachel, unsere älteste Schwester, reiste 1937 zur Weltausstellung nach Paris und kam nie mehr nach Polen zurück. Als ihr Visum abgelaufen war, ging sie illegal nach Mailand und von dort in die Schweiz. Ein Jahr später traf sie einen jüdischen Flüchtling aus Deutschland, dessen Frau und Kinder auf der Flucht ermordet worden waren. Mit ihm ging sie nach England und gab vor, seine Frau zu sein. Später heiratete sie einen polnischen Juden, den sie in England kennengelernt hatte.

Vater lächelte in seiner sanften Art. »Mach dir keine Sorgen, Romek. Gott wird uns helfen.«

»Ja, ja, Gott wird uns helfen. Und sie werden uns alle umbringen.« Er schüttelte den Kopf. »Sie können hier tun, was immer sie wollen.«

Vater wurde krank, so krank, daß er nicht mehr aufs Land gehen konnte. Das aber war die einzige Möglichkeit für uns, Lebensmittel und ein bißchen Geld zu bekommen.

»Ich kann allein gehen«, sagte Mutter.

»Nein, Eva«, erwiderte Vater. »Das kannst du nicht. David wird dich begleiten.«

»Ja, Mama. Ich gehe gern mit. Es gibt hier ja nichts zu tun.«

»Einverstanden«, Mutter lächelte mir zu. »Du bist ein Mann, David. Du kannst mir helfen.«

Jeden Morgen, außer am Sabbat, liefen Mutter und ich drei oder vier Meilen die Straße entlang, in Richtung Dombrowa. Wir begegneten den Bauern auf ihrem Weg in die Stadt: alte Männer mit Säcken auf den Schultern, auf Wanderstöcke gestützt, alte Frauen in langen Röcken und dunklen Kopftüchern. Sie trugen Körbe mit Gemüse – Kartoffeln, Kohl, Tomaten, Möhren und Rüben. Manche hatten Butter, die in große emaillierte Gefäße gedrückt und mit einem Kohlblatt bedeckt war, oder Hühner, die an langen Stöcken hingen, oder Körbe mit Eiern.

Die Preise waren auf der Straße niedriger, weil die Bauern nicht den ganzen Weg bis zum Markt zurücklegen mußten. Mutter konnte das, was wir nicht brauchten, für mehr Geld verkaufen als sie selbst bezahlt hatte.

Eines Morgens trafen wir einen Bauern mit acht Tauben.

»Ich glaube, die werde ich für heute zum Abendessen kaufen«, sagte Mutter. »Wir können sie in den Kasten tun, den wir für die Hühner mitgebracht haben.«

Ich fand die Tauben schön, besonders eine: sie war ganz weiß, mit Ausnahme des Kopfes, dessen Farbe von einem weichen Grau war. Sie schien sich überhaupt von den anderen zu unterscheiden. Die saßen einfach in ihrem Kasten, aber diese lief hin und her und drehte dauernd ihren Kopf von einer Seite zur anderen.

Als wir in der Szeroka 5 ankamen, stürmte ich die Treppe hinauf.

»Schau her, Romek!« rief ich, kaum daß ich in der Lagerhalle war. »Schau, was wir heute bekommen haben! Tauben!«

»Ja, das sehe ich«, sagte er. »Die werden ein gutes Abendessen abgeben.«

Mutter kam zur Tür herein.

»Ja, wir werden sie heute abend essen.«

»Bitte, Mama«, rief ich, »töte nicht die weiße. Ich möchte sie als Haustier behalten.«

»Was willst du denn mit einer Taube anfangen? Wir haben keinen Platz für sie. Und wer wird ihren Dreck wegmachen?«

»Das mache ich, Mama. Ich verspreche es. Laß sie mich doch behalten.«

»Also gut«, sagte sie. »Aber kümmere dich wirklich um sie, sonst muß sie weg.«

Ich rannte hinunter und in den benachbarten Park, um für die Taube etwas zu finden, wo sie sich zum Schlafen draufsetzen konnte. Ich fand einen etwa 1,20 m langen Baumstamm, den schleppte ich nach Hause.

»Ich kann das Holz in die Ecke stellen, Mama«, sagte ich. »Dann kann Kubusch darauf schlafen. Ich lege Papier überall drumherum auf den Boden.«

»Kubusch! Woher hast du den Namen?«

»Weiß ich nicht. Mir gefällt einfach, wie er klingt.«

Ich räumte das Papier nicht immer rechtzeitig weg und jedesmal, wenn Mutter Taubenkot fand, schimpfte sie.

»Findest du das in Ordnung?« fragte sie dann. »Ist das der Dank dafür, daß ich dir erlaubt habe, sie zu behalten?«

Sie schimpfte mit mir, aber sie war nicht wirklich böse. Sie fütterte Kubusch jeden Tag mit dem Brot, das sie zum Kaffee röstete.

Die Taube gewöhnte sich an mich; sie saß auf dem Baumstamm, und ich redete mit ihr; dann neigte sie ihr Köpfchen mal nach rechts, mal nach links und sah mich an, zuerst mit dem einen Auge, dann mit dem anderen.

Eines Morgens, zwei Wochen später, ließ jemand das Fenster offen, und Kubusch flog davon. Ich sah zu, wie sie ein paar Mal einen Kreis zog, dann flog sie davon und ich sah sie nicht mehr.

»Wird sie wiederkommen, Mama?« fragte ich. »Ich will sie nicht verlieren.«

»Das weiß ich nicht, David. Tauben möchten herumfliegen. Sie kann krank werden und sterben, wenn sie hier in der Lagerhalle bleibt.«

Kubusch kam nicht zurück. Nicht an diesem Abend, nicht am nächsten, nicht am übernächsten. Ich stellte mir vor, daß sie zum Bauernhof zurückgeflogen war, vielleicht hatte sie auch jemand eingefangen. Ich war überzeugt, sie nie mehr wiederzusehen.

Aber dann, eines Morgens beim Frühstück, nach einer Woche, flog Kubusch durchs Fenster herein und landete vor mir auf dem Tisch.

»Schau, Mama, Kubusch! Sie ist zurückgekommen!«

Die Taube trippelte zu meiner Tasse voll heißem Tee und steckte den Schnabel hinein. Wir lachten, als sie ihn mit einem Ruck zurückzog und heftig ihren Kopf schüttelte.

»Tu sie vom Tisch, David«, sagte Mutter, »bevor sie etwas macht. Ich bringe ihr ein bißchen Brot.«

Kubusch flog wieder hinaus und ich ging hinterher, um zu sehen, wo sie hinflog. Als ich zur Tür hinausging, hörte ich ein mächtiges Gurren. Eine ganze Taubenschar saß auf dem Dachfirst, auf der anderen Hofseite des Lagerhauses.

»Sie hat alle ihre Freunde mitgebracht, Mama! Wahrscheinlich haben die auch Hunger.«

Mutter streute draußen Brotkrümel auf den Boden. Kubusch begann zu picken und in einer Minute saßen alle Tauben auf dem Boden und begannen zu fressen. Als sie fertig waren, flogen sie davon.

Am nächsten Morgen kamen sie wieder und von da an jeden Tag, über eine Woche lang. Sie kamen immer um acht oder kurz vor oder kurz nach acht. Mutter sagte dann: »Es ist gleich acht, ich werde das Futter herrichten.«

Und dann hörten wir Flügelschlagen und das Scharren der

Taubenfüße. Mutter und ich schütteten ihnen Krümel hin, dann fraßen sie und flogen davon.

Eine magere alte Frau in einer Wohnung auf der gegenüberliegenden Seite des Hofes schrie mich jeden Tag an, wenn die Tauben kamen.

»Warum fütterst du diese Drecksvögel?« rief sie. »Ihr und eure Tauben! Sie bringen alles mögliche Unglück. Ihr seid sowieso Störenfriede. Ihr gehört hier nicht her!«

Für mich sah sie aus wie eine Hexe; ihr krummer Körper steckte in einem langen Kleid und ein Kopftuch verbarg fast ihr ganzes Gesicht. Die Leute in den anderen Wohnungen lachten über sie.

»Kümmert euch nicht um sie«, sagten sie. »Sie ist immer so. Sie wohnt hier schon so lange, daß sie meint, das ganze Haus gehöre ihr.« Eines Morgens kamen die Tauben nicht. Nachdem wir eine Viertelstunde gewartet hatten, sagte Mutter zu uns: »Vögel haben ein Gespür für Dinge. Es gibt einen Grund dafür, daß sie nicht kommen.«

»Ach Mama«, antwortete Romek, »ich bin sicher, es ist nichts. Wahrscheinlich haben sie einen anderen Futterplatz gefunden.«

»Nein«, sagte Mama. »Für alles gibt es einen Grund. Ich fühle Gefahr. Jeder soll sich verstecken. Bitte!«

»Na gut, Mama, wir verstecken uns«, sagte Vater. Wir stiegen in das Versteck, das Romek in der hohlen Wand zwischen Wohnung und Treppe hergerichtet hatte.

Es war kaum eine halbe Stunde vergangen, da hörten wir schwere Stiefel die Treppe auf der anderen Wandseite hinauftrampeln, dann Schläge gegen Türen und Gewehrsalven. Wir hörten, wie unsre Tür gegen die Wand flog und jemand sagte: »Hier ist niemand.«

Als es lange Zeit still war, kletterten wir hinaus. Romek und Vater gingen los und schauten in die anderen Räume.

»Alle sind tot«, sagte Vater, als sie zurückkamen.

Mutter hatte recht gehabt.

Achtes Kapitel

»David«, sagte Mutter, »bitte lauf runter zum Eckladen und kauf Milch. Wir haben keine mehr.«

Sie gab mir etwas Geld.

»Ja, Mama. Und kann ich für mich auch was kaufen?«

Sie lächelte. »Schon gut, hier sind 25 *groszys,* aber iß die Süßigkeiten nicht vorm Frühstück.«

Ich zog meine Jacke an, nahm die leere Milchkanne und ging hinaus. Es war Anfang Mai 1941, ein wunderschöner Morgen. Ich spürte die warme Sonne auf meinem Gesicht, und ich pfiff vor mich hin, als ich die Szeroka entlang zu dem kleinen Laden Ecke Lwowska ging.

Seit einiger Zeit war nichts Schlimmes mehr passiert. Romek war zu Hause; das machte alles besser. Mutter konnte immer noch bei den Bauern einkaufen. Juden konnten sich noch verhältnismäßig frei bewegen und in den nahe gelegenen Gehöften einkaufen. Zwar war man ständig beunruhigt, was die Nazis wohl als nächstes vorhatten, aber irgendwie kamen wir noch ganz gut zurecht.

Ich war fast an der Ecke angekommen, als ich Motorengeräusch hörte. Ich drehte mich um und sah, wie ein deutscher Militärlastwagen plötzlich an der anderen Straßenseite anhielt. Ein Soldat sprang von der Ladefläche. Ein anderer stieg aus dem Führerhaus.

»Du!« rief der erste. *»Komm her!«*

Einen Augenblick lang konnte ich mich vor Schreck nicht rühren. Mir war, als hätte die Sonne aufgehört zu scheinen. Was wollten die? Ich hatte nichts getan. Allerdings wußte ich, daß das keine Rolle spielte. Sie würden machen, was immer sie wollten.

»Lauf!« schrie der Deutsche und richtete sein Gewehr auf mich.

Ich zwang mich, dahin zu laufen, wo sie warteten.

»Rein hier!« schrie der Soldat und stieß mir sein Gewehr in den Rücken.

Meine Hände rutschten ab, als ich nach der Seitenstange griff, um mich auf den hohen Wagenboden hinaufzuziehen. Ich griff noch mal danach. Etwas Hartes stieß in mein Gesäß und warf mich über die harten Kanten des Lasters. Ich rappelte mich auf und sah, wie der Soldat hinter mir aufstieg.

Er zeigte auf eine der Bänke, die an den Seiten entlangliefen.

»Hinsetzen!«

Ich saß kerzengrade und versuchte, ihn meine Angst nicht merken zu lassen, während ich ihn beobachtete, wie er mir gegenübersaß, sein Gewehr auf den Knien.

Der Fahrer stieg wieder in die Kabine, und wir fuhren los. Als wir um die Ecke bogen, blickte ich auf den kleinen Laden. Drei Meter noch und ich wäre drin gewesen!

Ein Stück weiter hielt der Lastwagen neben vier Männern, die vor einem Café standen. Der Deutsche, der mich bewachte, sprang ab und schrie:

»*Herkommen!*« Er richtete sein Gewehr auf sie, und sie kamen langsam auf ihn zu.

»Einsteigen!« Sie stiegen auf, und er bedeutete ihnen, sich neben mich zu setzen.

Ich wollte gerade den Mann neben mir fragen, ob er wüßte, was los war, als der Soldat schrie:

»Maul halten und sitzenbleiben!«

Der Laster fuhr noch ein paar Häuserblocks entlang, dann wendete er und bog in die Lwowska, die Hauptstraße von Tarnów, ein. Ab und zu verlangsamte er sein Tempo, so als ob der Fahrer etwas suchen würde.

Meine Hände umklammerten die Bankkante so fest, daß es weh tat. Ich legte sie in den Schoß. Sie zitterten, also steckte ich sie unter meine Beine, damit es niemand sah.

Es gab keine Chance zu entkommen. Der Soldat ließ uns nicht aus den Augen und legte sein Gewehr nicht ab. Ich machte mir Sorgen wegen meiner Familie. Sie dachten sicher, ich wäre tot.

Mehrere Stunden schienen vergangen, als wir schließlich Tarnów verließen. Wir bogen bald von der Hauptstraße in eine schmale Straße ab. Gegen Mittag kamen wir an eine Stelle, wo hohe Kiefern eng beieinander wuchsen. Die Straße wand sich zwischen ihnen durch, bis wir an eine Lichtung kamen, wo ich viele Häuser sah – hübsche Holzhäuser, die Vorderwände aus Ziegeln. Blumen standen in den Vorgärten.

Wir fuhren weiter durch Wald bis zu einem offenen Gelände voller Baumstümpfe. Auf der einen Seite stand ein hoher Zaun, darin ein Tor mit einem Schild: Ferienlager Pustków.

Ein Wachmann öffnete das Tor und wir fuhren durch. Schließlich kamen wir an ein großes offenes Gelände, das von Holzbaracken eingesäumt war. Vor einer von ihnen hielt der Lastwagen an.

»Abspringen!« schrie uns der Soldat im Laster an.

Ich sprang ab und stand mit den anderen hinter dem Wagen. Was war das für ein Ort? Was würde mit uns geschehen?

Eine Tür knallte. Ich sah einen Mann in Zivil die Stufen der Baracke herunterkommen, in der einen Hand einen Bleistift, in der anderen einen großen Schreibblock.

»Du!« herrschte er den ersten der Männer an. »Wie heißt du?«

Der Mann antwortete. Der Deutsche schrieb auf seinen Block, dann drehte er sich zu mir.

»Name!«

»David Faber.« Meine Stimme zitterte, als ich antwortete.

»Was?!«

Ich schluckte und versuchte es noch einmal.

»DAVID FABER!«

Er schrieb auf seinen Block und brüllte den nächsten an.

Als er alle unsere Namen notiert hatte, machte er uns ein Zeichen, ihm in die Baracke zu folgen.

Drin zeigte er auf eine Schlafpritsche, es war die unterste von drei Reihen.

»Du schläfst hier«, sagte er zu mir.

»Darf ich ganz nach oben?« fragte ich.

»Warum?«

»Ich weiß nicht. Mir gefällt es einfach oben.«

Er sah mich an, dann schüttelte er den Kopf.

»Na gut, weil du der Kleinste bist.«

»Wo bin ich?« fragte ich. »Warum hat man mich hergebracht?«

»Du bist hier, um zu arbeiten. Tu was man dir sagt, dann wird dir nichts passieren.«

Wir blieben den restlichen Tag über in der Baracke und warteten. Niemand wußte irgend etwas. Ich lag in der obersten Koje, voller Angst, und wünschte mir, zu Hause zu sein. Romek hatte mich wahrscheinlich gesucht. Vielleicht hatte der Ladenbesitzer gesehen, wie die Deutschen mich mitnahmen. Aber selbst, wenn er es Romek gesagt hatte, nützte es nichts. Ich drehte mich auf den Bauch und drückte mein Gesicht in die Strohmatratze. Ich würde Mama und die andern nie mehr wiedersehen. Ich redete mir ein, ich sei zu alt, um zu weinen, aber es war nicht wahr.

Am nächsten Morgen, es war noch dunkel, weckte mich ein lautes Scheppern. Ein Mann lief in der Mitte der Baracke auf und ab und schwang eine große Messingglocke. Ich hielt mir die Ohren zu, um den schrecklichen Krach nicht hören zu müssen.

»Aufstehen!« schrie er. »Aufstehen! *Schweinehunde!*«

Mit nur einem einzigen dünnen Laken war es mir zu kalt gewesen, um mich auszuziehen. Mama wollte immer, daß wir adrett aussahen, also versuchte ich, die Falten in meinen Kleidern glattzustreichen. Ich fragte mich, ob sie wohl sehr weinen würde.

Männer standen in einer Reihe vor einem dampfenden Kessel. Ein Mann tauchte große rote Näpfe in den Kessel und gab jedem einen. Als ich näher kam, roch ich Kaffee. Der Mann hielt mir einen roten Napf hin, ich nahm ihn in beide Hände. Eine Wohltat für meine kalten Finger. Ein anderer Mann teilte Schwarzbrotscheiben aus.

Ich dachte an unser Frühstück zuhause, und das Brot blieb mir im Hals stecken.

Plötzlich dröhnte es aus einem Lautsprecher:

»Appell! Appell!«

Die Leute drängten sich durch das Tor und eilten auf den großen Hof, der von den Gebäuden umgeben war. Der Mann, der am Tag zuvor unsere Namen aufgeschrieben hatte, stand an der einen Seite, den Schreibblock in der Hand. Er rief Namen auf und drängte die Männer in Arbeitstrupps zu etwa 30 Mann zusammen. Es gab mindestens 20 Trupps, alle wurden in Lastwagen abtransportiert.

Meine Gruppe fuhr zum Bäumefällen. Als wir ankamen, gab mir der *Kapo* eine Axt.

»Hier«, sagte er. »Hack die Zweige von den Stämmen, die dort auf dem Boden liegen. Aber laß keinen aus. Ich will saubere Stämme.«

Ich war ein Stadtkind. Die einzigen Gelegenheiten, zu denen ich mal auf dem Land war, waren Picknicks. Ich hatte noch nie eine Axt benutzt und ich wußte nicht, wie man damit umging. Aber jetzt mußte ich.

Ich ging zum nächsten der gefällten Bäume, hob die Axt und hieb sie gerade herunter auf einen dicken Ast. Sie drang nur wenig ins Holz ein. Ich zog sie heraus, schlug noch einmal zu und traf um etliche Zoll daneben. So hackte ich in eine ganze Menge Stellen, aber ich kam dem Ast, den ich abschlagen sollte, überhaupt nicht näher.

Ein älterer Junge, der in meiner Nähe arbeitete, lachte. »He«, rief er, »du weißt nicht, wie's geht. Ich zeig's dir.«

Er stieg über den Stamm und kam zu mir herauf.

»Schau her«, sagte er. »Zuerst schlägst du einen Keil. So.« Er schlug seine Axt in das Holz und lockerte ein großes Stück. »Dann kommst du von der anderen Seite, so.« Er traf den Ast, und das lockere Stück brach heraus. »Versuch's mal.«

Er sah zu, wie ich die Axt schwang. Es war nicht so leicht, wie es aussah, aber ich versuchte es immer wieder und bald hackte ich ganz gut. Lange vor Mittag hatte ich allerdings große Blasen an den Händen, die aufbrachen und schmerzten. Als wir Mittagspause machten, waren meine Hände wund und mein ganzer Körper tat mir weh.

Der diensthabende Mann, der *Kapo*, gab uns Brot und Kielbasa. Ich hielt die Wurst in der Hand und fragte mich, ob es wohl Schweinefleisch war. Egal. Ich war zu hungrig, um nicht zu essen. Ich zuckte die Achseln und biß hinein.

Der Nachmittag war noch schlimmer. Meine Hände bluteten, und die Axt wurde immer schwerer, jedesmal wenn ich sie hob. Außerdem hackte ich nicht mehr so gut, weil das Blatt stumpf geworden war. Als wir nach Sonnenuntergang mit der Arbeit aufhörten, konnte ich kaum auf den Lastwagen hinauf.

Als wir zur Baracke zurückkamen, gab es Abendessen. Kein Brot, nur wässrige Suppe in unseren roten Näpfen. Sie schmeckte nach Kartoffeln, aber es war überhaupt nichts Festes darin. Die Wärme tat meinem Magen gut, aber ich hatte immer noch großen Hunger. Ich wußte nicht, was mehr weh tat: meine Hände, meine Muskeln oder der stechende Hunger. Aber ich war zu kaputt, um darüber nachzudenken, und kletterte hinauf auf meine Schlafstelle. Ich legte mich wieder in meinen Kleidern hin, sogar mit den Schuhen. Sie waren alles, was ich besaß. Womöglich stahl sie mir jemand, wenn ich sie auszog.

Es war jeden Tag dasselbe. Die Glocke schepperte, bevor es hell wurde; wir arbeiteten im Wald, bis es dunkel wurde. Die Äste zerkratzten meine Hände und zerrissen mir die Kleider. Jede Nacht legte ich mich hungrig und erschöpft zum Schlafen.

Der *Kapo* war nicht gemein zu uns. Wir durften uns miteinander unterhalten, vorausgesetzt, wir unterbrachen unsere Arbeit nicht länger als ein paar Minuten. Ich versuchte, mich mit den anderen Jungen in der Gruppe anzufreunden, aber sie waren älter und schienen mich nicht in ihrer Nähe haben zu wollen.

Aber ich schloß Freundschaft mit einem der Männer. Er war in den Zwanzigern, ungefähr 1,70 m groß, dünn, mit braunem Haar und großen braunen Augen. Am zweiten Arbeitstag sprach er mich an, als wir am selben Baum hackten.

»Woher kommst du?« fragte er.

»Aus Tarnów. Aber eigentlich aus Kattowitz.«

»Ich bin auch aus Tarnów. Ich heiße Aaron Weinberg.«

»Ich heiße David Faber.«

Wir mochten uns auf Anhieb und versuchten, an derselben Stelle zu arbeiten. Nach ein paar Tagen bat Aaron den Jungen, der neben mir schlief, mit ihm den Schlafplatz zu tauschen. Von da an sprachen wir jede Nacht über unsere Familien und wie gerne wir aus Pustków fortkämen.

Aaron war Schneider und hatte ein Mädchen mit Namen Halka geheiratet, kurz bevor die Nazis kamen. Sie wohnten bei Halkas Eltern und sparten auf eine kleine Wohnung.

»Ich wollte Zigaretten holen«, erzählte er, »und landete hier. Halka weiß nicht, ob ich lebe oder tot bin.«

»Das gleiche ist mir passiert, als ich Milch kaufen wollte. Meine Familie weiß nicht, was mit mir geschehen ist.«

Aaron war ein freundlicher Mensch, mit dem man sich leicht gut verstand. Er erinnerte mich an Romek, und ich sah zu ihm auf, so wie zu Romek. Keiner von uns hatte andere Freunde.

Eines Nachts fragte ich ihn: »Glaubst du, es gibt irgendeine Chance zu fliehen? Ich muß nach Hause.«

»Es muß eine geben«, antwortete er. »Ich bleibe hier bestimmt nicht für immer. Ich kenne das Gelände ein bißchen. Halka und ich kamen sonntags manchmal hier in die Nähe zum Picknick. Ich werde abhauen, irgendwie.«

»Ich komme mit.«

Er zögerte.

»Bitte, Aaron.«

»Na gut.« Er lächelte. »Wir versuchen es bald.«

»Was für ein Tag ist heute? Wie lange bin ich schon hier?«

»Heute ist Freitag. Du bist fast drei Wochen hier. Es ist bald Ende Mai.«

Zwei Tage später stand Aaron neben mir in dem Lastwagen, der uns zur Arbeit brachte. »Heute«, flüsterte er. »Beobachte mich. Lauf, wenn ich laufe.«

»In Ordnung«, sagte ich.

Ich schloß die Augen und stellte mir vor, zu Hause zu sein.

Wir kamen an die Lichtung und stiegen vom Laster. Aaron und ich nahmen uns Äxte.

»Lauf sofort los, wenn du mich rennen siehst.«

In dem Augenblick fuhr ein neuer Lastwagen mit Soldaten vor. Drei von ihnen stiegen aus, die Gewehre geschultert. Der Laster wendete und fuhr die Straße zurück.

»Mein Gott«, sagte Aaron, »vier Wachen heute, statt einer.«

Die Soldaten stellten sich rings um die Lichtung auf. Es gab keine Chance, zu entwischen. Womöglich gab es nie mehr eine. Es war eine schreckliche Enttäuschung. Ich hatte all meinen Mut zusammengenommen, und jetzt war alles hoffnungslos.

Ich arbeitete den ganzen Nachmittag, ohne ein Wort zu sagen. Die Vorstellung, nie wieder zu Hause zu sein, tat einfach zu weh.

Aaron versuchte, mir Mut zu machen, als wir diese Nacht auf unseren Schlafstellen lagen.

»Es kommt eine Chance, David«, sagte er. »Vielleicht schon morgen oder in ein paar Tagen. Es muß wohl bei einer der Gruppen irgendwas passiert sein. Das war wahrscheinlich der Grund, warum sie Extrawachen aufgestellt haben.«

Ich versuchte, ihm zu glauben, aber es gelang mir nicht.

Am nächsten Tag war es noch schlimmer. Eine ganze Wagenladung Wachen kam ins Lager, bevor wir zur Arbeit fuhren, und von da an hatte jede Gruppe acht Bewacher. Wir hatten keine Ahnung, warum. Die Wachen blieben Woche um Woche. Wir gaben alle Hoffnung auf.

Alle paar Tage wurden neue Gefangene nach Pustków gebracht; sie erzählten uns, daß jetzt die Russen gegen die Nazis kämpften. Pustków lag nah an der Grenze, und die Deutschen vermuteten wohl, wir würden versuchen zu fliehen.

Irgendwie hielt sich Aaron auf dem laufenden, was die Tage betraf, und Anfang August änderte sich die Lage wieder. Wir wußten nicht warum, aber die meisten Bewacher wurden abgezogen. Bei jeder Gruppe waren nur noch zwei.

»Vielleicht können wir es jetzt versuchen«, sagte ich ein paar Nächte später zu Aaron.

»Ja«, antwortete er, »bevor die Wachen wiederkommen.«

»Morgen?« fragte ich.

»Wenn es eine Gelegenheit gibt.«

Wir redeten nicht weiter. Ich fürchtete, daß die Flucht mißlingen würde, wenn wir darüber sprachen. Lange Zeit lag ich da, ohne mich zu bewegen; mein Körper war angespannt. Ich schlief ein und träumte, daß meine Beine versagten und die Bewacher mich auslachten. Ich wachte zitternd auf, meine Kleider waren schweißgetränkt.

Du spinnst, sagte ich zu mir. Mit deinen Beinen ist nichts. Du kannst rennen. Du kannst auch schnell rennen. Und du wirst hier rauskommen.

Zwei Tage später, mittags, saß der dicke Lastwagenfahrer im Führerhaus und aß. Der andere Soldat saß auf einem Baumstumpf und beschäftigte sich mit einer Doppelstulle in Cellophan. Er berührte das Brot nie mit bloßen Fingern. Er wickelte die eine Seite aus und biß langsam hinein. Er schien das Vergnügen möglichst in die Länge ziehen zu wollen.

Als er ein paar Bissen gegessen hatte, legte er die Stulle beiseite, griff nach der Thermosflasche und goß sich Kaffee ein.

Aaron und ich arbeiteten an einem Stamm ziemlich am Rande der Lichtung. Er blickte zu den beiden Wächtern, die ihr Mittagessen aßen.

»Los!« sagte er.

Wir ließen die Äxte fallen und rannten schnell durch den Wald davon. Unsere Kleider verhakten sich an Büschen, wir stolperten über Wurzeln und Steine, aber wir liefen weiter, bis meine Beine bleischwer waren und meine Kehle brannte.

»Ich muß stehenbleiben«, keuchte ich.

»Ein bißchen weiter noch, David. Dort vorn ist eine Straße. Du schaffst es schon.«

Nach wenigen Minuten waren wir da. Ein Fahrweg, voller Furchen, mit Zweigen, die an beiden Seiten überhingen. Ich stolperte aus dem Wald und fiel auf meinen Bauch; ich konnte kaum mehr atmen.

Aaron sank keuchend neben mich.

»Hör zu, David«, sagte er stockend. »Ich kann dich nicht mitnehmen. Sie werden nach einem Mann mit einem Jungen fahnden. Wenn wir uns trennen, hat jeder von uns eine Chance.«

Ich wollte nicht, daß er wegging. Wie sollte ich alleine heimfinden?

»Bitte, Aaron«, fing ich an.

Er legte mir die Hand auf die Schulter und schüttelte den Kopf.

»Es ist besser, wir trennen uns«, sagte er. »Glaub mir. Du gehst in diese Richtung.« Er zeigte nach rechts. »Das bringt dich tiefer in den Wald. Ich gehe in die andere Richtung.

Wenn die Straße aufhört, geh weiter durch den Wald. Du wirst in der Nähe von einem Dorf herauskommen. Da ist ein Bauernhof, auf dieser Seite. Ich kenne die Leute. Sie sind gute Christen. Sie werden dich reinlassen und dir was zu essen geben. Und wenn sie können, werden sie dich nach Tarnów bringen.«

Er stand auf. »Jetzt müssen wir weiter.«

Ich sah zu ihm hinauf und fing an zu weinen.

»Warum läßt du mich nicht mit dir gehen?«

»Es geht nicht«, sagte er. »Es tut mir leid, aber ich kann dich einfach nicht mitnehmen.«

Ich wußte, daß ich ihn nicht umstimmen konnte. Ich stand auf und umarmte ihn.

»Danke für alles, Aaron«, sagte ich. »Viel Glück.«

Er streichelte meinen Kopf. »Sei vorsichtig, David. Gott beschütze dich.« Er drehte sich um und rannte die Straße hinunter.

Ich tat, was Aaron gesagt hatte. Ich hatte ja auch keine Wahl. Ich ging bis ans Ende der Straße und dann weiter in den Wald. Es war dunkel unter den Bäumen und ich fürchtete mich. Jedesmal, wenn ich ein Geräusch hörte, glaubte ich, gleich würde mich ein Deutscher packen.

Plötzlich hörte ich jemanden rufen.

»*Stoi!*«

Ich wußte, das war Russisch. Es bedeutete »Halt!« Ich hatte Mutter Russisch sprechen hören. Es war eine der sechs Sprachen, die sie konnte.

»*Stoi!*« Der Ruf kam noch einmal. »*Ili ya budu streliat'!*«

Ich verstand diese Worte nicht, aber ich nahm an, er sagte, er würde schießen, wenn ich nicht stehenblieb.

Neuntes Kapitel

Ich hob die Arme über den Kopf.

Ein riesiger, wild aussehender Mann kam auf mich zu, mit langen Haaren und einem Bart, der das gesamte Gesicht bedeckte. Er richtete ein Gewehr auf mich, das war so alt und zerkratzt, wie es allenfalls ein Jäger haben mochte. Die einzigen Worte, die ich verstand, waren »Spion!« und »Komm!«.

Er ging hinter mir her und drückte mir den Gewehrlauf in den Rücken. Ich ging geradeaus und hoffte, daß das richtig war. Er sagte kein Wort, blieb nur dicht hinter mir, das Gewehr auf meinen Rücken gerichtet.

Nach wenigen Minuten erreichten wir ein offenes Gelände mit vier Zelten. Drei waren gleich groß, mit Platz für fünf oder sechs Personen.

Das vierte war mindestens dreimal so groß wie die anderen.

»*Stoi!*« schrie der Mann, als wir vor dem großen Zelt ankamen. Er rief etwas, und ein anderer großer Mann kam heraus.

Ich hörte das Wort »Spion«, da packte mich der zweite Mann am Arm und schlug mir hart ins Gesicht.

Ich rieb meine Backe. Er riß mich zu sich hin und schlug mich wieder. Es tat mehr weh als alles, was die Deutschen mir getan hatten.

Ein dritter Mann, noch größer als die beiden anderen, kam gebückt aus der Zeltöffnung. Er hatte eine Glatze, ein dunkelbrauner Haarkranz bedeckte seine Ohren und ein großer Schurrbart wölbte sich über seiner Oberlippe. Ein dunkelgrüner Mantel, der ihm bis weit unter die Knie reichte, wurde in der Taille von einem sehr breiten Ledergürtel zusammengehalten. Seine dunkelgrünen Hosen waren in abgewetzte Stiefel gestopft.

Er sah mich an und sprach mit den Männern. Alles, was ich verstand, war »Junge«.

Ich sagte immerzu auf Polnisch: »Ich verstehe nicht. Ich verstehe nicht.«

Er antwortete nicht. Ich beschloß, es in einer anderen Sprache zu versuchen.

»Jiddisch«, sagte ich.

»Halt!« sagte er zu dem Mann, der mich am Arm gepackt hielt.

»Du sprichst Jiddisch?« fragte er.

»Ja.«

»Bist du Jude?«

»Ja. Ich bin grade eben aus einem Arbeitslager geflohen, aus Pustków.«

»Das kenne ich. Wie bist du rausgekommen?«

»Ich rannte los, als die Wachen nicht hersahen. Ich bin kein Spion. Ich möchte nach Hause, zu meiner Familie. Sie wissen gar nicht, was mir passiert ist.«

Ich spürte, wie mir die Tränen kamen.

Er lächelte; seine Augenwinkel wurden runzlig.

»Ich heiße Sascha«, sagte er. »Hab keine Angst. Du bist bei den Partisanen. Hier bist du sicher.«

Er sprach mit den andern Russisch. Vermutlich berichtete er ihnen über mich. Die ganze Zeit über lag seine Hand auf meinem Kopf.

Er drehte sich wieder zu mir um und sagte auf Jiddisch:

»Du mußt bei uns bleiben. Du kannst uns helfen, die Deutschen zu bekämpfen.«

Er gab mir ein Zeichen, ich solle ihm ins Zelt folgen.

»Du mußt hungrig sein«, sagte er. Ein riesiger Laib dunklen Brots lag auf einem rohen Tisch, der aus schmalen, kreuzweise übereinandergenagelten Ästen gezimmert war.

Er nahm ein Messer und schnitt ein großes Stück von dem Brotlaib ab.

»*Pokushai!*« sagte er. »Iß!« Das Brot schmeckte besser als alle Kuchen, die ich je gegessen hatte!

»Wir brauchen jede Hilfe, die wir kriegen können«, sagte er, als ich fertig war.

»Sie müssen mir sagen, was ich tun soll. Ich tue alles.«

»Später«, sagte er. »Ruh dich jetzt aus.«

Ich legte mich auf den Zeltboden, zog eine dicke graue Decke über mich und machte die Augen zu. Ich konnte kaum glauben, daß ich in Sicherheit war, daß ich genug zu essen und einen warmen Platz zum Schlafen hatte.

Vielleicht würde Sascha, wenn ich tat, was er wünschte, mich bald nach Hause gehen lassen.

Jemand schüttelte mich. Ich öffnete die Augen und sah einen alten Mann, der sich über mich beugte; sein langer grauer Bart wischte mir übers Gesicht.

»Was wollen Sie?« fragte ich auf Jiddisch. »Wer sind Sie?«

Die Augen des alten Mannes gingen fast ganz zu, als er lächelte; er sagte etwas, was ich nicht verstand. Dann deutete er an, ich solle aufstehen.

»*Nemnozhko pokushai, malenkii*«, sagte er und zog mich an der Hand. »Iß ein kleines bißchen, Kleiner.«

Ich stand auf und ging mit ihm hinaus. Es war schon fast dunkel, aber ich konnte Jungen und alte Männer erkennen, die um ein Lagerfeuer saßen oder standen.

»*Pokushai*«, sagte der alte Mann noch einmal.

Sascha kam vom Feuer zu mir.

»Hier«, sagte er auf Jiddisch. Er hielt mir einen Emailbecher hin, gefüllt mit heißer Suppe, dick voller Kartoffeln. Der alte Mann sah zu, wie ich in kleinen Schlucken trank; er lächelte.

»Gut«, sagte er. »Gut.«

»Das ist Onkel Wanja, unser Koch«, sagte Sascha.

Ich saß auf einem kleinen Holzklotz nah beim Feuer und aß meine Suppe auf. Als mein Magen voll war, hatte ich Mühe, wach zu bleiben.

Sascha lachte. »Geh schlafen, David«, sagte er. »Morgen werde ich dir zeigen, wie du helfen kannst.«

Früh am nächsten Morgen wachte ich durch Saschas dröhnende Stimme auf.

»Steh auf, steh auf!«

Ich machte die Augen auf und sah ihn über mir stehen wie einen Riesen.

»Komm und iß«, sagte er. »Dann nehme ich dich mit.«

Ich warf die warme Decke weg und rannte hinaus. Onkel Wanja legte Holz auf ein Feuer, das unter einem rußigen Kaffeetopf brannte.

»Guten Morgen«, rief er.

»Guten Morgen!« antwortete ich und ging in den Wald.

Als ich zurückkam und mir Gesicht und Hände gewaschen hatte, hatte Onkel Wanja schon Kaffee in meine Tasse gegossen. Er gab sie mir und zeigte auf große, in einer Emailschüssel aufgestapelte Brotstücke.

Während ich aß, kam Sascha aus dem Zelt.

»Iß auf, dann gehen wir«, sagte er. »Es wird spät.«

Ich trank den heißen Kaffee so schnell ich konnte. Das Brot würde ich unterwegs essen.

Sascha ging los, zwischen den Bäumen hindurch, und ich hinter ihm her. Er machte große Schritte, und ich mußte ab und zu laufen, um mit ihm Schritt zu halten. Das Hühnerauge auf meinem kleinen Zeh brannte, weil mein kaputter Schuh daran rieb.

Nach ungefähr einer Stunde blieb Sascha stehen, drehte sich um und sah, wie ich humpelte. Er schüttelte den Kopf, holte eine Decke aus seinem Rucksack und breitete sie auf dem Boden aus.

»Leg dich hin, *malenkii*, und ruh dich aus.«

Ich legte mich hin, und er deckte mich mit der Decke zu. Es kam mir vor, als hätte ich gerade erst die Augen zugemacht, als ich seine Hand auf meiner Schulter fühlte.

»Laß uns weitergehen«, sagte er. »Es ist nicht mehr weit.«

Ich stand auf, Sascha stopfte die Decke in seinen Rucksack, und wir gingen weiter, bis wir zu einer Waldschneise kamen.

»Da.« Sascha zeigte auf einen etwa sechs Meter hohen Damm. »Da oben läuft die Bahnlinie.« Er zog ein langes Messer aus einer Scheide, die er an seinem Gürtel trug, kniete sich hin und begann, neben der Schräge zu graben. Ich fragte mich, was er suchte. Nach wenigen Minuten grub er ein langes Brecheisen und einen Schraubenschlüssel aus.

Er hob beides auf, und ich folgte ihm auf die Böschung.

»Schau«, sagte er, »und sieh dir an, wie ich diese Muttern hier lockere, die die Schienen auf den Schwellen halten.« Er kniete sich hin und nahm den Schraubenschlüssel. »Ich schraube sie nicht ab. Ich lockere sie nur so weit, daß du sie leicht entfernen kannst.« Er drehte ein paarmal an jeder Mutter.

»Wenn ich dir Bescheid sage, kommst du her und machst sie ab, dann kannst du die Schiene ein bißchen zur Seite schieben. Du mußt es genau zu dem Zeitpunkt tun, den ich dir angebe. Ich werde dir eine Uhr geben.«

Er griff in eine der Vordertaschen und zog eine angelaufene Uhr heraus, die an einer kurzen Kette hing. »Verlier sie nicht«, sagte er. »Dein Leben hängt davon ab.«

Er fuhr fort: »Hier kommen eine Menge Züge vorbei. Der, um den es uns geht, kommt täglich um drei. Er ist mit Gewehren und Munition beladen. Fünf Minuten bevor er kommt, fahren zwei Männer auf einer Draisine durch, um zu testen, ob die Spur in Ordnung ist. Sobald sie außer Sichtweite sind, rennst du hier rauf und lockerst die Schienen. Du kannst die Muttern mit den Fingern abdrehen. Dann ziehst du die Schrauben raus und verschiebst hiermit die Schienen.« Er hielt das Stemmeisen hoch. »Paß auf, daß du die Schiene nur ein kleines bißchen verschiebst, etwa 2,5 cm. Danach kletterst du auf einen Baum und versteckst dich, bis du ganz sicher bist, daß dich niemand gesehen hat. Sie könnten dir sonst bis zum Lager folgen.«

Ich wollte nicht, daß Sascha sah, wieviel Angst ich hatte.

»Geht in Ordnung«, sagte ich. »Das schaffe ich.«

Er legte mir den Arm um die Schultern.

»Du bist ein prima Junge«, sagte er. Dann lachte er. »Warte nur, bis du siehst, was mit dem Zug passiert.«

Er legte die Werkzeuge wieder in das Loch, verteilte Erde darüber und bedeckte alles mit ein bißchen Laub.

Ich hatte Angst, aber ich war auch stolz. Ich würde etwas

machen, was den Deutschen schadete. Das war gut. Sogar mein Zeh tat weniger weh, als wir zu den Zelten zurückgingen.

In dieser Nacht schlief ich wenig. Einmal träumte ich, daß ein deutscher Soldat mir auf den Baum nachstieg. Ich kletterte höher und höher. Er war genau unter mir und griff nach meinen Füßen. Seine Finger berührten meinen Schuh, da wachte ich schreiend auf.

Sascha beugte sich über mich. »Ist ja gut, *malenkii*«, flüsterte er und legte die Hand auf meine Schulter. »Hier bist du sicher.«

Ich zitterte und zog die Decke fest um mich.

Am nächsten Morgen, nach dem Frühstück, nahm Onkel Wanja einen Eimer und machte mir ein Zeichen, mitzukommen. Wir gingen auf einem kleinen Pfad durch den Kiefernwald, blieben stehen und begannen, Blaubeeren zu pflücken. Ich half ihm, die großen Beeren zu ernten, wobei ich hin und wieder eine in den Mund steckte, statt sie in den Eimer zu werfen. Sie waren süß und saftig.

Zunächst schien Onkel Wanja nichts zu merken, aber nach einer Weile zeigte er auf meine Hände und meinen Mund. Meine Finger waren vom Saft beschmiert und mein Mund wahrscheinlich auch. Er berührte meine Lippe und zeigte mir eine blaue Fingerspitze. Ich dachte, er wäre böse auf mich. Statt dessen fing er an zu lachen, umarmte mich und gab mir einen Kuß auf die Backe.

»Braver Junge«, sagte er.

Ich lachte auch, und wir pflückten Blaubeeren, bis der Eimer voll war.

Am frühen Nachmittag rief mich Sascha.

»David, es ist Zeit, daß du dich fertig machst. Komm.«

Ich folgte ihm in das große Zelt. Er ging zu einer der Seiten und nahm Sachen aus einer großen Kiste. Ich traute meinen Augen nicht, als er mir Mädchenkleider hinhielt.

»Zieh das an«, sagte er. »Die Leute werden sich nichts denken, wenn sie ein kleines Mädchen irgendwas tun sehen.«

Das gefiel mir gar nicht, aber es blieb mir nichts anderes übrig. Ich nahm die weiße Bluse und den dunkelblauen Rock, die er mir hinhielt, zog mich aus und die Kleider an.

»Zieh auch den Pullover an«, sagte er. Er war dunkelblau mit verschiedenfarbigen Wollsternchen darauf. Ich zog ihn an und knöpfte ihn vorne zu.

Ich kam mir albern vor und war überzeugt, daß ich nicht wie ein Mädchen aussah.

»Und jetzt noch etwas«, sagte Sascha.

Er zog eine Perücke heraus und setzte sie mir auf. Die langen rötlichen Haarsträhnen fielen mir auf die Schultern, kitzelten mich an den Ohren und hingen mir in die Augen. Ich haßte sie.

»Jetzt siehst du aus wie ein Mädchen. Versuch dich so zu benehmen, wenn du jemanden siehst.«

Ich werde versuchen, mich wie meine Schwestern zu benehmen, dachte ich mir.

»Ich werde dich ein Stück begleiten«, sagte Sascha. »Danach wirst du allein sein. Denk dran, was ich dir gestern gesagt habe.« Er nahm ein Gewehr.

»Nimm das auch. Versteck es, wenn du jemanden siehst.« Er machte eine Pause. Als er wieder zu sprechen anfing, klang seine Stimme rauh, wie bei dem Mann, der mich zum Zelt gebracht hatte.

»Ich vertraue dir«, sagte er. »Aber du kriegst es mit uns zu tun, wenn du die Arbeit nicht richtig machst. Und wenn du geschnappt wirst und redest, werden wir dich töten, wenn es die Deutschen nicht tun. Tu also genau, was ich dir gesagt habe. Du hast genügend Zeit, und wir werden auf dich aufpassen.«

»Ich werde alles richtig machen«, sagte ich. »Ich weiß, daß ich's kann.«

Ich versuchte, tapfer zu klingen, aber meine Stimme zitterte ein bißchen.

Sascha drückte meine Schulter. »Ja«, sagte er, »du kannst es.«

Die Taschenuhr zeigte 2 Uhr 30, als ich den Waldrand erreichte und auf einen Baum kletterte. Fünf Minuten später ratterte ein kurzer Güterzug vorbei.

Ich begann zu schwitzen, als der Zeitpunkt näher kam, an dem die Draisine kommen sollte. Womöglich konnte ich die Schiene nicht bewegen! Vielleicht beobachtete mich jemand und würde mich schnappen, wenn ich auf den Gleisen wäre. Sie würden versuchen, mich zum Reden zu bringen über die Partisanen, und Sascha hatte mir gesagt, was dann passieren würde.

2 Uhr 55. Die Draisine kam das Gleis entlanggefahren. Die Kurbeln, die zwei Männer abwechselnd herunterdrückten, gingen auf und ab. Gleichzeitig schaute jeder der beiden auf je eine Schiene. Ich begann, vom Baum herunterzusteigen, um auf das Gleis rennen zu können, sobald sie außer Sicht wären.

Die Schienen liefen ein sanftes Gefälle hinunter, dann wieder hinauf und über einen kleinen Hügel. Ich schrammte mir meine nackten Beine an der rauhen Rinde auf, als ich halb hinunterkletterte und halb rutschte; dann rannte ich zur Böschung und grub die Eisenstange aus. Ich stolperte zum Gleis hinauf.

Die Schrauben gingen raus, genau wie Sascha es vorhergesagt hatte. Ich stieß das Brecheisen in den Boden und drückte es kräftig. Die Schiene bewegte sich nicht. Sascha hatte gesagt, es würde leicht gehen. Vielleicht für einen Mann. Ich ging auf die andere Seite des Eisens und ruckte an der Schiene. Allmählich bewegte sie sich nach außen. Dann machte ich es mit der anderen Schiene genauso.

Ich schlitterte den Bahndamm hinunter und versteckte das Brecheisen. In der Ferne hörte ich einen Zug pfeifen. Ich mußte zurück zu den Bäumen. Ich rannte zum nächsten, ergriff einen Ast genau über meinem Kopf und kletterte nach oben. Keuchend preßte ich mich an den Stamm und versuchte mich klein zu machen. Ich glaubte nicht, daß mich jemand würde sehen können.

Jetzt konnte ich das Geräusch der Lokomotive hören, lauter und lauter. Es klang, als führe sie schnell. Mein Herz klopfte.

Der Zug tauchte auf, ein schwarzes Ungeheuer, das mir entgegenheulte. Rauch quoll aus dem Schornstein. Dampffahnen hingen an beiden Seiten. Er kam näher, und ich sah Plattformwagen, beladen mit Lastern und Panzern. Auf jedem Wagen standen Soldaten mit Gewehren.

Die eisernen Pleuelstangen, die die Räder der Lokomotive bewegten, stießen vor und zurück. Ich hielt die Luft an, als sie sich der Stelle näherte, an der ich die Schienen gelöst hatte. Der

Zug kam so schnell, daß ich fürchtete, er würde einfach über die Unterbrechung wegrasen. Aber Sascha hatte gesagt, der Zug würde zu Bruch gehen. Es mußte klappen!

Plötzlich schnellte die Lokomotive hoch, schien einen Augenblick in der Luft hängenzubleiben, schwankte dann und kippte die Böschung hinunter. Sie sah aus wie ein riesiger Käfer, der auf dem Rücken lag; die Pleuelstangen drehten noch immer die Räder.

Einige Wagen folgten, die Tanks stürzten herunter und krachten gegen die Bäume. Ein paar Soldaten sprangen ab, aber einen hörte ich schreien, als ein Tank ihn zerquetschte. Einen Augenblick lang war mir schlecht. Dann dachte ich an Sosnowiec und ich fühlte mich gut, weil ich den Nazis geschadet hatte.

Ein Mann kroch aus dem Fenster des Führerstands, sein Gesicht war blutverschmiert.

Soldaten mit Gewehren und Maschinengewehren kamen vom Zugende gerannt. Einer von ihnen zeigte auf die Bäume und schrie etwas. Er rannte in den Wald, die anderen hinterher.

Ich drückte mich an den Stamm, um mich möglichst noch kleiner zu machen. Wenn sie mich fänden, würden sie mich töten. Oder, noch schlimmer, sie würden mich über die Partisanen ausfragen und mich dann töten.

Ich hörte, wie sich die Deutschen eine Zeitlang gegenseitig zuschrieen. Das Geschrei ließ nach, als sie zum Zug zurückkamen. Einige kletterten auf die Plattformwagen, die noch auf den Gleisen standen, andere gingen zum Dienstwagen zurück. Offenbar dachten sie, wer auch immer den Zug zerstört haben mochte, er mußte entkommen sein.

Als es zu dunkel geworden war, um die Soldaten auf den Wagen noch zu erkennen, stieg ich von meinem Baum und rannte zum Lager. Mein Fuß verfing sich in etwas, ich stürzte und zerkratzte mein Gesicht an einem Strauch. Ich lag flach auf dem Boden und keuchte.

»David! David!«

Die Stimme kannte ich. Sascha! Ich war gerettet.

Ich stand auf. »Herr Sascha! Hier bin ich. Ich hab's geschafft!«

Er kam zu mir und umarmte mich fest wie ein Bär. »Du hast gute Arbeit geleistet«, sagte er. »Gehen wir zurück zum Lager.«

Die andern saßen ums Feuer, als wir ankamen.

Sascha schob mich vor sich her. »Der Junge hat's geschafft!« rief er mit seiner tiefen Stimme. »Er hat es geschafft!«

Sie sprangen alle auf und umringten mich, lachten, redeten, versuchten, mich zu umarmen. Jeder einzelne sagte mir, was ich Großartiges gemacht hätte.

Ich sah sie an: Es waren Jungen, nicht älter als ich, und alte Männer; und ich war stolz.

Zuletzt kam Onkel Wanja. Er nahm mich in die Arme und küßte mich auf die Backe. »*Towarischtsch!*« sagte er. »Kamerad!« Auch er umarmte mich.

Mit der Zeit fragte ich mich, wie die Partisanen eigentlich an Lebensmittel kamen. Es schien reichlich davon zu geben, aber nie sah ich jemanden, der sie brachte. Irgend jemand mußte ihnen helfen. Niemand erzählte mir etwas, und ich traute mich nicht zu fragen.

Für mich war das Lager fast wie Ferien. Onkel Wanja und ich wurden gute Freunde. Er steckte mir Extraportionen Kielbasa oder Zuckerstückchen in die Tasche. Jeden Morgen ging ich mit ihm Blaubeeren oder Pilze sammeln. Er hängte die Pilze zum Trocknen an eine Schnur, dann schnitt er sie in Scheiben und tat sie in die Kartoffelsuppe.

In den folgenden drei Wochen gingen Sascha und ich zu verschiedenen Stellen an der Eisenbahnstrecke. Er löste die Muttern, und ich ging am nächsten Tag hin und verschob die Schienen. Nicht immer gingen wir zu Fuß. Einmal fuhren wir stundenlang in einem Wagen. Ich wußte nicht, wo der herkam. Genau wie die Lebensmittel war er einfach da und wartete auf der Staubstraße.

Jedesmal fühlte ich mich gut, wenn ich sah, wie die Waggons von den Gleisen stürzten, und ich wußte, ich hatte den Deutschen ein bißchen geschadet.

Eines Abends, es war Anfang November, brachte Sascha nach dem Essen ein Akkordeon aus dem Zelt. Er setzte sich auf den großen, flachen Stein, an dem ein Zeltseil befestigt war, und fing an zu spielen. Das Fest dauerte viele Stunden, die andern sangen und tanzten zu russischer Volksmusik. Sogar Onkel Wanja tanzte.

Schließlich hörte Sascha auf zu spielen.

»David«, sagte er, »*Towarischtsch*. Du solltest jetzt lieber schlafen gehen. Du hast morgen eine große Aufgabe vor dir.«

Ich wußte, was er meinte. Wir waren diesen Tag wieder unterwegs gewesen, um alles vorzubereiten.

Am nächsten Tag zog ich die Mädchenkleider an, und Sascha rückte die Perücke zurecht. Die langen Haare störten mich wie immer und ich strich sie mir aus dem Gesicht.

Sascha stieß meine Hand weg. »Laß das!« schrie er mich an. »Ich habe sie dir genau richtig aufgesetzt. Wenn du sie bewegst, kommen deine eigenen Haare zum Vorschein. Laß das bleiben!«

Ich hatte ihn nie so wütend gesehen.

»Ich werde sie nicht anfassen«, sagte ich. »Bestimmt nicht.«

An diesem Tag ging ich zu einer Stelle, nicht weit von der ersten damals. Ich grub das Werkzeug aus und ging den Bahndamm hinauf. Da sah ich sie! Weiter weg waren Soldaten, sie kamen auf mich zu. Einer von ihnen schrie etwas, was ich nicht verstand.

Ich ließ das Werkzeug fallen und rannte zurück in den Wald. Ich blieb stehen und zog die Luft ein. Rauch! Ich hörte ein schwaches Knistern. Der Wald brannte! Die Deutschen mußten ihn in Brand gesetzt haben!

Ich mußte etwas tun, schnell.

Ich erinnerte mich an die Geschichte von einem Jungen, der, als er im Wald jagte, von einem Feuer eingeschlossen wurde. Er bedeckte sich mit Erde und atmete durch einen Gewehrlauf.

Ich sah mich um. Die Bäume standen weit auseinander, und es gab Stellen, wo fast keine Nadelbäume waren. Vielleicht würde es klappen. Ich grub mit meinem Gewehrlauf an einer freien Stelle, kratzte die Erde mit den Händen heraus und grub weiter. Ich grub und kratzte, so schnell ich konnte, bis das Loch tief genug war.

Ich schlug das Gewehr gegen einen Baum und brach den Lauf ab. Das eine Ende war mit Erde verstopft, ich stieß sie mit einem Stock hinaus.

Das Geräusch des Feuers war inzwischen viel lauter geworden, und meine Augen brannten von Rauch. Ich zog meinen Pullover aus, legte mich auf den Rücken und streute Erde über mich. Ich legte den Pullover über meine Augen und hielt mit der einen Hand den Gewehrlauf an meinen Mund. Mit der anderen häufte ich Erde auf den Gewehrlauf und auf mein Gesicht. Zuletzt schob ich meine Hand unter lose Erde. Ich atmete so wenig wie möglich, aus Angst, der Rauch würde mich ersticken. Außerdem hatte ich Angst, daß der Boden zu heiß würde. Aber ich hatte keine andere Wahl.

Wenn ich stürbe, würden Mama und Papa nie erfahren, was passiert war. Niemand würde es erfahren. Vielleicht würde ein Tier meine Leiche ausgraben. Ich hatte zwar nie etwas größeres als Hasen im Wald gesehen, aber vielleicht gab es auch Hunde.

Ein wenig Rauch drang durch den Gewehrlauf und kratzte in meiner Kehle. Ich hielt den Atem an, so lange ich konnte, dann zog ich ein klein wenig Luft ein. Sie schmeckte nach Rauch. Ich versuchte es noch mal. Die Luft war warm, aber ich konnte atmen.

Der Gewehrlauf fühlte sich warm an an meinen Lippen. Wenn er heiß würde, könnte ich ihn nicht mehr benutzen.

Die Deutschen waren an allem schuld. Wenn sie uns in Ruhe gelassen hätten, wäre ich bei meiner Familie in Kattowitz. Wir wären glücklich, wie wir es vorher gewesen waren. Ich wünschte, ich hätte mehr Züge zerstört.

Plötzlich merkte ich, daß der Gewehrlauf kühler war. Das Feuer mußte hinter mir vorbeigezogen sein. Ich befreite meine Augen und sah auf.

Ein starker Wind schüttelte die Baumkronen und blies Rauchwolken über sie hin. Aber die Bäume waren nicht verbrannt. Wie konnte das sein?

Ich warf den Gewehrkolben auf die Seite, schob die Erde weg und stand auf. Nicht weit von mir kräuselten Rauchwölkchen aus dem Boden, und alles war schwarz. Aber die Bäume ringsum waren unberührt geblieben. Der Wind hatte das Feuer hinter ihnen vorbeigejagt. Das hatte mir das Leben gerettet.

Ich war irgendwann nach drei Uhr losgerannt. Es mußte Stunden her sein. Ich zog meine Uhr heraus: 4 Uhr 22! Angetrieben durch den starken Wind, war das Feuer in weniger als einer Stunde vorbeigezogen.

Ich hatte Angst, im Dunkeln durch den verbrannten Wald zu laufen. Ich beschloß zu bleiben, wo ich war, bis zum Morgen; ich würde mich an einen Baumstumpf kauern, gegen den Wind.

Ein Stückchen weiter brannte ein umgestürzter Baum; dort würde es warm sein.

Asche knirschte unter meinen Füßen, als ich hinging. Ich setzte mich und hielt meine Hände an die Flammen. Es war mir egal, wie schmutzig ich wurde. Ich wollte mich wärmen.

Meine Augen fielen zu; ich strengte mich an, nicht einzuschlafen, denn ich fürchtete, ins Feuer zu fallen. Außerdem könnte der Wind Funken in meine Kleider blasen. Aber wie sehr ich mich auch bemühte, ich konnte nicht wach bleiben. Kurz vor Sonnenaufgang wachte ich auf. Fröstelnd rieb ich mir die Augen, meine Hände rochen nach Ruß. Sie waren schwarz, mein Gesicht wahrscheinlich auch. Ich stand auf, schüttelte die Asche aus meinen Kleidern und ging los. Nichts war mir vertraut. Ich wußte nicht, in welche Richtung ich gehen sollte.

Ich ging zu der Stelle, an der ich mich eingegraben hatte. Ich bin doch von *dort* gekommen, überlegte ich, also mußte das Lager in der anderen Richtung liegen. Ich lief weiter, hungrig und sehr durstig.

Nirgends ein Laut, keine Vögel, keine kleinen Tiere, keine raschelnden Tannennadeln. Meine Füße wirbelten Asche auf, lautlos. Hier und da kräuselte Rauch aus einem schwelenden Stumpf oder einem umgestürzten Baum.

Alles war niedergebrannt; die Sorge um meine Freunde wurde immer größer. Das Lager befand sich tief im Inneren des Waldes; womöglich hatten sie keine Zeit mehr gehabt zu fliehen. Außerdem hatten die Deutschen bestimmt alles genau beobachtet.

Kurz nach Tagesanbruch erreichte ich den Lagerplatz. Ich sah keine Zelte mehr, keine Seile zwischen den Bäumen – nur Leichen. Manche lagen, das Gesicht nach unten, manche waren seitlich zusammengekrümmt. Die Kleider waren weggebrannt. Die Körper waren schwarz. Keiner, der hier gewesen war, konnte überleben.

Ich ging von Leichnam zu Leichnam und versuchte herauszufinden, wer es war. Die meisten konnte ich identifizieren; ich nannte jeden bei seinem Namen, wenn ich ihn ansah. Iwan, der mich gefunden und ins Lager gebracht hatte. Pawel, ein Junge, jünger als ich. Der kleine Wanja, ein anderer Junge.

Nicht alle waren hier. Einige mußten weg gewesen sein, als das Lager abbrannte.

Sascha war da; sein großer Körper lag da, das Gesicht nach oben; sein breiter Gürtel umschlang ihn noch. Und Onkel Wanja, zusammengekrümmt neben einem Baumstumpf. Ich wollte ihm immer danken, daß er so gut zu mir gewesen war. Ich hatte es nie getan.

Ich weinte nicht, als ich sie ansah. Ich empfand nur Haß gegen die Deutschen. Sie hatten all das angerichtet.

Plötzlich hörte ich ein Geräusch: ein Flugzeug, ganz in der Nähe. Ich warf mich auf den Bauch. Das Flugzeug dröhnte über mir. Nach ein paar Minuten flog es weiter. Ich wollte aufstehen. Da hörte ich es wieder, es kam aus derselben Richtung. Diesmal schien es noch niedriger zu fliegen, fast über mir. Offenbar suchten sie nach Überlebenden.

Zwei oder drei Minuten später kam es noch einmal. Ich lag auf der Seite, und als es über mich wegflog, sah ich das aufgemalte Hakenkreuz.

Ich wartete, aber es kam nicht zurück. Ich stand auf, sagte adieu und ging in Richtung der Straße, auf der ich ein paar Wochen vorher gekommen war.

Die Straße bog von dem verbrannten Gebiet ab, lief über ein Feld auf die Ecke eines anderen Waldes zu. Ich ging weiter, Tränen liefen über mein Gesicht, und ich fragte mich, wie ich überleben konnte. Kurz bevor die Straße um ein paar Bäume bog, hörte ich das Knirschen von Wagenrädern.

Ich versteckte mich hinter einem Baum und wartete. Ein Pferd kam um die Ecke, es zog einen Wagen. Ein alter Bauer saß vorn drauf, den Kopf gesenkt, das Gesicht halb verborgen. Auch das Pferd sah alt aus, es ging sehr langsam.

Als der Wagen vorbeifuhr, rannte ich hinter ihn. Sein Boden war zu hoch für mich, um zu sehen, was er geladen hatte. Ich langte über die Rückwand und fühlte mit einer Hand: Kartoffeln, mit Stroh bedeckt.

Ich zog mich hinauf auf den Wagen und hoffte, daß der Alte mich nicht hören würde. Er schien fast zu schlafen und sah so alt aus, daß er vielleicht auch schon ein bißchen taub war. Vorsichtig schob ich etwas von dem Stroh beiseite und schuf mir ein Versteck zwischen den Kartoffeln. Ich kroch hinein und breitete das Stroh über mich.

Wir fuhren eine ganze Weile, dann hielt der Wagen. Ich spürte, wie das Fahrzeug schwankte, als der Bauer abstieg. Ich schob ein wenig von dem Stroh zur Seite und spähte über die Seitenwand. Wir hatten hinter einem Haus gehalten, und ich beobachtete, wie der Bauer hineinging. Ich schlüpfte aus meinem Versteck und sprang auf den Boden, auf der Seite, die dem Haus abgewandt war.

Meine Hände, mein Gesicht, meine Kleider, alles war schwarz von Ruß. Ich wollte nicht, daß mich jemand sah.

Ich rannte weg von dem Bauernhaus, ohne zu wissen, was ich tun sollte. Die Straße überquerte noch ein Feld, und als ich in der Mitte des offenen Geländes war, hörte ich hinter mir ein Auto kommen. Es gab keine Möglichkeit, mich zu verstecken, bevor es neben mir anhielt.

Eine junge Frau saß alleine in dem kleinen Wagen. Ihr schwarzes Haar hing bis auf ihre Schultern und umrahmte ein langes, schmales Gesicht. Sie sah mich an, dann sagte sie auf Polnisch: »Hab keine Angst, Junge.«

Aber ich hatte Angst, ich hatte solche Angst, daß ich mich nicht bewegen oder irgend etwas sagen konnte. Woher wußte sie, daß ich ein Junge war? Ich trug immer noch die Mädchenkleider. Allerdings war die Perücke weg, vielleicht merkte sie es deshalb.

»Du siehst schlimm aus«, sagte sie. »Warst du in dem Feuer?«

Ich war zu müde, um wegzulaufen. Vielleicht würde sie mir helfen. Es schien so. »Ja«, sagte ich.

»Du mußt einer von ihnen sein. Ist sonst noch jemand entkommen?«

Ich wußte, was sie meinte. Ich antwortete nicht, sondern schüttelte nur den Kopf.

»Du bist so jung«, sagte sie. »Komm, steig ein.«

Sie öffnete die Tür, und ich stieg ein.

»Leg dich hier auf den Boden, ich werde dich mit dieser Decke zudecken.«

Sie nahm ein Autoplaid vom Rücksitz.

Vielleicht war das nur ein Trick und sie würde mich an die Nazis verraten.

»Warum wollen Sie mir helfen?« fragte ich.

»Frag nicht. Ich bringe dich hin, wo immer du willst. Leg dich jetzt hin.«

Ich mußte ihr vertrauen. Es war niemand sonst da.

»Ich möchte nach Hause«, sagte ich. »Nach Tarnów.«

»Tarnów!« Sie runzelte die Stirn. »Also gut, ich werde dich mitnehmen. Aber zuerst halten wir am Fluß dort oben, damit du dich waschen kannst. Später werde ich versuchen, ein paar Kleider für dich aufzutreiben.«

Wir fuhren los, und bald hielt sie an einem kleinen Fluß.

»So«, sagte sie, »hier kannst du dich waschen.«

Ich stieg aus, zog meine Kleider aus und wusch mich. Das Wasser war kalt, aber die Sonne tat gut auf meiner nackten Haut. Ich hatte lange nicht mehr gebadet und ich fühlte mich wohl, so sauber. Die dreckigen Kleider machten mich wieder schmutzig, als ich sie anzog. Aber mein Gesicht war sauber und meine Hände auch.

Sie sagte nichts, als ich wieder ins Auto stieg; sie lächelte nur und fuhr weiter. Ziemlich bald erreichten wir eine kleine Stadt, und sie hielt wieder.

»Ich kaufe dir ein Hemd und Hosen«, sagte sie. »Bleib unter der Decke.«

Wieder fragte ich mich, warum sie all das tat. Oder ging sie, um die Deutschen anzurufen? Ich sollte die Gelegenheit nutzen.

Aber sie kam schon nach kurzer Zeit zurück. »Ich habe Kleider für dich«, sagte sie. »Du kannst dich umziehen, sobald wir an eine Stelle kommen, wo dich niemand sehen kann.«

Ich verstand nicht, warum sie ihr eigenes Leben aufs Spiel setzte, nur um einem jüdischen Jungen zu helfen, den sie nicht einmal kannte.

»Warum sind Sie so gut zu mir?« fragte ich sie.

»Stell keine Fragen. Überlaß das mir.«

Dann fragte sie: »Wieso warst du bei den Partisanen? Du bist doch Jude und kein Russe. Was hast du bei ihnen gemacht?«

Ich erzählte ihr, daß ich aus Pustków geflohen war, sagte aber nichts vom Zerstören der Züge.

»Würden Sie mir sagen, wie Sie heißen?« fragte ich sie.

»Lola. Und du?«

»David Faber.«

Wieder hielt sie an. »Du kannst dich hinter den Bäumen dort umziehen. Beeil dich, bevor jemand kommt.«

Es war gut, meine Kleider loszuwerden, zum einen, weil es Mädchenkleider waren, zum andern, weil sie vor Dreck starrten.

Da ich, eingequetscht zwischen Sitz und Motor, sehr wenig Platz hatte, fragte ich sie:

»Darf ich mich auf den Sitz setzen?«

»Wenn du deinen Kopf unten läßt und unter der Decke bleibst«, sagte sie.

Wir fuhren wieder durch eine Stadt, und ich sah über den Rand der Wagentür. »Hutfabrik Rymanów« las ich auf einem Gebäude.

Bald kamen wir nach Jaslo, und da wußte ich, daß ich fast zu Hause war.

Genau bei Sonnenuntergang erreichten wir Tarnów.

Lola hielt in der Walowastraße, vier Häuserblocks von zu Hause entfernt.

»Wollen Sie nicht mitkommen und meine Familie kennenlernen?« fragte ich sie. »Sie werden Ihnen so dankbar sein. Vielleicht möchten Sie bei uns übernachten? Der Rückweg ist lang.«

»Es ist besser, wenn wir nicht zusammen gesehen werden«,

antwortete sie. »Ich kenne Tarnów sehr gut und habe Freunde hier. Bei denen kann ich bleiben.«

Ich streckte ihr meine Hand entgegen. »Ich danke Ihnen vielmals«, sagte ich. »Wer immer Sie sind, Gott segne Sie!«

Sie schüttelte meine Hand, ohne etwas zu sagen. Ich stand an der Kurve und sah ihr nach, bis sie ein paar Häuser weiter um die Ecke bog.

Ich konnte nicht fassen, daß es so jemanden gab, der sein Leben riskierte, um meines zu retten. Und ich wußte nicht einmal, ob Lola ihr wirklicher Name war.

Ich rannte die vier Häuserblocks entlang nach Szeroka 5. Vor ein paar Monaten war es nur eine Unterkunft gewesen. Jetzt war es mein Zuhause. Es fiel mir schwer zu warten, nachdem ich geklopft hatte. Meine jüngste Schwester, Sonia, machte auf. Einen Augenblick machte sie ein verdutztes Gesicht, dann rief sie:

»Mama! Mama! David ist wieder da!«

Sie umarmte mich und fing an zu weinen.

Ich ging hinein, als Mama zur Tür gerannt kam. Sie drückte mich an sich, dann legte sie ihre Hände auf mein Gesicht.

»Wie dünn du bist«, sagte sie. »Komm, ich mach dir was zu essen.«

Alle umringten mich, weinten, umarmten mich.

»Wir dachten, du wärst tot«, sagte Papa immer wieder.

Mama brachte mir Brot und Milch, und ich dachte an die Milch, die ich damals nicht mehr hatte kaufen können.

Sie wollten alles wissen.

»Nicht alles heute abend«, sagte Mama. »David sieht erschöpft aus. Er sollte bald ins Bett gehen.«

Aber ich war viel zu aufgeregt, um zu schlafen. Ich erzählte ihnen, wie ich aufgegriffen wurde, über Pustków, über die Partisanen. Als ich von der Zerstörung der Züge berichtete, lächelte Romek mir zu.

»Ich bin sehr stolz auf meinen Bruder«, sagte er.

Das war fast das Allerschönste am Heimkommen.

Zehntes Kapitel

Etwa zwei Wochen später kam, an einem frühen Nachmittag, Romek ins Zimmer; langsam machte er die Tür hinter sich zu.

Vater sah auf. »Was gibt's, Romek? Ist irgendwas passiert?«

»Überall stehen Schilder. Juden müssen sich bei den Gestapo-Hauptquartieren registrieren lassen. Jeder, der sich nicht meldet, wird erschossen.«

»Wann?« fragte Vater.

»In drei Tagen. Aber ich glaube, wir sollten sofort hingehen.«

Romek nahm mich beiseite. »David«, sagte er, »wenn wir hinkommen und die Gestapo dich nach deinem Namen fragt, antworte ihnen wie ein Soldat. Steh stramm und erzähle ihnen, du seist achtzehn und Metallarbeiter. Du bist wahrscheinlich sicher, wenn sie glauben, du könntest eine solche Arbeit tun.«

Ich war überzeugt, daß sie mir nicht glauben würden. Ich war erst vierzehn und klein. Aber ich verließ mich auf Romek.

Mutter schien mehr beunruhigt zu sein als wir anderen alle.

»David«, sagte sie etwas später an demselben Tag, »ich werde etwas machen, was dir vielleicht helfen kann, falls die Deutschen dich wieder aufgreifen.«

»Was denn, Mama?«

»Ich werde ein Brot backen und meine goldene Hochzeitskette drin verstecken. Ich werde auch einen kleinen Beutel dafür nähen.«

Sie buk das Brot, schnitt oben eine Art Deckel aus und zupfte einen Teil des weichen Inneren heraus. Sie legte die lange Kette, die Vater ihr geschenkt hatte, zusammen und stopfte sie in die Kuhle hinein. Dann drückte sie den Brotdeckel darüber.

»Steck das in den Beutel«, sagte sie. »Nimm ihn mit, wann immer du rausgehst. Eines Tages kannst du die Kette vielleicht brauchen, um dir was zu kaufen.« Sie seufzte und drückte mich an sich. »Aber versprich mir, daß du das Brot ißt, wenn du Hunger hast. Versprich es mir, David.«

»Ich versprech's dir, Mama.«

Am nächsten Tag gingen wir zum Registrieren. Sonia preßte ein Taschentuch an ihren Mund, in ihren Augen glänzten Tränen. Ich sah sie an und nahm sie an der Hand. Meine Angst wurde immer größer, je näher wir dem Gestapo-Hauptquartier kamen. Auch meine Schwestern sahen verängstigt aus. Wir liefen näher zu Vater und Mutter, die ein paar Schritte vor uns gingen.

Romek legte mir die Hand auf die Schulter. »Denk dran, was ich dir gesagt habe«, sagte er.

An dem nächsten Eckgebäude hing eine Fahne. Als sie sich im Wind bewegte, konnte ich das schwarze Hakenkreuz darauf sehen. Eine Menschenschlange stand fast bis zur Hälfte des Häuserblocks, dicht an die graue Mauer gedrängt. Ich wollte umdrehen und in die andere Richtung davonlaufen, aber ich wußte, daß das nicht ging.

Wir stellten uns an, hinter dem letzten in der Reihe, vorn Vater, zum Schluß Romek. Mir war kalt, teils wegen des Winds, teils weil ich Angst hatte. Alle paar Minuten bewegte die Schlange sich weiter, und bald waren wir am Eingang.

Vater drehte sich zu uns um. »Vertraut auf Gott«, sagte er. Dann führte er uns die Stufen hinauf, an dem Soldaten, der die Tür bewachte, vorbei, in einen großen Flur. Ich sah ein riesengroßes Hitlerbild an der Wand mit einer Hakenkreuzfahne an jeder Seite. Darunter saßen die Gestapo-Offiziere hinter einer Reihe von Schreibtischen.

Wir warteten, bis wir drankamen. Das einzige, was man hörte, war das Schlurfen von Schuhen auf dem Marmorfußboden, die barsche Stimme des Gestapo-Mannes, der Fragen stellte, und die leisere Antwort der vor ihm stehenden Person.

Langsam bewegten wir uns vorwärts. Ich beobachtete die Leute vor uns. Ich stellte fest, wie unterschiedlich sie aussahen. Einige alte Männer und Frauen schienen stolz, aber die meisten wirkten ängstlich. Als ich weiter nach vorn kam, wuchs meine Angst. Ich würde versuchen zu tun, was Romek gesagt hatte, aber ich wußte nicht, ob ich es könnte. Ich wußte nicht einmal, ob ich überhaupt würde sprechen können.

Ich beobachtete Vater, dann Mutter und meine Schwestern, wie sie vor den Schreibtischen standen. Ich fürchtete, Sonia würde weinen. Aber sie weinte nicht.

Jetzt war ich an der Reihe. Ich zögerte, dann straffte ich meine Schultern und ging drei Schritte vor. Der junge blonde Mann hinter dem Tisch sah mich flüchtig an.

Ich sagte auf Deutsch:

»Ich melde, ich bin achtzehn Jahre alt.«

Der Gestapo-Offizier starrte mich an. Ich war überzeugt, er wußte, daß ich log. Ich sah aus wie fünfzehn oder sechzehn, höchstens. Nach einem langen Augenblick stempelte er ein Papier und hielt es mir hin. Ich schaute hinunter und sah den schwarzen Stempel mit dem deutschen Adler.

Romek kam als letzter dran. Mit fester Stimme nannte er Alter und Beruf.

Vater und die anderen standen draußen auf dem Bürgersteig und warteten auf Romek und mich. Ohne ein Wort zu sagen, machten wir uns auf den Heimweg, unsere Pässe in den Händen. Wir gingen schnell. Ein- oder zweimal sagten Sonia oder Sabina etwas, aber niemand antwortete. Mir war, als hätten wir das Ende eines Lebens erreicht und stünden am Anfang eines neuen.

Zuhause zeigten wir uns gegenseitig unsere Papiere. Auf die Pässe meiner Schwestern war ein *K* gestempelt, ebenso bei Vater. Mutters und Romeks Paß hatten einen Adler mit einem Hakenkreuz darunter, genau wie meiner.

Romek sagte stirnrunzelnd: »Das eine muß schlimmer sein als das andere.«

Er stand ein paar Minuten da, das Kinn in die Hand gestützt. Dann sah er Vater an.

»Ich glaube, die *K*-Pässe bedeuten, daß sie euch holen werden. Vielleicht für ein Arbeitslager«, sagte er. »Ihr müßt euch irgendwo verstecken.«

Er sah sich im Zimmer um. »Es ist viel Platz hinten, unter der Speichertreppe«, sagte er. »Ich werde eine Öffnung in die Wand sägen. Da drin könnt ihr euch verstecken.«

Er ging in den Keller und kam mit einer Säge zurück. Dann schnitt er ein Stück der Wand heraus, nah am Fußboden, etwa 1 m breit und 60 cm hoch.

»Komm, hilf mir, David«, sagte er. Ich ging mit ihm in den Keller, und wir holten knorrige Bretter, die wir früher dort gesehen hatten. Einen Teil von ihnen nagelte er auf die Wand, aus dem Rest sägte er eine Abdeckung für das Loch.

»So«, sagte er. »Ihr Mädchen kriecht rein. Du auch, Vater. Ich bin sicher, es ist genug Platz.«

»Geht das wirklich?« fragte Mutter. »Haben sie denn genug Luft da drin?«

»Ja«, antwortete Romek. »Außerdem ist es die einzige Stelle, wo sie sich verstecken können.« Er befestigte das Deckbrett und lehnte einen Strohsack dagegen.

Mutter saß auf einem Stuhl mit kerzengrader Lehne, den Vater einige Tage zuvor mitgebracht hatte. Romek und ich saßen auf den Strohsäcken. Romek sah Mama an. Sie sah müde aus, erschöpft von all den Sorgen. Sie alterte schnell, und man sah ihrem Gesicht an, daß sie krank werden würde.

Romek sagte: »Wir müssen was gegen dein Alter tun. Alte Menschen töten sie; junge nehmen sie für Zwangsarbeit. Deshalb, Mutter, müssen wir etwas Schminke auf dein Gesicht tun, damit du jung aussiehst, und dich jugendlich kleiden, damit sie dich, wenn sie kommen und dich ansehen, nicht für eine alte Frau halten, sondern für eine junge Dame.«

Er schrieb etwas und rechnete irgendwas aus. Nach einer halben Stunde etwa kam er zu mir und sagte: »Ich hab's! Ich hab eine Idee.«

Er stellte eine Arte Paste her, eine Gesichtscreme, eine Mischung aus Gemüse, Karottensaft und anderen Sachen, an die ich mich nicht erinnere, und strich sie auf Mamas Gesicht. Sie ließ das etwa drei Stunden drauf. Als sie es abgewaschen hatte, waren ihre Falten verschwunden. Ihr Gesicht war so hübsch, ich konnte es gar nicht fassen. Dann zog mein Bruder meine Mutter wie eine junge Dame an und machte ihr eine jugendliche Frisur; sie sah sehr schön aus.

Dann sagte Romek: »So, und jetzt müssen wir bereit sein für sie.«

Es war schwer, wach zu bleiben, als wir darauf warteten, daß die Deutschen kämen. Wir unterhielten uns ein bißchen über die guten vergangenen Zeiten und gaben uns Mühe, nicht darüber nachzudenken, was kommen würde.

Nach etwa einer Stunde hörten wir Gewehrschüsse. Es folgten schwere Schritte im anderen Teil der Synagoge.

»Schnell!« sagte Romek. »Sie sollen sich hier nicht umsehen.«

Er öffnete die Tür und gab uns ein Zeichen.

»Haltet eure Pässe so, daß sie sie sehen können. Laßt sie nicht erst danach fragen.«

»Halt!« riefen uns zwei Soldaten zu, als wir durch die Tür gingen.

Sie schienen überrascht, als sie uns sahen, unsere Pässe in der Hand. Romek war Soldat und war in einem deutschen Kriegsgefangenenlager gewesen. Er kannte deutsches Verhalten. Er schlug die Hacken zusammen und grüßte die Deutschen, indem er, wie ein Soldat, salutierte. Er zeigte ihnen seinen Paß und stellte gleichzeitig Mama mit ihrem Vornamen vor. »Das ist Eva, und das ist mein Bruder, David.« Der kleinere der beiden Soldaten starrte Mutter an, während der andere unsere Papiere betrachtete.

»Geht wieder rein!« sagte der zweite, seine Stimme klang barsch. Wir drehten uns um und gingen eilig zurück. Romek schloß die Tür und wir hörten, wie die Soldaten zurück in Richtung Straße marschierten.

»Was wollten sie, Romek?« fragte Mutter.

»Ich nehme an, sie suchten *K*-Pässe.«

»Gott sei Dank, daß du Papa und die Mädchen versteckt hast!«

Ich war jetzt hellwach und beunruhigt. Ich hörte Lärm von der Straße: Schüsse, Rufe, Schreie. Ich fragte mich, warum sie uns hiergelassen hatten. Wahrscheinlich hatte Romek recht. Sie nahmen Leute mit, die *K*-Pässe hatten. Sie würden sie an Orte wie Pustków bringen oder sie vielleicht töten.

Der Lärm hörte nicht auf. Romek sah besorgt aus. Immer wieder stand er auf und ging im Zimmer auf und ab. Schließlich sagte er: »Mama, du solltest dich lieber auch verstecken. Ich fürchte, sie kommen wieder.«

Er nahm die Klappe von dem Versteck ab.

»Alles in Ordnung, Papa?« fragte er.

»Ja«, antwortete Papa. »Aber wir waren beunruhigt, als wir jemanden hörten.«

»Deutsche«, sagte Romek. »Ich glaube, sie suchten nach *K*-Pässen. Ich fürchte, sie werden wiederkommen. Mama soll sich mit euch verstecken.«

Ich hörte scharrende und stoßende Geräusche, als sie Platz für Mutter machten.

Es war gut, daß sie sich versteckte. Bei Tagesanbruch kamen wieder Soldaten. Wir zeigten ihnen die Adlerstempel, aber diesmal war ihnen das egal. Einer von ihnen, ein großer, schwerer, richtete sein Gewehr auf Romek.

»Raus, du Jude! Du kannst mit deinem Paß zur Hölle fahren!«

Der andere packte mich am Arm und zog mich durch die Tür. Meine Füße rutschten aus, und ich fiel hin. Als Romek mir aufhalf, schlotterten meine Beine so, daß ich kaum stehen konnte.

»Was werden sie tun?« fragte ich.

»Mach das, was ich dir sage.«

Ich sah niemanden auf der Straße. Vielleicht waren die anderen Juden schon weggebracht worden. Die Soldaten marschierten hinter uns her, in Richtung ulica Zydowska, Judenstraße. Der größere sagte etwas und ging weg.

Wieder hörte ich Gewehrschüsse. Romek beugte sich zu mir und flüsterte: »Sie erschießen Leute auf dem Marktplatz. Wir müssen weg. Halt dich bereit.«

Er zog einen großen eisernen Hausschlüssel aus seiner Tasche und hielt ihn vor die Brust. Der Soldat drehte den Kopf um, und

Romek schlug ihm mit dem Schlüssel gegen die Schläfe. Der Mann fiel hin, und Romek schleifte ihn in eine Hauseinfahrt.

Mein Bruder packte mich an der Hand und zog mich zurück, die ulica Szroka entlang. Wohnhäuser und Lagerhallen säumten die Straße. Es gab nichts, wo man sich hätte verstecken können. Alles, was uns übrigblieb, war, uns in einen Hauseingang zu kauern.

Romek legte seinen Arm um mich und hielt mich fest. Ich zitterte am ganzen Körper. Ich wußte, daß der Soldat nicht tot war. Man würde ihm zu Hilfe kommen und nach uns suchen, sobald er zu sich kam. Ich gab mir Mühe, nicht zu weinen. Ich wollte nicht, daß Romek sich meinetwegen schämte. Aber es war nicht leicht.

Das Geräusch schwerer Stiefel dröhnte auf dem Bürgersteig, und Stimmen riefen auf deutsch: »Sie können nicht weit sein!«

»Werden sie uns erschießen?« Ich klammerte mich an Romek, der mich mit seinem Arm schützte.

»Ich weiß es nicht, David. Aber laß sie nicht sehen, daß du weinst.«

Ich trocknete mir die Augen und versuchte, mein Schluchzen zu unterdrücken. Sie fanden uns nach wenigen Minuten, dieselben beiden. Der größere Soldat schlug seinen Gewehrkolben gegen Romeks Kopf.

»Steh auf, du Bastard!« schrie er.

Sie stießen uns in die Judenstraße, die zum Marktplatz führte. Dreistöckige Häuser schienen sich aneinanderzulehnen und ließen so gut wie kein Licht durch. Der Lärm vom Marktplatz wurde stärker und hallte wider in dem schmalen Durchgang.

Vor uns drängten sich weitere Soldaten und Gefangene; sie füllten die ganze Straße. Die Soldaten schrien und verteilten Stöße, die Gefangenen stolperten und klagten, riefen Gott an, er möge sie retten, rezitierten Passagen aus der Thora.

Plötzlich riß mich Romek am Arm und zog mich in einen Eingang. Ein Wunder! Das Tor war nicht verschlossen, und wir schlüpften hinein, ohne gesehen zu werden.

»Rauf zum Dach«, flüsterte er. Wir rannten vier Treppen hinauf und hinaus aufs Dach.

»Leg dich hin«, sagte Romek.

Ein paar Augenblicke lagen wir da, keuchend; dann krochen wir bis zur Dachkante. Ich sah hinunter auf das Rund des Marktplatzes, voll mit Menschen. Und da sah ich, wie Soldaten Maschinengewehre anlegten und feuerten. Ich sah Körper fallen auf andere, die schon erschossen waren. Ich schloß die Augen in Erinnerung an Sosnowiec. Es konnte sich doch nicht wiederholen! Aber es war so, nur noch schlimmer. Dort waren Hunderte erschossen worden. Jetzt wurden hier Tausende ermordet. Als fast der ganze Platz mit Leichen bedeckt war, wurden die Lebenden gezwungen, sie auf Fuhrwerke zu stapeln, die sie wegschleppten. Dann wurden noch mehr erschossen.

»Ich kann es nicht mit ansehen, Romek. Ich kann nicht!«

Romek wiegte mich, sanft hin- und herschaukelnd, in seinen Armen.

»Weine«, sagte er, »niemand kann dich jetzt sehen; weine!«

Romeks Tränen strömten und vermischten sich mit meinen. Als es dunkel wurde, gingen wir auf die Straße hinunter und nach Hause.

Elftes Kapitel

Die Juden mußten sich in das Armenviertel von Tarnów begeben, ein Ghetto, genau wie in den alten Zeiten, von denen ich gehört hatte. Wir zogen von der Synagoge um in zwei Zimmer im obersten Stock eines heruntergekommenen Hauses.

Ein Stockbett stand an der einen Wand des Hinterzimmers. Romek und ich schliefen oben, Sonia und Sabina unten. An der anderen Seite des Zimmers teilten Laika und Kreindel sich ein Feldbett. Mutter stellte an einer anderen Wand eine Strohpritsche auf für Vater und sich.

Die Küche hatte keinen Herd.

»Ich weiß nicht, wie ich kochen soll«, sagte Mutter. »Wir müssen uns irgendeine Art Herd beschaffen.«

»Wenn ich einen finde«, sagte Romek, »werde ich versuchen, ihn anzuschließen.« Er ging los, um in leeren Wohnungen einen zu suchen. Wir besaßen eine quadratische blecherne Brotkapsel mit Deckel; die Seiten waren kaum länger als 30 cm, die Höhe betrug etwa 20 cm. Mutter hatte sie bei jedem unserer Umzüge mitgenommen.

»Ich kann einen Herd basteln, Mama«, sagte ich. »Ich benutze die Brotkapsel.«

Mit einem Nagel bohrte ich Löcher in Boden und Deckel, damit Luft durchkam.

»Schau Mama. Wenn wir hier drin ein kleines Feuerchen machen, wird die Oberfläche richtig heiß werden.«

»Aber es wird den Fußboden verbrennen, David.«

»Wir stellen sie auf ein paar von den Ziegeln, die auf dem Speicher liegen. Das wird schon gehen.«

Mutter war nicht sicher, daß es ginge, aber als wir kleine Holzstückchen darin verbrannten, wurde die Kapsel sehr heiß.

»Bist du ein geschickter Junge, David!« Mutter umarmte mich. »Es funktioniert gut.«

Im Souterrain desselben Hauses lebte ein Bäcker mit seiner Familie. In dem Raum neben dem Eingang stand ein riesiger Backsteinofen; in den Räumen dahinter wohnte die Familie. Mutter hatte mich, als wir noch in der Behelfssynagoge wohnten, immer nach Brot hierher geschickt; nachdem wir ins Ghetto gezogen waren, kauften wir bei dem Mann Mehl und Eier.

Sie mischte Eier und Wasser mit dem Mehl und buk eine Art Brot, das wir mit Kartoffelsuppe aßen. Für Passah gelang es ihr, Matzen bei ihm zu kaufen.

Das Ghetto wurde rasch zu einem mit Stacheldraht eingezäunten Slum.

Die Menschen lebten gedrängt in heruntergekommenen Wohnungen, in denen meistens die sanitären Einrichtungen nicht funktionierten und jegliche Elektrizität fehlte. Die einzigen Stellen, wo man Lebensmittel kaufen konnte, waren kleine Läden, in denen es nur noch das gab, was von früher übriggeblieben war. Die Menschen begannen zu sterben, manche in ihren Zimmern, andere auf den Straßen. Täglich fuhren Fuhrwerke die Leichen zu einem Massengrab.

Arbeitstrupps verließen jeden Morgen das Ghetto. Ich arbeitete auf den Straßen. Romek auch, wenn er zu Hause war. Sonia, Sabina, Laika und Kreindel arbeiteten in einer Kleiderfabrik. Unser ganzer Lohn bestand aus einer Schüssel wäßriger Suppe zu Mittag. Wir nahmen Mutters Schmuck und alles, was wir im Ghetto finden konnten, um bei der polnischen Zivilbevölkerung Kartoffeln und anderes Gemüse einzuhandeln. Was wir auf diese Weise bekamen, versteckten wir in unseren Kleidern und brachten es nach Hause.

Die Deutschen hörten auf, Menschen zusammenzutreiben und auf dem Marktplatz zu ermorden. Statt dessen brachen Soldaten in die Wohnungen ein und erschossen dort, wen sie fanden.

Romek beschloß, Verstecke einzurichten, wie in der Synagoge. »Hier oben im vierten Stock hören wir sie kommen«, sagte er. »Wir werden genug Zeit haben, uns zu verstecken.«

Genau wie die Synagoge hatte auch diese Wohnung sehr hohe Räume und eine Treppe, die zu einem Speicher führte. Romek schnitt eine Öffnung in die Küchenwand, diesmal hinter einem rahmenlosen Bild, das auf eine Leinwand gemalt war. Es zeigte eine Mutter, die ihre Kinder im Kochen unterrichtete. Ich fragte mich, was das wohl für eine Familie war, die hier gewohnt hatte.

Die Öffnung war zu hoch, um ohne Hilfe hineinzusteigen. Ein alter Stuhl und ein großer Schrank, die in der Wohnung zurückgeblieben waren, dienten uns als Stufen, um in das Versteck zu gelangen. Das einzige Fenster blickte auf ein sanft geneigtes Dach, das mit roten Ziegeln gedeckt war. Ein anderes Dach lief vom Nachbarhaus in steiler Neigung auf unseres herab. Von diesem Dach löste Romek Ziegel, um ein weiteres Versteck zu schaffen. Wenn man die Ziegel von unten wieder an ihren Platz legte, konnte keiner sehen, daß sie bewegt worden waren.

Ein paar Tage später teilte er uns mit, daß er für eine Weile weg müsse.

»Ich kann euch nicht erzählen, wohin ich gehe«, sagte er, »aber ich werde bald zurück sein. Ich verspreche es.«

Wir waren sehr in Sorge um ihn. Nach zwei Wochen kam er schließlich mager und erschöpft nach Hause. Ich wußte nicht, wie es ihm gelungen war, das Ghetto zu verlassen und wieder hereinzukommen. Er erzählte nichts, und keiner fragte danach.

Kurz darauf ging er wieder, diesmal für mehrere Wochen. Wir wußten auch diesmal nicht, wohin er ging oder was er tat.

Eines Nachmittags hörten wir unten im Haus Schüsse.

»Sie kommen!« sagte Vater. »Schnell! Geht unters Dach!«

Wir rannten ins Schlafzimmer. Vater half Mutter durchs Fenster, dann wartete er, während die Mädchen und ich hinterherkletterten. Mutter hatte die lockeren Ziegel gelöst, inzwischen waren wir alle draußen. Wir krochen schnell in den Zwischenraum zwischen Dach und Speicher, und Vater legte sorgfältig die Ziegel an ihren Platz zurück.

Wir kauerten uns aneinander und atmeten kaum, aus Angst, die Soldaten würden uns hören. Schwere Stiefel trampelten durch unsere beiden Zimmer, Männer riefen sich etwas zu, dann wurden die Geräusche schwächer.

»Ich fürchte, sie suchen immer noch«, flüsterte Vater. »Wir bleiben lieber noch eine Weile hier.«

»Ich habe Hunger«, jammerte Sabina. »Können wir nicht ein bißchen Brot holen?«

»Hör auf Papa«, sagte Mutter. »Er hat bestimmt recht.«

Sabina legte sich seufzend auf den staubigen Fußboden, den Kopf in Mutters Schoß.

Während der folgenden zwei Tage hörten wir die Soldaten kommen und gehen. Wir unterhielten uns nur flüsternd und bewegten uns so wenig wie möglich. Die Schmerzen in meinem Magen nahmen zu, dann ließen sie wieder nach. Sabina klagte nicht mehr. Sie schlief die meiste Zeit, und wir anderen versuchten, das auch zu tun.

Am dritten Tag hörten wir nichts, und als es dunkel wurde, sagte ich zu Vater: »Laß mich rausschleichen, um Wasser und was zu essen zu holen. Wir verhungern sonst. Vielleicht kann ich beim Bäcker was bekommen.«

»Gut, David. Aber sei vorsichtig.«

Er nahm gerade so viele Ziegel weg, daß ich durchschlüpfen konnte. Ich setzte mich und rutschte auf das tiefere Dach; dann stieg ich hinunter bis zum Schlafzimmerfenster. Ich hörte keinen Ton, als ich auf den Boden gesprungen war; da ging ich in die Küche und raus auf die Treppe.

Ich hielt mich nah an der Hauswand, als ich schnell zur Wohnung des Bäckers lief, die zur Straße hin lag. Ich stieg die Steinstufen zu seiner Tür hinunter; ich sah, daß sie einen Spalt offenstand. Ich stieß sie ganz auf und ging ins Dunkle.

Mein Fuß stieß gegen etwas auf dem Boden, das sich nicht bewegte. Ich kniete mich hin und tastete mit den Händen über Kleider. Meine Finger berührten Haare und glitten über einen kurzen Spitzbart. Der Bäcker. Sie mußten alle tot sein: seine Frau, seine Tochter, seine beiden Söhne.

Ich stieg über den Leichnam und ging mit ausgestreckten Armen weiter. Diese rauhe Fläche mußte der Backsteinofen sein. Der Vorratsraum befand sich rechts davon. Ich wandte mich ihm zu und ging hinein.

Auf dem Regal standen Mehlsäcke, zu schwer, als daß ich sie zurück übers Dach hätte tragen können. Ich tastete in der Dunkelheit herum, fand eine Schüssel und tauchte sie ins Mehl. Das war alles, was ich für diesmal mitnehmen konnte.

Ich drehte mich um und begann den Rückweg; da stolperte ich, fiel hin und verschüttete das Mehl. Ich lag auf dem rundlichen Körper der Frau. Hastig stand ich auf. Ich mußte neues Mehl holen. Ich ging zurück in die Vorratskammer und tastete die Regale ab, bis ich einen halbvollen Sack fand. Den konnte ich tragen. Ich hängte ihn mir über die Schulter und ging wieder in Richtung Tür. Ich ging mit schleifenden Schritten, um nicht noch einmal hinzufallen.

Meine Hände fühlten sich feucht an. Draußen im Mondlicht erkannte ich, daß sie mit etwas Dunklem beschmiert waren. Blut. Auch meine Kleider waren blutig, von dem Sturz auf die Frau. Meine Füße waren mehlverstaubt und hinterließen Spuren auf dem Pflaster. Die konnte ich nicht lassen, die Deutschen wären ihnen gefolgt.

Ich setzte den Mehlsack an der Treppe ab, die zu unserer Wohnung führte, und ging wieder hinaus. Mit den Händen wischte ich die Spuren weg. Dann ging ich ins Haus, hob den Sack auf und stieg zum vierten Stock hinauf.

Ich schaffte es, mit dem Sack durchs Fenster zu klettern und übers Dach zum Versteck. Ich klopfte gegen die Ziegel und rief leise: »Vater! Ich bin's. Ich bin wieder da.«

»Gott sei Dank«, hörte ich ihn sagen. Dann nahm er die Ziegel weg, und ich reichte ihm den Sack.

Mutter saß neben ihm. »David«, sagte sie, »kannst du ein bißchen Wasser holen und den Blechherd? Dann kann ich Pfannkuchen backen.«

»Mach ich, Mama«, sagte ich und ging zurück in die Wohnung.

Ich ging zweimal. Einmal mit einer Flasche Wasser und einmal mit Streichhölzern und dem kleinen Herd voller Kohlen.

Wir blieben noch vier oder fünf Tage im Versteck und lebten von Pfannkuchen. Die ersten bestanden nur aus Wasser und Mehl; aber ich ging noch mal in die Wohnung des Bäckers und fand dort Eier. Jetzt schmeckten die Pfannkuchen köstlich.

Es war Herbst 1942 geworden. Romek war wieder da. Eines Nachts saßen wir alle um den Tisch, den Romek und ich aus einer leeren Wohnung von unten heraufgebracht hatten. Plötzlich hörten wir Schritte, die die drei Treppen direkt von der Straße heraufkamen.

»Die Deutschen!« rief Romek. »Schnell! Versteckt euch!«

Sonia stieg als erste auf den Stuhl, dann auf den Schrank und kletterte durch die Öffnung. Die anderen Mädchen waren direkt hinter ihr, dann folgten Mutter und ich. Nach uns kam schnell noch Romek; er schob das Bild zurecht.

Wir hörten ein Krachen, dann das Geräusch von Schritten und eine barsche Stimme:

»Niemand da!«

»Sie verstecken sich! Schau, das Fenster ist offen.« Diese Stimme klang jünger.

»Die sind unterm Dach, genau wie die, die wir gestern gefunden haben.«

Wir hielten den Atem an und hörten, wie sie aus dem Fenster stiegen. Ihre Stiefel scharrten auf den Dachziegeln.

Mutter griff nach Romeks Arm.

»Wo ist Papa?« flüsterte sie. »Warum hat er sich nicht mit uns versteckt?«

Romek stöhnte. »Es blieb keine Zeit, Mama. Er hat sich unterm Dach versteckt.«

»Oh mein Gott! Sie werden ihn umbringen!« Mutters Stimme bebte.

Wir hörten, wie Ziegel zerbrachen und hinunterrutschten.

»Hier ist einer!«

Mehr konnten wir nicht verstehen. Dumpfe Schläge. Ein Schrei.

Wir hörten, wie die Deutschen vom Fensterbrett sprangen, als sie ins Zimmer zurückkamen.

»Immerhin, einen haben wir.« Es war die jüngere Stimme.

»Ja! Versteckt wie eine Ratte!« Die rauhe Stimme lachte. »Komm.«

In der Dunkelheit hinter der Wand klammerte ich mich an Mutter. Wir hielten uns umschlungen und weinten tonlos.

Die Soldaten trampelten über den Fußboden und die Treppe hinunter.

»Geh und schau nach Papa, Romek«, flüsterte Mutter.

»Wir sollten lieber noch paar Minuten warten, um sicher zu sein, daß sie weg sind.«

Wir hörten ein dumpfes Geräusch, dann langsame Schritte. Jemand war im Zimmer. Vielleicht einer der Soldaten? Aber warum machte er dann Lärm?

Dann folgte ein Knarren. Jemand öffnete die Schranktüre. Wieder langsame Schritte. Stille.

Wir warteten, es schien uns wie Stunden. Wir wagten nicht, zu sprechen oder uns zu bewegen.

Schließlich flüsterte Romek: »Ich glaube, sie sind weg. Wir müssen nach Vater schauen.«

Ich schlüpfte vor ihm hinaus auf den Schrank. Im Kerzenlicht sah ich eine weiße Gestalt auf Vaters Strohsack liegen. Wortlos sprang ich auf den Boden. Blut war auf den blanken Dielen, eine Spur vom Fenster zum Schrank. Ich verfolgte sie bis zum Strohsack.

Da lag Vater. Blut quoll aus Schnittwunden an seinem Kopf und befleckte seinen Tallit. Noch mehr Blut schimmerte durch das weiße Kleid, das er wie einen Kittel angelegt hatte. Seine Hände lagen gefaltet auf seiner Brust.

Ich sah ihn einen Moment lang wie erstarrt an. Dann schrie ich: »Romek! Mama!«

Sie kamen eilig. Mutter kniete neben dem Lager nieder und weinte schluchzend. Sie nahm Vaters Hände und hielt sie an ihre

Lippen. Die Deutschen hatten Vater geschlagen und mit Beilen auf ihn eingehackt; aber irgendwie war es ihm gelungen, ins Zimmer hereinzukommen, seinen Gebetsschal und das weiße Leinengewand aus dem Schrank zu nehmen, beides anzuziehen und sich hinzulegen.

Romek half Mutter auf.

»Mama, Mama«, sagte er leise. Er hielt sie fest, und als ihr Schluchzen aufhörte, flüsterte er: »Er starb in Würde, Mama. Nicht auf der Straße.«

Zwölftes Kapitel

Wenige Tage waren vergangen, nachdem sie Vater erschlagen hatten. Eines Morgens, noch vor Tagesanbruch, schüttelte Romek mich, als ich neben ihm auf der Strohpritsche lag.

»Ich habe Angst, daß die Deutschen dich mitnehmen, wenn sie das nächste Mal vorbeikommen«, flüsterte er. »Komm mit mir.«

Ich setzte mich auf und rieb mir die Augen. »Wohin?«

»Besser, du weißt es nicht. Dann kannst du nichts erzählen.«

Ich stolperte auf meine Füße und zog mich an. Romek füllte eine Tasche mit Anziehsachen und warf sie sich über die Schulter.

»Komm«, sagte er und ging zur Tür.

Ich zog ihn am Arm; er drehte sich um und sah mich an.

»Mama weiß nicht, wo ich bin. Wir sollten ihr Lebewohl sagen.«

Er schüttelte den Kopf. »Es ist besser, sie weiß es nicht. Ich hab ihr eine Nachricht hingelegt.«

Früher hätte mich nichts mehr beglückt, als mit Romek loszuziehen. Es wäre ein Abenteuer gewesen. Jetzt war alles anders. Aber ich vertraute auf ihn.

Ich folgte ihm hinaus in den Sommermorgen. Wir schlossen uns einem Trupp von Leuten an, die außerhalb des Ghettos arbeiten gingen. Soldaten mit Gewehren bewachten uns. Ich erkannte den Gestapo-Offizier, der herumstolzierte und jeden ansah. Er kam oft ins Ghetto. Jeder kannte seinen Namen: Grunow.

Romek nahm mich an der Hand.

»Rühr dich nicht. Wenn wir durchs Tor sind, mach genau, was ich dir sage.«

Grunow sagte etwas zu einem Wachposten; der entriegelte das

Tor und stieß es auf. Der Offizier sah Romek an, dann drehte er sich um und ging zu seinem Auto.

Wir waren etwa in der Mitte der Gruppe und marschierten in Zweierreihen. Kein Soldat war in der Nähe, als wir das Tor passierten und ein paar Schritte weitergingen. Da ergriff Romek meinen Arm. Er zog mich aus der Reihe heraus in einen Eingang.

»Geh rauf und versteck dich«, raunte er mir zu. »Ich komme nach.«

Ich rannte die Treppe hinauf, zog eine Türe auf und betrat einen Speicher. Meine Füße hinterließen eine Spur im Staub, als ich in eine entfernte Ecke ging, wo ich mich hinsetzte. Ich fragte mich, warum Romek mich hier allein gelassen hatte und wann er wohl wiederkäme. Bei jedem Geräusch, das ich hörte, war ich überzeugt, die Nazis kämen. Stunden schienen vergangen, als ich endlich Schritte vor der Speichertür hörte. Es klang nach mehreren Personen. Diesmal sind es bestimmt Soldaten, dachte ich. Ich kauerte mich gegen die Wand, machte die Augen zu und hielt den Atem an, als die Tür aufging.

»David?«

Es war Romeks Stimme.

»Ich bin's, Romek, ich bin wieder da.«

Ich sprang auf meine Füße und lief zur Tür.

Ein älterer Mann stand neben Romek.

»Das ist Herr Valah«, sagte Romek.

»Hallo, David«, sagte er. »Wir sind gekommen, um dich abzuholen.«

»Guten Tag, Herr Valah.«

Wir folgten Herrn Valah zu einem teuer aussehenden Auto, das an der Kurve geparkt war.

»Steigt ein«, sagte er.

Wir fuhren ein paar Häuserblocks entlang, bis wir zur ulica Kilinskiego kamen, einer Straße, in der reiche Leute in großen Häusern wohnten. Herr Valah bog in Nummer 25 ein und fuhr zum rückwärtigen Eingang.

»Hier seid ihr sicher«, sagte er. Er stieg aus und führte uns ins Haus.

Eine rundliche grauhaarige Frau in einem dunkelblauen Kleid erwartete uns im Flur.

»Das ist Frau Valah. Sie wird sich um euch kümmern.«

»Kommt mit, ich zeige euch, wo ihr wohnt.« Frau Valah lächelte. »Du bist also Romeks Bruder. Du siehst nett aus, junger Mann.«

Wir gingen alle vier in den Keller. Herr Valah drückte auf etwas, da tat sich eine Tür auf, wo vorher nur eine leere Wand zu sein schien. Ich sah einen großen Raum, möbliert mit Betten, Tischen, Stühlen, einem Radio und Regalen voller Bücher. Nur eines fehlte: Es gab kein Fenster. Und es gab nur einen einzigen Eingang.

»Ihr werdet es hier gemütlich haben«, sagte er. »Frau Valah bringt euch zu essen. Sie wird dreimal hintereinander zweimal klopfen. Wenn anders geklopft wird oder wenn jemand ruft, nicht antworten.«

Die Valahs gingen und schlossen die Tür.

Ich sah meinen Bruder an.

»Wer sind sie? Warum sind wir hierhergekommen?«

Er lachte und drückte mich an sich. »Ist schon in Ordnung, David. Hier sind wir in Sicherheit. Mehr kann ich dir nicht sagen.«

Ich sah auf meine Uhr. Kurz vor acht. So viel war geschehen in den letzten paar Stunden!

Etwa um neun hörten wir das dreimalige doppelte Klopfen. Romek öffnete, und die Valahs kamen herein.

»Euer Frühstück ist bald fertig«, sagte die Frau. »Bestimmt habt ihr Hunger.«

Daran hatte ich bisher überhaupt nicht gedacht. Zu viel war passiert. Jetzt merkte ich, wie leer mein Magen war.

Herr Valah sagte zu Romek: »Wir müssen dich sprechen.«

»Bleib hier, David«, sagte Romek. »Ich komme bald wieder.«

Ich drehte das Radio an, aber als ich nur Deutsch hörte, stellte ich es wieder ab. Ich las die Titel der Bücher, die in den Regalen standen, nahm einen Roman heraus und fing an zu lesen.

Ich hatte erst wenige Seiten gelesen, als Romek und Frau

Valah mit dem Frühstück kamen: dicke Brotscheiben, Butter und Marmelade, ein großes Stück Käse und eine Kanne mit Kaffee. So ein Essen hatte ich seit Monaten nicht mehr gesehen. Mein Magen knurrte.

»Iß nicht so schnell, David.« Romek lächelte mich an. »Du kriegst Bauchweh.«

»Aber es schmeckt so gut und ich hab solchen Hunger!«

Ich schämte mich, kaum daß ich das gesagt hatte. Er war bestimmt auch hungrig, aber er aß langsam. Ich legte das Brot mit Butter und Marmelade wieder hin und kaute auf dem Bissen, den ich schon im Mund hatte.

»Worüber habt ihr gesprochen?«

Romek schüttelte den Kopf. »Wenn du nichts weißt, kannst du nicht in Schwierigkeiten kommen. Mach einfach genau das, was sie dir sagen.«

Am nächsten Morgen klopfte Herr Valah an die Tür.

»Hier ist das Frühstück«, sagte er. »Eßt. Dann gehen wir.«

Ich fragte mich, wohin wir wohl gingen, aber ich wußte, daß ich nicht fragen sollte. Wir wuschen unsere Teller ab, dann gingen wir hinaus zum Auto.

Wir fuhren langsam auf einer Hauptverkehrsstraße, als zwei Gestapo-Männer in Uniform vor uns aus ihrem Wagen stiegen. Sie hoben den Arm, Herr Valah sollte anhalten. Der eine kam zu Herrn Valahs Fenster, der andere zur Beifahrerseite. Jeder von ihnen hielt einen Revolver in der Hand.

Ein blonder Mann mit rosa Wangen beugte sich herunter und sah ins Auto.

»Wohin fahren Sie mit diesen *Schweinen*?« fragte er.

»Zurück zum Ghetto. Sie haben in meinem Haus gearbeitet. Ist etwas nicht in Ordnung?«

»Und wer sind Sie?«

Herr Valah zog seine Brieftasche heraus. »Ich bin Richter Valah. Hier ist mein Ausweis.«

Der Mann sah ihn an, dann gab er ihn zurück.

»Sie haben Glück, daß Sie nicht getötet wurden«, sagte er.

»Steig aus«, schrie der andere Romek an. Auch er war blond, und größer als der erste.

»Raus! Alle beide!«

Ich war entsetzt. Das war die Gestapo. Ich wußte, daß sie alles machen konnten, was sie wollten. Ich stieg aus, so schnell ich konnte, und stand neben meinem Bruder.

»Da rüber!« Der größere Mann zeigte auf ein offenes Auto, das in der Kurve parkte. »Hinten rein!«

Er stieg auf einen der Vordersitze, ließ uns nicht aus den Augen und hielt den Revolver auf uns gerichtet. Ich konnte schon fast die Kugeln spüren, die mir den Bauch aufrissen.

Ich wollte näher zu meinem Bruder rücken, aber der Mann bedeutete mir mit seinem Gewehr wegzubleiben.

Nach wenigen Minuten hielten wir vor dem Gestapo-Hauptquartier.

»Aussteigen!«

Ich wollte hinter Romek aus dem Auto steigen, aber ich konnte mich nicht bewegen. Ich saß da, wie gelähmt, bis er mich an der Hand nahm und herauszog. Da stolperte ich hinaus und stand neben ihm.

Einer der Gestapomänner stieß Romek mit seinem Revolver.

»Rein! Rauf! Rennen!«

Rein! Ich war schon einmal drin gewesen, als wir registriert wurden. Diesmal war es anders. Diesmal waren wir Gefangene. Ich wußte, wir würden nie mehr hier rauskommen, Mama niemals wiedersehen.

Romek schob mich vor sich her und hielt seine Hand auf meiner Schulter, als wir die Treppe rauf und in einen großen Raum rannten. Ich erkannte den Mann am Schreibtisch – *Hauptsturmführer* Grunow, der Mann, der heute morgen im Ghetto gewesen war. Und dann war noch ein Mann da: Rommelmann.

Jeder kannte die beiden. Sie waren immer im Ghetto, wenn irgend etwas vorgefallen war.

Eine breite Tür, die fast bis an die Zimmerdecke reichte, öffnete sich hinter Grunow und Rommelmann. Zwei Soldaten mit Maschinengewehren kamen rein und blieben stehen, an jeder Seite des Raumes einer.

»Hinsetzen!« befahl Grunow.

Er starrte Romek an. »Du! Heißt du Romek Faber?«

»Ja.«

»Und du?«

»David Faber.« Ich brachte die Worte kaum heraus.

»Ihr seid also Brüder?« Er machte eine Pause. »Ich werde euch ein paar Fragen stellen. Jedesmal, wenn ich eine falsche Antwort zu hören bekomme, werdet ihr es bereuen.«

Grunow stand auf, ging zu Romek und blickte haßerfüllt auf ihn herunter.

»Wo sind die Papiere?« Er sprach leise, fast sanft.

»Ich weiß nicht, wovon Sie sprechen. Das einzige Papier, das ich habe, ist der *Juden*paß.«

»Ich frage nach den Papieren, die *ich* will. Du weißt welche. Ich will die Pläne, die du gestohlen hast.«

»Ich weiß von keinen Papieren.«

Grunow schlug ihm mit dem Rücken seiner behandschuhten Hand ins Gesicht. Romeks Kopf knallte gegen die hölzerne Stuhllehne.

»Noch einmal, wo sind sie?« Grunows Stimme war jetzt lauter.

»Ich weiß es nicht.«

Grunow schlug ihn wieder. Blut spritzte aus Romeks Nase.

»Noch einmal! Wo sind die Pläne?«

»Ich weiß von keinen Plänen.«

Grunow ging zu dem Kamin am Ende des Zimmers. Er nahm einen Schürhaken und steckte ihn in die rotglühenden Kohlen auf dem Feuerrost. Er hielt ihn so lange hinein, bis das Ende glühte. Dann kam er zurück und stellte sich vor meinen Bruder.

»Ich frage dich zum letztenmal: Wo sind die Pläne?«

»Ich weiß von keinen Plänen.«

Grunow starrte ihn an. Dann preßte er seine Lippen zu einem schmalen Strich zusammen, hob den Schürhaken und stieß ihn in Romeks Auge.

»Eeeeiii!« schrie Romek. Er hielt beide Hände an das blutende Auge.

»Nein, nei-ei-ei-ein!« Ich wollte von meinem Stuhl aufspringen.

Ein Soldat rammte mir sein Maschinengewehr in den Magen.

»Bleib hier, oder du bist der nächste!«

»Ich weiß nichts! Ich weiß nichts!« schrie Romek immer weiter. »Mein Gott! Oh mein Gott, laß mich sterben! Bitte laß mich sterben!«

»Sag mir! Wo sind die Pläne?«

Grunow beugte sich vor, sein Gesicht ganz nah an Romeks.

»Ich ... weiß ... es ... nicht.«

Zwei weitere Männer kamen ins Zimmer und griffen Romek.

Der eine stieß ihm eine Art Schraubzwinge aus Eisen ins Gesicht, zerquetschte sein Kinn und drückte seinen Mund auf.

»Wenn du nicht sagst, wo die Pläne sind, schneide ich dir die Zunge heraus«; der zweite Mann sprach ganz ruhig, sachlich.

»Ich weiß es nicht! Ich weiß es nicht!«

Irgendwie schrie Romek immer noch.

Dann begannen die beiden Männer ihn zu schlagen, auf den Kopf, auf den Rücken, auf die Brust. Ich betete, daß er stürbe.

Sie schnitten seine Zunge heraus. Er stürzte zu Boden, sein Blut tränkte den Teppich. Noch immer starb er nicht.

Rommelmann drehte sich plötzlich zu mir um.

»Wir wollen sehen, was der Kleine weiß.«

Er sah mich an wie der Tod, der Tod in glänzenden Stiefeln. Ich wünschte, ich wäre schon tot.

Jetzt stand er über mir.

»Wo sind die Pläne? Du weißt, wo dein Bruder sie hingetan hat!«

Sie werden mich umbringen, dachte ich, sie werden mich auch umbringen. Ich schüttelte den Kopf und fing an zu schluchzen.

»Ich weiß es nicht! Ich weiß es nicht! Ich weiß nichts von irgendwelchen Plänen.«

Sie schlugen mich wieder und wieder, so wie sie Romek geschlagen hatten.

»Wo sind die Pläne?« schrie Rommelmann. »Sag es!«

Schließlich schaltete Grunow sich ein.

»Er weiß nichts. Er ist zu jung.«

Da auf einmal hörte ich die Stille. Mein Bruder schrie nicht mehr. Gott hatte sein Flehen erhört ... und meins. Mein Mund war zu übel zugerichtet, um zu sprechen, aber im stillen sagte ich Romek, wie sehr ich ihn liebte.

Die Männer, die ihn zu Tode geschlagen hatten, brachten mich hinunter auf die Straße. Ich stolperte und fiel beinahe hin. Einer von ihnen packte meinen Arm und stieß mich in ein Auto. Sie brachten mich zurück zum Ghetto und warfen mich hinaus.

Ich lag auf der Straße, meine Augen waren von den Schlägen zugeschwollen. Zwei jüdische Ghettopolizisten kamen vorbei. Der eine beugte sich über mich und hob meinen Kopf.

»Wer bist du?« fragte er. »Wie heißt du?«

Ich öffnete meine Augen und versuchte zu sprechen.

»Ich bin David Faber«, murmelte ich.

»Wo wohnst du, David? Kannst du mir sagen, wo du wohnst?«

»Ulica Targowa 12.«

Sie hoben mich auf und trugen mich zu dem Haus, in dem wir wohnten.

Mutter öffnete die Tür. Sie starrte mich an, dann schrie sie auf.

»Mein Gott, David! Was ist geschehen? Was haben sie mit dir gemacht? Was haben sie gemacht?«

Ich fing an zu schluchzen. Sie nahm mich in die Arme und wiegte mich vor und zurück. Endlich hörte ich auf zu weinen.

Sie hielt mich auf Armeslänge vor sich, und ich wußte, sie würde mich nach Romek fragen. Ich wollte nicht antworten.

»Wo ist er?« Ihre Stimme zitterte. »Wo, David?«

Bis dahin hatte ich Mama niemals angelogen. Nie.

Dreizehntes Kapitel

Vater und Romek waren tot. Fella war wieder zu uns zurückgekommen. Ich war jetzt das Familienoberhaupt, verantwortlich für Mutter und für meine Schwestern. Das war die Bedeutung von Bar-Mizwa gewesen: Ich war jetzt ein Mann. Und ich fühlte mich wie ein Mann. Die Ängste und Sorgen der zurückliegenden Monate hatten bewirkt, daß alles, was meine Jugend bedeutet hatte, einer anderen Welt angehörte, die für immer vergangen war.

Ein paar Tage nach Romeks Ermordung sagte Laika: »Ich mach mir Sorgen um Mama, David. Sie sieht so müde aus. Manchmal bekommt sie kaum Luft.«

»Das habe ich auch gemerkt. Ich glaube, es ist ihr Herz. Wir müssen was zu essen für sie besorgen.«

Wir hatten jetzt nur noch sehr wenig Lebensmittel, weil die Deutschen niemanden aus dem Ghetto hinausließen, mit Ausnahme der Arbeitstrupps. Laika hatte Kekse gebacken aus Mehl, das ich in einer leeren Wohnung im Erdgeschoß gefunden hatte; aber sie waren fast alle aufgegessen. Die Deutschen wollten, daß wir verhungerten.

Mutter lag stundenlang auf ihrem Strohsack, die Augen meistens geschlossen; ab und zu rang sie nach Luft. Wenn einer von uns sie ansprach, sie fragte, wie es ihr ginge oder ob sie etwas von der wäßrigen Suppe möchte, öffnete sie die Augen und murmelte: »Es geht schon. Ich denke nur an Papa.«

Oder: »Ich denke nur an Romek.«

Es tat weh, sie in diesem Zustand zu sehen. Immer hatte sie sich um uns gekümmert. Jetzt mußten wir uns um sie kümmern. Ich mußte mehr Essen beschaffen.

»Sie stirbt, wenn wir nichts unternehmen«, flüsterte ich Laika eines Nachmittags zu. »Ich gehe heute nacht raus. Ich kann Gemüse und andere Sachen von den Bauern bekommen, die wir kannten, bevor uns die Deutschen hier ins Ghetto gesteckt haben.«

»Wie willst du das machen?« fragte Laika. »Wir haben nichts zum Tauschen.«

»Fast alle Wohnungen sind jetzt leer. Ich werde mal sehen, ob ich was finde.« Ich warf einen Blick auf Mutter; sie lag mit geschlossenen Augen. »Erzähl Mama nichts davon.«

Leise öffnete ich die Tür und ging eine Treppe tiefer. Die erste Tür links stand offen und ich ging hinein. Ein Tisch und ein paar umgeworfene Stühle, auseinandergerissene Strohmatratzen, Blutspuren auf dem Fußboden. Die Deutschen waren vor mir dagewesen.

Ich drehte um und ging auf die andere Seite des Flurs. Auch hier Spuren des Todes, aber ich zwang mich zu bleiben und suchte. Vielleicht war ein Ring im Stroh versteckt oder unter einem losen Brett. Ich durchsuchte das Stroh sorgfältig mit den Fingern. Nichts. Vielleicht war etwas unter den Tisch geklebt. Wieder nichts. Ich suchte nach lockeren Bodenbrettern, aber es gab keine.

Irgendwas mußte ich finden. Vielleicht in der nächsten Wohnung. Hier sah es schon besser aus. Nichts war umgeworfen oder zerrissen. Wahrscheinlich waren die Bewohner auf der Straße erschossen oder mitgenommen worden.

Eine richtige Matratze lag an der einen Wand. Ich bückte mich, hob die dünne Bettdecke hoch, schüttelte sie und horchte, ob etwas auf den Boden fiel. Nichts. Ich tastete die Matratze oben und an den Seiten ab, suchte nach einer Ausbuchtung oder einem Riß. Nichts. Ich drehte sie um und befühlte die Unterseite. Da! Ein winziger Schlitz, genau an der Ecke. In einem solchen Versteck konnte Schmuck sein. Mein ganzer Körper war angespannt, als ich einen Finger in die Öffnung steckte. Dann fühlte ich etwas. Zitternd riß ich die Matratze auf und zog die Füllung heraus.

Ein kleiner Leinenbeutel, der mit einer Kordel zugebunden

war, fiel auf den Boden. Ich hob ihn auf und hielt ihn einen Moment fest; dann band ich die Kordel auf und schüttelte den Beutel über der Matratze aus.

Schmuck kollerte heraus – Ringe, Broschen, ein paar goldene Ketten. Ich ließ alles durch meine Finger gleiten und sah Perlen, Diamanten und andere Edelsteine, die ich nicht kannte. Sie mußten echt sein. Andernfalls wären sie wohl nicht versteckt worden.

Das bedeutete Essen für Mutter! Vielleicht war sogar noch mehr da. Ich suchte weiter. Ich zerriß die restliche Matratze, aber ich fand nichts.

Ich tastete den Fußboden ab und schob meine Finger in jede Ritze, wo zwei Bretter zusammenstießen. Genauso untersuchte ich die Wände. Hinter einem kleinen Bild entdeckte ich ein Brett, das sich unter meinen Händen bewegte. Ich schob es zur Seite und griff in eine kleine Öffnung. Dort fand ich einen Nagel, an dem eine Schnur hing. Ich zog daran und spürte ein Gewicht. Vorsichtig zog ich an der Schnur, bis ich einen Widerstand spürte. Meine Hand tastete etwas, das sich wieder wie ein Leinenbeutel anfühlte. Ich löste ihn von dem Nagel und zog ihn aus der Öffnung.

Er war größer als der erste und schwerer. Noch mehr Schmuck fiel heraus, als ich ihn über der Matratze ausschüttete. Jetzt hatten wir viel!

Ich füllte den Schmuck wieder in die Beutel und dachte an die Leute, die ihn versteckt hatten. Wahrscheinlich waren sie tot oder in einem Arbeitslager. Ich hatte sie nie gesehen, aber ich stellte mir vor, daß sie wohl schon älter sein mußten, wenn sie so viel besaßen. Ich wünschte, ich könnte ihnen sagen, daß sie dadurch einem anderen Menschen, einem anderen Juden, geholfen hatten. Bestimmt wäre es ihnen recht gewesen.

Plötzlich konnte ich sie nicht mehr ertragen, die Leere dieses Zimmers und was sie bedeutete. Ich packte die Beutel, rannte hinaus und nach oben.

Mutter lag noch genauso da.

»Sie hat nicht gemerkt, daß du weg warst«, sagte Laika.

Sie sah die Beutel. »Was hast du gefunden?«

»Schaut her«, sagte ich und leerte die Beutel auf dem Boden aus. »Heute abend kann ich Lebensmittel besorgen.«

Sonia hob einen Diamantring auf und steckte ihn sich an den Finger. Sie war so mager, daß er herunterfiel, als sie ihre Hand ausstreckte, um ihn zu bewundern.

»Spiel nicht mit diesen Dingen«, fuhr ich sie an. »Du könntest was verlieren.«

»Es tut mir leid, es tut mir leid. Sie sind so schön ...« Sie begann leise zu weinen.

Ich nahm sie in die Arme, beschämt, was ich angerichtet hatte.

»Ist ja gut, Sonia. Ist ja gut. Hier, schau dir alles an. Aber paß gut drauf auf.«

Sie wischte sich die Augen und lächelte. »Bestimmt paß ich auf, David.«

»Glaubst du wirklich, du kommst raus, David?« fragte Laika. »Und auch wieder rein?«

»Ich bin ganz sicher. Ich muß es probieren. Wir können Mama nicht einfach sterben lassen.«

»Du hast recht. Du mußt gehen.«

»Was macht es außerdem für einen Unterschied, wenn ich geschnappt werde?« fragte ich. »Ohne was zu essen werden wir alle sowieso hier sterben.«

Ich lag ungefähr bis Mitternacht wach und überlegte, wie ich mich aus dem Ghetto hinausschleichen könnte und wo ich Essen bekäme. Ich würde zu dem Bauernhof gehen, der Tarnów am nächsten lag und wo Mutter und ich früher öfter hingegangen waren. Der alte Bauer war ein Griesgram, aber seine Frau war nett. Sie würde mich schon hereinlassen.

Das Stroh raschelte, als Laika sich in ihrem Bett umdrehte. Ich stand auf, kniete mich neben sie und flüsterte: »Ich gehe jetzt.«

»Sei vorsichtig«, flüsterte sie zurück und küßte mich auf die Wange. »Gott beschütze dich.«

Sobald ich das Haus verlassen hatte, eilte ich zu einer Stelle am Zaun, die ich kannte; dort verlief der Stacheldraht ein klein wenig oberhalb des Bodens. Dünn wie ich war, brauchte ich nicht viel Platz. Ich legte mich auf den Boden neben einem Gebäude und wartete darauf, daß der Wachposten vorbeiging. Nach ein paar Minuten sah ich ihn kommen, das Gewehr geschultert und ohne auf irgend etwas besonders zu achten. Als er außer Sicht war, schlüpfte ich unter dem Zaun durch und lief rasch durch die dunklen Straßen. Alles war ruhig in der Stadt und auf der Staubstraße, die zum Bauernhof führte.

Ich mußte vor dem Morgen zurück am Zaun sein, bevor es hell wurde. Ich rannte so schnell ich konnte und stolperte ab und zu an unebenen Stellen. Kurz bevor ich den Bauernhof erreicht hatte, strauchelte ich und fiel auf etwas Hartes. Ich fühlte einen stechenden Schmerz, mein rechtes Knie war auf einen großen Stein geschlagen. Aber ich stand auf und ging, ein bißchen humpelnd, weiter.

Es war mindestens eine Stunde nach Mitternacht, und im Bauernhof war alles dunkel. Ich ging zur Küchentür und klopfte so fest ich konnte. Keine Antwort. Ich klopfte wieder.

Da hörte ich Schritte im Haus, und durch das Fenster sah ich das flackernde Licht einer Kerze auf die Tür zukommen.

Dann brummte der Alte: »Wer ist da? Was wollen Sie?«

»Hier ist David Faber. Erinnern Sie sich? Meine Mutter und ich haben bei Ihnen Lebensmittel eingehandelt. Bitte lassen Sie mich rein.«

»Hau ab! Komm am Tag wieder!«

»Das geht nicht. Die Nazis lassen uns nicht raus. Bitte machen Sie auf.«

»Nein! Scher dich fort!«

Da hörte ich die Stimme seiner Frau.

»Laß ihn rein, Janos. Er ist noch ein Kind. Es ist gefährlich für ihn da draußen. Laß ihn rein.«

Der Alte knurrte irgendwas, was ich nicht verstehen konnte, dann zog er den Riegel zurück und machte die Tür auf.

»Komm rein, schnell!« sagte er. Ich trat ein, und er machte die Tür hinter mir zu.

Er hielt die Kerze vor mein Gesicht.

»Ja, ich erinnere mich an dich. Warum kommst du mitten in der Nacht?«

»Sie lassen uns nicht raus. Ich muß die Dunkelheit nutzen. Ich brauche Lebensmittel. Meine Mutter ist sehr kank, und wir haben nichts zu essen für sie. Bitte helfen Sie uns. Ich habe Schmuck zum Tauschen.«

Er strich über seinen spärlichen Spitzbart und schaute mit seinen wäßrigen Augen auf mich herunter. Ich fragte mich, warum er so dünn war, wo er doch reichlich zu essen hatte.

Die Frau brachte eine Lampe aus einem anderen Zimmer und stellte sie auf einen schäbigen Tisch. Sie war klein und mollig, ganz anders als ihr großer Mann. Er schien immer schlecht gelaunt, während sie ein warmes Lächeln hatte und freundlich war.

»Sieh dich mal an«, sagte sie. »Dein Bein ist ganz blutig. Was ist denn passiert? Laß mich mal nachschauen.«

Unter meiner Kniescheibe war ein großer Schnitt, und Blut war mein ganzes Bein hinuntergelaufen.

»Ich bin hingefallen und hab mich an einem Stein verletzt«, erzählte ich ihr.

»Ich werde die Wunde säubern und dir einen Verband anlegen.«

Ich saß auf einem Stuhl und streckte mein Bein aus. Die Frau ging zur Handpumpe am einen Ende des Spülbeckens und füllte Wasser in einen Emailtopf. Dann wandte sie sich ihrem Mann zu.

»Janos, geh und hol zwei Hühner.«

»Ich will erst sehen, was er zu tauschen hat«, knurrte er. »Vielleicht ist's nicht viel wert.«

»Es ist alles wertvoll«, sagte ich. »Diamanten und Perlen und Goldketten. Hier, ich zeig's Ihnen.«

Ich zog einen Beutel aus meiner Tasche und leerte ihn auf den Tisch. Janos sah auf die Ringe, dann nahm er eine Kette und biß drauf.

»Es ist Gold.« Er drehte sich um und ging hinaus.

Die Frau war fertig mit dem Verband und stellte den Topf auf den Tisch.

»Du hast bestimmt Hunger«, sagte sie. »Ich werde dir Milch und Kluskis warm machen.«

Sie stocherte in dem Feuer, das in dem steinernen Herd glimmte, und legte große Stücke Kohle nach. Dann tat sie Milch und Klöße in einen kleinen Topf und stellte ihn auf die Herdplatte. Nach wenigen Minuten füllte sie eine Schüssel, setzte die dampfende Mahlzeit vor mich hin und klopfte mir auf die Schulter.

Der erste Löffel mit heißer Brühe verbrannte mir die Zunge, und ich hielt meine Hand vor den Mund.

Sie lachte. »Laß es ein bißchen abkühlen«, sagte sie.

Ich nickte und rührte um, dann nippte ich am zweiten Löffel. Die Wärme rann mir durch die Kehle und in den Magen. Nichts, was ich jemals gegessen hatte, hatte besser geschmeckt. Dann biß ich in ein Kluski, ein runder Ball, der nach Butter und Eiern schmeckte. Ich aß langsam, damit es länger dauerte.

Noch ehe ich richtig fertig war, kam Janos in die Küche zurück, in jeder Hand ein geköpftes Huhn. Die eine Henne gab er seiner Frau, die andere tauchte er ins steinerne Spülbecken. Blut tropfte aus dem Hals und lief über den Spülstein.

Noch vor wenigen Monaten hätte mir dieser Anblick den Magen umgedreht. Inzwischen hatte ich so viel schlimmere Dinge gesehen, daß es mir nichts mehr ausmachte. Ich aß weiter, bis die Schüssel leer war.

»Das war gut«, sagte ich zu der Frau. »Danke.«

»Ich habe noch ein paar andere Sachen für dich zusammengepackt, die du mitnehmen kannst.« Sie wickelte Butter in Papier ein und legte sie mit ein paar Eiern in eine große Emailtasse. Dann nahm sie zwei runde Brotlaibe aus dem Schrank. Sie stopfte die Hühner in einen Leinensack und legte Kartoffeln und Karotten obendrauf. Zuletzt tat sie die Butter und die Eier dazu.

»Du solltest lieber aufbrechen«, sagte sie und gab mir den Sack. »Es wird bald hell.«

»Ja«, sagte ich, »aber könnte ich bitte noch etwas bekommen? Ich brauche Zucker, um Mutters Medizin drauf zu tun.«

»Na klar«; sie nickte und lächelte. Sie wickelte Zuckerwürfel in ein Leinentuch und legte es zu den übrigen Sachen in den Sack.

»Das reicht«, sagte Janos. »Mehr ist der Schmuck nicht wert.«

Ich warf mir den Sack über die Schulter und ging zur Tür. Die Frau machte sie auf und klopfte mir auf den Rücken, als ich hinausging.

»Sei vorsichtig«, sagte sie. »Möge Gott dich begleiten.«

»Mach die Tür zu«, grollte Janos.

Wie verschieden sie sind, dachte ich. Beide hassen sie die Deutschen. Das wußte ich aus Bemerkungen, die sie früher gemacht hatten. Aber das einzige, was Janos interessierte, war, wieviel Gold er für seine Lebensmittel kriegen konnte. Seine Fau war ganz anders. Man merkte an ihrem Verhalten, daß es ihr nicht gleichgültig war, was mit uns geschah.

Ich ging zur Stadt zurück und traute mich nicht zu rennen, wegen der Last, die ich trug. Es war noch dunkel, als ich am Ghettozaun ankam, und ich fühlte mich erleichtert bei dem Gedanken, bald in unserer Wohnung zu sein. Ich mußte nur noch durchkriechen und dann ein kleines Stück laufen.

Ich legte mich auf den Rücken und schlüpfte unter dem Draht durch; dann zog ich den Sack nach. Aber anstatt durchzurutschen hing er an den Stacheln fest. Ich zog, um ihn abzukriegen. Das machte es nur noch schlimmer. Ich versuchte, ihn frei zu bekommen, indem ich tastete, wo die Stacheln saßen; die scharfen Spitzen stachen mir in die Finger.

Ich wußte nicht, wann der Wachposten wieder vorbeikommen würde. Ich mußte den Sack loskriegen! Ich konnte nicht aufgeben, jetzt, wo ich fast zuhause war. Ich bekam einen Magenkrampf; dann spürte ich, wie warmer Urin meine Beine hinunterlief.

Der Wachposten konnte jede Minute kommen. Ich zog so fest ich konnte und merkte, daß der Sack riß. Endlich bewegte er sich und rutschte auf meine Seite des Zauns. Ich stand auf und versuchte zu rennen. Ich krümmte mich unter schneidenden Magenschmerzen. Halb gehend, halb kriechend schleppte ich mich in ein leeres Gebäude und brach auf dem Boden zusammen.

Die Krämpfe wurden schlimmer. Es fühlte sich an, als würden sie mein Inneres zerreißen. Ich lag da, unfähig, meine Eingeweide unter Kontrolle zu halten, zu krank, um mich zu bewegen.

Die Kluskis, dachte ich. Es waren zu viele gewesen; und ich bin so müde und hab solche Angst. Aber ich bin mit Lebensmitteln zurückgekommen! Ich werde es schaffen. Ich muß die Wohnung erreichen, bevor es hell wird.

Die Krämpfe wurden schwächer, und ich zwang mich, aufzustehen und loszugehn. Es waren nur ein paar Häuserblocks bis zu uns, und nach einigen Minuten stieg ich die Treppe hinauf und klopfte an unsere Tür.

Laika öffnete.

»Gott sei Dank, du bist wieder da«, sagte sie. »Hast du was zu essen bekommen?«

»Ja. Genug für eine Weile.«

Ich gab ihr den Sack und sah zu, wie sie ihn auspackte.

»Wunderbar«, sagte sie. »Ach David, du bist großartig. Du bist der Kleinste in der Familie, eigentlich sollten wir für dich sorgen, statt dessen sorgst du für uns.«

»Ich bin kein Kind mehr«, antwortete ich.

Laika und Sabina erhitzten Wasser und rupften die Hennen, dann kochten sie sie und machten eine Suppe, eine gute Suppe, in der viele Fleischstücke schwammen.

Mutter machte die Augen auf und sah uns an.

»Schau, Mama«, sagte ich. »Die Mädchen kochen dir eine gute Suppe und Eier haben wir auch.«

Mutter schaute verblüfft. »Woher kommt das alles?«

»Von dem Bauernhof, wo du und ich immer hingegangen sind«, erzählte ich ihr. »Ich habe es für dich geholt, damit du gesund wirst.«

Sie lächelte und schloß die Augen.

Laika zerdrückte Zuckerwürfel, mischte Eigelb darunter und schlug alles schaumig. Sie nahm die Schüssel und kniete sich zu Mutter.

»Mama«, sagte sie leise. »Mama, hier ist was Gutes für dich.« Sie drehte sich zu mir um. »Hilf Mama, sich aufzusetzen, David, bitte.«

Ich legte meinen Arm um Mutters Schultern und richtete sie auf, so sanft ich konnte.

»Schau, Mama«, sagte ich, »schau, was wir für dich gemacht haben.«

Laika füllte einen Löffel mit dem Eischaum und drückte ihn Mutter an die Lippen.

»Mach den Mund auf, bitte, Mama«, sagte sie.

Mutter öffnete ihren Mund, und Laika fütterte sie, Löffel um Löffel, bis sie alles aufgegessen hatte. Ich nahm meinen Arm weg und legte sie aufs Stroh zurück. Nachdem sie sich eine Weile ausgeruht hatte, brachten wir die Suppe und fütterten sie auf dieselbe Weise. Sie brauchte Medikamente, aber wir hatten nichts, nur ein paar Baldriantropfen. Ich hatte meine Omega-Uhr gegen die Medizin am Tag zuvor eingetauscht. Laika träufelte drei Tropfen auf ein Zuckerstück und gab das Mutter alle paar Stunden ein.

Ganz allmählich wurde Mutter kräftiger und fast wieder gesund.

Einige Zeit blieb alles ruhig. Dann, an einem frühen Morgen, krachten Stiefel gegen die dünne Holztür und brachen sie auf. Ich schlüpfte unter unser zerlumptes Sofa, aber Mutter und meine Schwestern hatten keine Zeit mehr, um sich zu verstekken.

Die Salven der Gewehrschüsse machten mich taub, noch ehe ich verstanden hatte, was geschah. Dann war alles still. Pulvergeruch erfüllte das Zimmer. Flach auf dem Rücken liegend, spähte ich hinaus. Zwei Füße in Stiefeln standen wenige Zentimeter neben meinem Kopf; ein weiteres Paar bewegte sich durch das Zimmer. Die Füße neben mir gingen weg, da sah ich Körper auf dem Boden liegen. Drei Leichen – Mutter, Sabina und Sonia.

Ich machte meine Augen zu und versuchte, die Welt auszusperren. Undeutlich hörte ich Stimmen, die etwas auf Deutsch sagten; jemand lachte. Ich spürte, wie mich etwas stieß, hart, wieder und wieder. Einer der Soldaten sprang auf dem Sofa auf und ab; die durchhängenden Sprungfedern knallten in meinen Magen. Jedesmal wenn er auf den durchgesessenen Polstern landete, stieg mir Erbrochenes in Kehle und Mund. Ich konnte meinen Kopf nicht heben und es ausspucken, ich konnte mein Gesicht nicht abwischen. Verzweifelt versuchte ich, nicht zu würgen oder zu ächzen, wenn die Sprungfedern mitten in meinen Körper knallten. Das Stampfen hörte auf, und eine laute Stimme sagte:

»Wir haben sie alle erwischt. Wir haben sie ausgemistet.«

»*Ja!*« Eine zweite Stimme, voller Zufriedenheit.

Ich hörte den dumpfen Aufprall von Stiefeln auf dem Fußboden, als der Soldat vom Sofa heruntersprang. Die Schritte verhallten, als die beiden hinaus- und die Treppe hinuntergingen. Stille.

Ich lag ein paar Minuten reglos da, um sicher zu sein, daß sie weg waren. Langsam glitt ich aus meinem Versteck, spuckte Erbrochenes aus und wischte mein Gesicht ab. Ich sah die Leichen nicht an, als ich das Zimmer durchquerte. Ich tauchte einen Becher in den Wassereimer neben dem Herd und spülte meinen Mund aus.

Dann erst drehte ich mich um und sah meine Mutter und meine Schwestern an. Jetzt sah ich nicht drei sondern sechs Leichen: Mama, Sonia, Sabina, Laika, Kreindel und Fella. Ich empfand keinen Schmerz, keinen Verlust, keine Wut. Ich fühlte nichts. Es kümmerte mich nicht, wer diese Menschen waren oder was ihnen zugestoßen war. Ich dachte, es sollte mich kümmern, aber so war es nicht. In mir war kein Gefühl mehr. Ich legte mich auf das Sofa und schlief ein.

Als ich aufwachte, war es dunkel. Einen Augenblick lang konnte ich mich nicht erinnern, warum es so still war. Dann wurde es mir wieder bewußt. Alle waren tot. Nur ich war übrig. Ich fing an zu weinen, erst ganz leise, dann mit tiefem Schluchzen. Endlich sank ich erschöpft in einen unruhigen Schlaf; Träume quälten mich: von Vaters zerschlagenem Gesicht und von dem Schürhaken, der in Romeks Auge gestoßen wurde.

Vierzehntes Kapitel

Am nächsten Morgen wachte ich auf und erinnerte mich an alles. Ich lag auf dem Sofa und dachte voller Angst daran, daß ich jetzt allein war. Der Hunger zwang mich aufzustehen, ich aß ein Stück Brot, es war fast das letzte der Sachen, die ich vom Bauernhof geholt hatte. Ich füllte meinen Magen mit Wasser.

Ich kniete neben Mama nieder und berührte ihr kaltes Gesicht mit den Fingerspitzen. Ihre weit geöffneten Augen starrten mich an und befahlen mir, zu überleben. Aber wofür lohnte es sich noch zu leben?

Vorsichtig zog ich Sonia von Mama weg. Dann legte ich mich auf Mama, legte meine Arme um ihren steifen Körper und hielt sie fest. »Ich verspreche dir, Mama, ich werde leben. Ich werde überleben und ich werde nach London gehen und Rachel finden. Ich werde der Welt berichten, was sie uns angetan haben. Das werde ich tun, Mama, ich verspreche es.«

Ich nahm einen feuchten Lappen und wischte das Blut weg. Dann bedeckte ich jede von ihnen mit einem weißen Tuch. Das war alles, was ich für sie tun konnte.

Ich verlor jedes Zeitgefühl. Manchmal war es hell, manchmal dunkel. Wenn es hell war, stand ich auf und aß ein bißchen. Und ich trank viel Wasser.

Der Geruch von Leichen füllte die Wohnung. Ich wollte Mutter und die Mädchen nicht verlassen. Es war, als würde ich sie im Stich lassen. Aber ich konnte nicht bleiben. Ich beschloß, in die untere Wohnung zu gehen, wo ich den Schmuck gefunden hatte. Dort könnte ich mich auf die Matratze legen.

Bald waren die letzten Essensreste aufgebraucht. Es gab nur noch Wasser. Dann war auch das abgestellt. Zwei Tage hatte ich nichts zu trinken.

Dann hörte ich deutsche Worte aus Lautsprechern dröhnen: *»Alle Juden raus! Das Wasser ist abgestellt.«*

Immer wieder derselbe Befehl: »Alle Juden raus! Das Wasser ist abgestellt.«

Wenn ich drinnen bliebe, würde ich verdursten. Wenn ich rausging, gab es wenigstens eine Überlebenschance. Und ich hatte Mama mein Versprechen gegeben.

Ich zwang mich, von der Matratze aufzustehen, wo ich während der vergangenen zwei Tage die meiste Zeit gelegen hatte. Nur um in einer Ecke des Hinterzimmers meine Notdurft zu verrichten, war ich aufgestanden. Ohne Wasser oder Nahrung über Tage bestand dafür allerdings wenig Notwendigkeit.

Langsam ging ich zur Tür, öffnete sie und ging in den Flur hinaus. An der Treppe blieb ich stehen, die rauhen deutschen Worte trafen wie Schläge mein Gesicht. Dann ging ich hinunter: Ich hob einen Fuß und ließ ihn auf die nächste Stufe fallen, dann hob ich den anderen.

Der Lärm hörte auf, bevor ich unten angekommen war, dann folgten Gewehrschüsse. Ich öffnete die Haustüre und schaute hinaus. Ein alter Mann kam aus dem gegenüberliegenden Haus, er hielt die Hände über den Kopf erhoben. Ein Soldat, der nahe bei meiner Haustüre auf dem Bürgersteig stand, legte sein Maschinengewehr an und feuerte. Der alte Mann taumelte ein, zwei Schritte zurück, dann stürzte er zu Boden. Leute in der Nähe sahen weg.

Ich stand noch innerhalb des Hauseingangs. Wahrscheinlich würden sie mich auch erschießen. Vielleicht hätte ich oben bleiben sollen. Aber ich wollte nicht verhungern oder verdursten.

Ich hob meine Hände über den Kopf und betrat den Bürgersteig. Der Soldat, der den alten Mann erschossen hatte, richtete sein Gewehr auf mich. Ich war überzeugt, daß er schießen würde. Statt dessen schwenkte er den Gewehrlauf herum, wies in Richtung Straßenmitte und rief: »Lauf!«

Die Hände immer noch über dem Kopf, rannte ich so schnell ich konnte ein kurzes Stück bis zu einer kleinen Gruppe von Leuten, die eng aneinandergedrängt auf der anderen Seite standen. Ich huschte hinter zwei Männer und wartete zitternd in der kalten Luft.

Immer mehr Menschen kamen aus den Häusern; bald waren wir etwa 100. Alte Männer und Frauen, manche allein, andere, die sich aneinander klammerten; jüngere Frauen, die kleine Kinder auf dem Arm trugen oder an sich drückten.

Ein kleines Mädchen stand neben mir, vier oder fünf Jahre alt. In der einen Hand hielt sie eine Puppe mit einem Porzellankopf, mit der anderen umklammerte sie die Hand einer alten Frau.

Die Kleine flüsterte ihrer Puppe etwas zu, dann schaute sie zu mir herauf. Tränen liefen über ihr Gesicht.

Ich lächelte ihr zu. »Wie heißt deine Puppe?« fragte ich.

Sie sah mich lange an, dann antwortete sie: »Ruth. Ruth hat Angst. Sie hat Bauchweh.«

Ich wollte ihr nicht sagen, daß ich auch Angst hatte. Statt dessen berührte ich ihre dunklen Zöpfe.

»Du hast schöne Haare«, sagte ich zu ihr. »Hat deine Mama die geflochten?«

»Meine Mama und mein Papa sind fortgegangen«, antwortete sie. »Babcia kümmert sich um mich.«

Die alte Frau drehte sich zu mir um.

»Wir sind die einzigen, die übriggeblieben sind«, sagte sie. »Und du?«

»Nur noch ich.«

Ich versuchte, in der Mitte der Gruppe zu bleiben, damit die Soldaten mich nicht schlagen konnten, wenn sie um die Ecken gingen. Nach einer halben Stunde etwa kam niemand mehr aus den Häusern. Einer der Soldaten rief uns zu, wir sollten die Straße hinuntergehen.

Überall um mich her schlurften die Menschen, zu schwach, um sich zu beeilen. Immer mal wieder schlug ein Soldat jemanden auf den Kopf oder auf die Schultern und brüllte: »Schneller bewegen!« Vor mir humpelte eine alte Frau; sie stolperte, als ihre lose Schuhsohle sich im Pflaster verfing.

Wir kamen zur Lwowskastraße, an der anderen Seite des Ghettos, dort war ein offener runder Platz, wie ein Marktplatz.

Hunderte von Menschen standen bereits hier, in Fünferreihen. Wir schlossen uns an; rundum standen überall Soldaten mit Maschinengewehren und Karabinern.

»Sie werden uns töten!« Die Stimme der Großmutter zitterte, sie packte meinen Arm.

Ich glaubte es auch.

Ein Lastwagen fuhr vor und hielt vor uns an. Zwei Soldaten stiegen aus und stellten sich hinter den Wagen. Die Ladefläche war offen und ich sah Decken und große Holzkästen, die aussahen wie Außentoiletten. Ein Feldwebel rief, wir sollten an dem Wagen vorbeigehen. Als wir es taten, gab der eine Soldat jedem einzelnen eine dünne graue Decke. Der andere fragte nach unseren Namen und schrieb sie in ein Buch, das er gegen die eine Seite des Wagens hielt. Die großen Holzkästen wurden von Juden abgeladen und an der einen Straßenseite in einer Reihe aufgestellt. Es waren wirklich Toiletten.

Der Feldwebel sah die Reihen entlang. »Jeder, der wieder zurück ins Ghetto geht, wird erschossen!«

Dann fuhr noch ein Wagen vor, darauf standen große Kessel. Ich sah, daß Dampf aus ihnen aufstieg. Das muß Essen sein, dachte ich mir.

Ein Soldat rief drei Männern zu, sie sollten die großen roten Schüsseln nehmen, die neben den Kesseln aufgestapelt waren, und jedem von uns eine aushändigen, wenn wir vorbeigingen.

Ich nahm meine Schüssel und schlurfte weiter. Als ich zu dem Kessel kam, hielt ich sie mit beiden Händen hin, damit nichts verschüttet würde. Die heiße Suppe wärmte meine Finger, als ich die Schüssel hochnahm und daran schnupperte. Ich fühlte die Hitze an meinem Gesicht, aber da war überhaupt kein Geruch.

Der Mann vor mir drehte sich um und fragte: »Na, junger Bursche, kannst du schwimmen?«

»Nein.«

»Schade! Sonst könntest du tauchen und sehen, ob du vielleicht eine Kartoffel findest.«

Er lachte, klopfte mir auf die Schulter und ging weg.

Die Suppe schmeckte fast nach nichts, aber nach drei Tagen ohne Essen füllte sie wenigstens meinen Magen.

Als meine Suppe alle war, wickelte ich mich in die Decke und legte mich mit angezogenen Beinen auf die Straße. Ringsum saßen Menschen, aneinandergekauert, oder sie lagen zusammengerollt auf der Seite. Als es kälter wurde, rückten die Leute näher zusammen, bis wir alle aneinandergepreßt waren und die Wärme unserer Körper miteinander teilten.

Ich schlief wenig. Ich hörte quälenden Husten, weinende Kinder und eine alte Frau, die fast die ganze Nacht jammerte. Bei Tagesanbruch kamen die Soldaten, brüllten, wir sollten aufstehen, und stießen uns mit ihren Seitengewehren.

Mein ganzer Körper schmerzte und war steif, als ich auf meine Füße stolperte und mich vor einer der Toiletten anstellte.

Ein Laster kam und brachte unser Frühstück: schwarzen sogenannten Kaffee und eine Scheibe Brot. Ein zweiter brachte viele zweirädrige Schubkarren. Von beiden Wagen sprangen Soldaten ab und befahlen einigen Männern, Kaffee und Brot auszuteilen. Andere luden die Schubkarren ab. Als alle gegessen hatten, zählte uns ein Feldwebel in Achtergruppen ab. Jede Gruppe wurde von zwei Soldaten bewacht.

Meine Gruppe ging ins oberste Stockwerk eines Hauses in der Lwowskastraße und begann, jede Wohnung restlos auszuräumen. Es spielte keine Rolle, ob ein Stuhl oder ein Tisch zerbrochen war; alles mußte die Treppe hinuntergetragen und auf den Bürgersteig gestellt werden. Lastwagen fuhren vor, und andere Arbeitsgruppen beluden sie. Vermutlich behielten die Deutschen alles, was sich noch lohnte, für sich selbst und verbrannten den Rest oder warfen ihn auf den Müll.

Ab und zu fanden wir Tote. Wir trugen auch sie die Treppe hinunter und legten sie auf einen der Karren. Dann schoben wir die Karren zum Ghettoeingang und luden die Leichen auf Lastwagen um. So geschah es auch mit Mutter und meinen Schwestern.

Es war jeden Tag das gleiche. Soldaten weckten uns im Morgengrauen. Wir bekamen Kaffee und eine Scheibe Brot und räumten anschließend die Wohnungen aus. Am späten Nachmittag bekamen wir Suppe; dann bemühten wir uns, die Nacht zu überleben. Die einzigen Veränderungen bestanden darin, daß es gelegentlich schneite und unsere Zahl immer kleiner wurde. Im Laufe der Wochen starben immer mehr Menschen, ihre halbgefrorenen Leichen wurden jeden Tag zuerst auf die Karren geladen.

Es waren etwa zwei Monate vergangen. Eines Morgens weckten uns die Soldaten, hielten Appell ab und befahlen uns, die Toten liegenzulassen, wo sie waren. Wir bekamen weder Kaffee noch Brot. Statt dessen standen wir über eine Stunde oder länger in Fünferreihen. Wenn ein Soldat sah, daß sich jemand umdrehte oder seine Füße bewegte, schlug er ihm seinen Gewehrkolben über die Schultern oder stach ihm mit dem Seitengewehr ins Gesäß.

Die Zeit zog sich hin. Mir war heiß, dann kalt, dann wieder heiß. Der Kopf eines Mannes in der Reihe vor mir schien zu kreisen, ich schwankte.

Motorengeheul. Ein Lastwagen bog um die Ecke, gefolgt von einem offenen Militärwagen und einem zweiten Laster. Zwei Soldaten saßen vorn in dem Wagen; ein Gestapo-Offizier saß alleine im Fond.

Ich kannte den Mann.

Er hieß Faber, genau wie ich. Er war Mutters Kunde gewesen! Er hatte Zitronen bei ihr gekauft, für seinen kleinen Lebensmittelladen in Kattowitz. Ich wußte, daß er sich den Nazis angeschlossen hatte, aber ich wußte nicht, daß dieser *Reichsdeutsche*, dieser Niemand, jetzt ein Oberst war, einer der ranghöchsten Nazis in Tarnów. Statt Lebensmittel zu verkaufen, hatte er jetzt unsere Leben in der Hand.

Der Offizier stieg aus, seine pummelige Figur wurde von den Soldaten fast verdeckt. Er hob die Hand, und zwei von ihnen holten ein schweres Holzpodium von einem der Lastwagen.

Er stapfte die drei Stufen hinauf und stemmte seine Hände in die Hüften. Seine blauen Augen blickten geradeaus.

»Ihr habt ein Verbrechen begangen«, rief er. »Ihr solltet aus den Häusern rauskommen und ihr habt nicht gehorcht. Ihr werdet bestraft werden. Ihr müßt lernen zu gehorchen.«

Drohend tippte er mit dem Finger unter seinen blonden Schnurrbart. »Ich werde euch die Überraschung eures Lebens bescheren«, sagte er.

Ich fragte mich, was für eine Strafe schlimmer sein könnte als das, was wir bereits erlitten hatten.

Wenige Minuten später fuhr noch ein Lastwagen vor. Soldaten mit Maschinengewehren sprangen ab. Der Gestapo-Oberst sah zu, wie sie uns umzingelten. Dann streckte er seinen rechten Arm aus, fast wie beim Hitlergruß. Er ließ die Hand sinken, und die Soldaten eröffneten das Feuer.

Meine Knie sackten ein, und ich fiel zu Boden.

Das nächste, was ich wahrnahm, war der Klang einer sanften Stimme.

»Sohn, wie schwer verwundet bist du?«

Ich öffnete die Augen. Ein Mann kniete neben mir, er hielt meinen Kopf in seinen Händen.

Ich sah ihn einen Augenblick an, ehe ich anwortete. Er war ungefähr 50, klein und dünn mit einem spitzen schwarzen Bärtchen.

»Verwundet?« Ich verstand nicht, wovon er sprach.

»Sie haben jeden Zweiten erschossen. Ich dachte, du wärst einer davon.«

»Ich fühle nichts. Ich glaube, ich bin einfach ohnmächtig geworden. Meine Knie gaben nach, und ich fiel um.«

»Gott hat dich gerettet. Er will, daß du lebst. Deshalb bist du ohnmächtig geworden.«

Einen Augenblick lang sagte ich nichts.

Dann anwortete ich: »Ja, ich muß leben. Ich habe es Mama versprochen.«

Als ich aufgestanden war, war der Mann gegangen.

Menschen lagen in unregelmäßigen Reihen überall auf der Straße, manche von ihnen lebten noch. Köpfe bewegten sich, Arme wurden gehoben und fielen zurück. Ganz in meiner Nähe hielt eine Frau in ihren blutigen Armen ein Kind. Zwei alte

Männer standen Seite an Seite, die Hände erhoben und sich wiegend im Gebet.

Ich suchte das kleine Mädchen mit der Puppe. Ich sah sie nicht.

Ich sah, wie Faber zu seinem Auto zurückging. Er sah zufrieden aus.

Ich haßte ihn. Ich wollte ihn umbringen. Er stieg in den Wagen ein und fuhr davon.

Nach ein paar Minuten kamen neue Lastwagen, und die Soldaten schrien, wir sollten die Leichen aufladen. Ich rührte mich nicht, bis ich sah, wie ein Gewehrkolben über meinem Kopf geschwungen wurde. Ich duckte mich und er knallte mir auf die Schulter; ich brach in die Knie.

»*Schwein!*« schrie der Soldat.

Mit Mühe stand ich auf, hielt meinen verletzten Arm mit der anderen Hand und beeilte mich zu helfen, die Leichen aufzuheben. Es waren über 300. Eine davon war das kleine Mädchen.

Als wir fertig waren, war es Nachmittag oder später. Sie ließen uns wieder stehen, wir durften uns nicht bewegen; überall rundum waren Soldaten. Das dauerte bis zum Ende dieses Tages und fast bis zum nächsten Morgen.

Kurz vor Morgengrauen hörte ich wieder Motorenlärm. Diesmal klang es nach vielen Lastwagen. Ich dachte, sie kämen, um uns übrige zu töten. Vielleicht wäre es ja besser so.

Die Scheinwerfer des ersten Wagens leuchteten um die Ecke. Weitere folgten, etwa sechs oder acht. Der erste hielt vor uns, und der Fahrer stellte den Motor ab.

Ein Gestapo-Offizier stieg aus und schrie: »Steckt diese *Schweine* in die Lastwagen!«

Die Soldaten brüllten uns an. Wer von ihnen ein Gewehr hatte, stieß es wahllos in alle erreichbaren Körper. Einer von ihnen stieß in mein Bein, und ich fing an zu heulen.

Leiber drückten mich und schoben mich zu einem der Lastwagen. Ich stieß hart mit der Brust gegen die Kante der Ladefläche, und mir war, als wären meine Rippen gebrochen. Irgendwer hinter mir umfaßte meine Taille und hob mich hoch, wobei ich an der metallenen Kante entlangschurfte. Ich bekam einen Eckpfosten zu fassen und zog mich auf die Füße.

Es folgten immer mehr Menschen, die drückten mein Gesicht gegen die Körper vor mir. Es stank entsetzlich. Keiner hatte sich in den vergangenen zwei Monaten gewaschen, und der Geruch nach Urin und anderen Exkrementen ekelte mich. Es war zwar kalt, aber die Wärme so vieler Körper wurde fast unerträglich.

Größere Leute schubsten mich. Ich drehte mein Gesicht zur Seite und versuchte zu atmen. Ein Mann hinter mit lehnte auf meiner schmerzenden Schulter, das Blut hämmerte in meinem Arm. Plötzlich übergab er sich. Erbrochenes schwappte über meinen Hinterkopf. Wir fuhren mehrere Stunden lang, und ich stand da, ohne mich saubermachen zu können. Der Gestank wurde noch schlimmer, und ich schluckte immerzu, um nicht zu erbrechen.

Der Laster drehte scharf und hielt. Ich hörte Hunde bellen und Menschen rufen. Der Wagen ruckte nach vorn und stoppte wieder. Zwei Männer machten die Ladeklappe auf und brüllten uns zu, wir sollten absteigen. Mit den anderen rutschte ich nach hinten und landete, halb springend, halb fallend, auf dem Boden.

Es war genau wie im Ghetto – Soldaten mit Maschinengewehren umgaben uns. Aber sie sahen anders aus, nicht wie Deutsche. Sie hatten breite Gesichter und ihre Augen waren kleiner. Sie schrien uns irgend etwas zu, was wir tun sollten, aber niemand verstand sie, weil ihr Deutsch so schlecht war. Sie wurden immer wütender und fingen an, uns mit ihren Gewehren zu schlagen.

Dann wurden die Hunde losgelassen, um uns zu beißen und an uns zu zerren. Ich hatte zwei Paar Hosen an und zwei Hemden. Das hatte Mama mir geraten, nachdem die Nazis uns ins Ghetto gesperrt hatten.

»Vielleicht müssen wir weg«, hatte sie gesagt, »und auf diese Weise hast du zusätzliche Kleidung.«

Ein Hund rannte bellend und zähnefletschend auf mich zu. Ich sprang weg, aber seine Zähne drangen durch meine beiden Hosen und in meine rechte Wade. Der Hund warf ruckartig seinen Kopf hin und her, und ich fühlte, wie das Fleisch aufriß. Dann drehte er sich um und griff jemand anderen an.

Ich zog mein Hosenbein hoch und sah, wie das Blut herunterfloß bis in meinen Schuh. Ich zog mein äußeres Hemd aus, riß einen Ärmel ab und band ihn so fest ich konnte um mein Bein.

Allmählich verstanden wir, daß die Wächter uns in Fünferreihen haben wollten. Das schienen sie immer zu wollen. Vielleicht war es auf diese Weise leichter, uns zu zählen. Ich hinkte in eine der vorderen Reihen und stand da, mit Schmerzen am ganzen Körper.

Nach ein paar Minuten trat ein sehr großer Gestapo-Offizier hinter den Wachen hervor. Er muß mindestens 1,98 m groß gewesen sein, ein breitschultriger Riese mit blonden Haaren, die glatt nach hinten gebürstet waren, grünen Augen und schmalen Lippen.

Er begann zu sprechen, er schrie nicht, wie die anderen alle, sondern sprach in einer nahezu sanften Eintönigkeit.

»Ich bin *Hauptsturmführer* Grzimek«, sagte er. »Willkommen in Szebnie. Ihr habt Glück! Ihr seid in einem Ferienlager.«

Aber plötzlich beugte er sich vor und brüllte uns an, dabei schwenkte er seinen rechten Arm auf und ab.

»Wenn ihr gehorcht, wird es euch gutgehen. Es wird euch hier gefallen, denn ihr seid unter meinen Fittichen und ich bin wie ein Engel für euch. Aber denkt dran! Ich sage euch, wann ihr lebt und wann ihr sterbt! Ich entscheide euer Schicksal. Wenn ihr die Regeln verletzt, werdet ihr sterben!«

Er brach seine Rede ab und ging an den Reihen entlang; dabei stieß er manche auf die eine Seite, manche auf die andere. Er schubste mich nach links, zusammen mit jüngeren Männern und Frauen und älteren Kindern. Alte Menschen und kleine Kinder nach rechts. Sie mußten wieder auf die Lastwagen steigen und fuhren aus dem Lager fort.

Die Wachposten trieben uns in eine Holzbaracke, wo wir uns auszogen. Dann standen wir unter eisigem Wasser, das aus Wasserleitungen herunterfloß, die in Reihen durch die ganze Länge des Gebäudes liefen. Es gab weder Seife noch Handtücher. Ich war noch nie vor Fremden nackt gewesen und ich schämte mich.

Tropfnaß gingen wir in einen anderen Raum. Wachposten zogen alte Kleidungsstücke aus großen Holzkisten mit Griffen aus Seilen und warfen sie uns zu. Es interessierte keinen, ob irgend etwas paßte, Hauptsache, man konnte es anziehen.

Ich hatte noch den Laib Roggenbrot bei mir, den Mama mir gegeben hatte. Oben fehlte ein Teil, weil sie ein Stück herausgeschnitten hatte, um ihre goldene Kette in dem Laib zu verstekken, den sie anschließend mit dem weichen Brotteil wieder bedeckt hatte. Die Kette war das Hochzeitsgeschenk meines Vaters an sie gewesen. Die Wachposten schnappten mir das Brot weg und rissen es in Stücke; beim Anblick des Goldes lachten sie.

Schließlich marschierten wir in eine sehr lange Baracke, in der an beiden Seiten Pritschen aufgereiht waren, immer drei übereinander; dazwischen lief ein schmaler Gang. In jeder Pritsche schliefen sieben Menschen, man lag auf den blanken Brettern, kein Strohsack als Matratze, keine Decken.

Ich kletterte auf eine der unteren Bettstellen und lag da mit geschlossenen Augen; ich wünschte mir zu vergessen, wo ich war. Andere Gefangene legten sich neben mich, aber ich machte meine Augen nicht auf. Es wurde früh dunkel in jenen späten Novembertagen, und ich schlief bald ein.

Wachen stürmten früh um fünf am nächsten Morgen rein und brüllten, wir sollten aufstehen. Als wir von den Pritschen aufstanden, schrieen sie weiter: »Strammstehen! Haltet eure Mützen in der Hand!« Ich verstand sie, aber viele verstanden sie nicht. Sie sahen, wie einige von uns steif dastanden, die Mützen in der Hand, und machten es nach – aber nicht schnell genug, um den Schlägen und Flüchen der Wachen zu entgehen.

Wir wurden gezählt. Die Zahl war klein. Zwei Männer waren in der Nacht gestorben. So begann jeder Tag.

Wir blieben zwei Tage in der Baracke, ohne etwas zu tun. Jeden Morgen gab es schwarzen Kaffee und eine Scheibe Brot, das war alles für den ganzen Tag. Schließlich kam ein Feldwebel und teilte jedem von uns eine Arbeit zu: im Lager saubermachen, die Baracken fegen, Gräben ausheben, Zäune bauen.

Manche der anderen Arbeiter waren schon lange im Lager.

Wir durften uns nicht unterhalten, taten es aber immer, wenn wir glaubten, die Posten sahen nicht her.

»Von wo kommst du?« flüsterte mir ein Mann zu.

»Kattowitz«, antwortete ich. »Und Tarnów.«

»Krakau«, sagte er.

Fünf- bis sechstausend Menschen waren in Szebnie, aus jeder Stadt in diesem Teil Polens. Es war ein Arbeitslager, kein Konzentrationslager. Deshalb waren alte Menschen und kleine Kinder woanders hingebracht worden.

Ein Junge, ungefähr so alt wie ich, schlief in derselben Pritsche. Er hieß Sammy. Er war genauso klein wie ich, aber pummelig. Er hatte ein volles Gesicht und dunkle Haare und Augen. Vor dem Krieg hatte er mit seinen Eltern und drei jüngeren Schwestern in Krakau gelebt. Jetzt hatte er sie, genau wie ich, alle verloren. Sein Vater war Schneider gewesen, und Sammys ständige Klage war: »Sie haben mir den schönen Anzug weggenommen, den mein Vater mir fürs Passah-Fest genäht hat.«

Wir fühlten uns von Anfang an zueinander hingezogen, wir brauchten einander, um den Kummer und die Einsamkeit zu teilen. Nachts lagen wir nebeneinander und sprachen über unsere Familien und wie schön das Leben gewesen war. Wir sprachen auch darüber, wie es wohl weitergehen würde, und versprachen einander, zu überleben und auch nach dem Krieg Freunde zu bleiben.

Als wir etwa eine Woche im Lager waren, kamen die Wächter, wie üblich, früh am Morgen herein, aber diesmal befahlen sie uns, draußen in Fünferreihen anzutreten. Überall waren Wachposten mit Maschinengewehren aufgestellt, und Grzimek, unser »Engel«, stand da, die Hände auf dem Rücken.

»Ihr habt ein Glückslos gezogen und wißt nicht einmal, wie man sich benimmt! Seht euch doch an, wie gut ihr dran seid! Und trotzdem habt ihr viele Vorschriften mißachtet! Ich werde euch eine Lektion erteilen!«

Keiner wußte, welche Vorschriften wir mißachtet hatten. Wir wußten, es spielte überhaupt keine Rolle, was wir machten. Grzimek würde uns bestrafen, ganz einfach, weil er es wollte.

Er griff fünf junge Mädchen heraus, ihre schmalen Gesichter waren schön, auch an diesem schrecklichen Ort.

»Erschießt sie!« schrie er.

Sie lagen auf der Erde, die schäbigen Kleider blutbefleckt.

»Ihr müßt gehorchen«, sagte Grzimek ruhig, drehte sich um und ging weg.

Das war das »Ferienlager«.

Eines Morgens, kurz nach dem Appell, saßen Sammy und ich auf unserer Schlafstelle. Abwechslungsweise hatten wir mal keine Arbeit.

»Laß uns rausgehen«, sagte ich. »Ich hasse es, hier drin zu sein.«

Kaum daß wir zur Tür hinaus waren, rief uns ein Wachposten zu:

»*Herkommen!*«

Sammy verstand nicht und ging weiter.

Ich faßte ihn am Arm. »Warte! Er sagt, wir sollen kommen. Gehen wir hin. Nimm deine Mütze ab und verbeuge dich. So wollen sie es haben.«

Sammy tat, was ich ihm gesagt hatte. Wir senkten beide die Augen und verbeugten uns.

»Wohin geht ihr?«

»Wir gehen nur spazieren«, antwortete ich.

»So. Ihr glaubt, ihr seid hier zum Spazierengehen, was? Kommt mit.«

Er führte uns zu einem Schuppen, wo er Schaufeln holte, und anschließend zu einem anderen Gebäude.

»Um diese Küche soll ein Zaun gezogen werden«, sagte er. »Grabt die Löcher für die Pfosten, 45 cm Durchmesser, 90 cm tief.«

»*Jawohl!*« sagte ich.

Wir fingen an zu graben. Sammy stieß die Schaufel auf einen Felsen, er stieß fest zu, da zerbrach der Stiel. Er sah mich an, die Augen voller Tränen.

»Was werden sie mit mir machen?« flüsterte er.

»Vielleicht schlagen sie dich nur, Sammy.« Ich versuchte, ihn zu beruhigen. »Es ist eine alte Schaufel. Der Stiel war schon geborsten.«

Er versuchte, weiter zu graben, aber es ging noch schwerer mit dem abgebrochenen Stiel, besonders als die Löcher tiefer wurden. Noch ehe wir fertig waren, kam der Wachposten zurück.

»Warum sind die Löcher nicht fertig?« fragte er.

Sammy schien immer kleiner zu werden, als er die Schaufel herzeigte. »Der Stiel ist abgebrochen«, sagte er auf Polnisch. »Es tut mir leid.«

»Du hast deutsches Eigentum sabotiert«, brüllte der Posten ihn an. »Ich werde dich was lehren!«

Er schleifte Sammy zur Mitte des Lagers, wo immer Appell abgehalten wurde. Mitten auf dem offenen Platz stand ein hoher Pfahl, mit einem Haken fast an der Spitze. Ein zweiter Wächter kam mit einem Strick, und der erste band Sammy die Hände auf den Rücken. Dann schlangen sie das Seil um den Haken und zogen Sammy hoch. Es war ungefähr neun Uhr morgens.

Ich grub weiter. Jedesmal, wenn ich aufschaute, sah ich Sammy dort hängen; er schrie vor Schmerz. Nach etwa einer halben Stunde wurden seine Hände schwarz, dann seine Arme und sein Gesicht.

Den ganzen Tag über hörte ich ihn schreien, es möge ihn jemand töten.

»Bitte«, er verdrehte den Kopf, um nach mir zu sehen. »Bitte, tötet mich! Schneidet mir die Kehle durch, bitte!«

Immer und immer wieder dasselbe Flehen. Das war alles, was ich hörte. Ich weinte bei der Arbeit und war haßerfüllt. Wenn ich doch irgend etwas tun könnte, um Sammy zu retten. Aber ich wußte, es gab nichts. Sie würden mich auch umbringen, und Sammy würde immer noch dort hängen. Nur weil ein Schaufelstiel abgebrochen war!

Kurz nach vier gab es einen neuen Appell. Das ganze Lager versammelte sich auf dem offenen Platz rund um den entsetzlichen Pfahl. Sammy lebte noch, aber sein Schreien war verstummt.

Grzimek trat vor die Gruppe und sah zu Sammy hinauf. Er begann zu schreien:

»Ihr wißt immer noch nicht, wie gut ihr dran seid! Ihr verstoßt immer noch gegen meine Gesetze! Ich will euch zeigen, was passiert, wenn ihr deutsches Eigentum sabotiert!«

Er zog einen Revolver mit einem langen Lauf aus dem Halfter an seinem Gürtel und schoß Sammy ins Gesicht. Blut lief über sein schwarzes Gesicht, aber er lebte immer noch. Grzimek lächelte und ging.

Noch einmal rief er uns zu: »Der Teufel! Seht ihn euch an. Er lebt immer noch. Was für eine Kraft ihr Juden habt! Ich werde euch diese Kraft brechen!«

Er kam zurück und schoß Sammy eine Kugel ins Gehirn. Mein Freund hatte Frieden.

Zwei Wächter schnitten ihn ab, und er fiel auf sein Gesicht. Sie ließen mich und zwei andere ihn aufheben und in eine Ecke unserer Baracke bringen, die als »Klinik« ausgegeben wurde. Später wurde seine Leiche weggeschafft.

In dieser Nacht lag ich auf der Pritsche und weinte um Sammy und um mich selbst. Seine Qual war vorbei, aber meine ging weiter. Wieder hatte ich einen Bruder verloren. Wieder war ich allein.

Am folgenden Tag wurde mir eine Arbeit nicht weit vom Tor zugeteilt. Plötzlich, am frühen Nachmittag, hörte ich Schüsse. Ich ließ mich auf den gefrorenen Boden fallen, mein Gesicht nach unten.

Ich hörte weitere Schüsse und Stimmen von Wachposten, die durcheinanderriefen. Ich schaute auf und sah, daß die Tore offen waren und Männer in Zivil ins Lager stürmten. Etwa sieben oder acht waren es wohl. Auf Polnisch, Deutsch und Jiddisch riefen sie: »Wir sind Partisanen! Ihr werdet befreit!«

Zwei Militärlastwagen fuhren dröhnend durch das Tor, und Soldaten mit Maschinengewehren sprangen heraus. Alle Partisanen wurden getötet. Es ging alles so schnell, daß ich nicht einmal Verzweiflung empfand. Es blieb überhaupt keine Zeit, über

Flucht nachzudenken, bevor alles vorbei war. Etwa eine Woche später versuchte eine größere Gruppe, 25 oder 30 Männer, uns zu befreien. Auch sie wurden alle getötet.

Ich war froh, daß sich jemand um mich und die anderen sorgte; aber es war hoffnungslos. Die Nazis waren zu viele. Wir würden nie fliehen können.

Ein paar Tage später, beim Appell, merkten wir, daß irgend etwas Schlimmes passieren würde. Wir waren von doppelt soviel Wachposten umgeben, und wir sahen Soldaten und Lastwagen draußen vor den Toren. Grzimek stapfte die drei Stufen hinauf und stand auf dem hölzernen Podium; er starrte uns einige Minuten an.

»Ihr *Schweine* habt Gück!« schrie er. »Ihr habt schon wieder ein Glückslos gezogen!«

Er machte eine Pause und entblößte seine Zähne zu einem widerlichen Lächeln. Ich fragte mich, wer wohl dieses Mal umgebracht würde.

»Ihr kommt in ein anderes Ferienlager! Habt ihr ein Glück!« Er lachte, stieg vom Podium herunter und ging.

Den ganzen Tag über standen wir da im Schnee, ohne Essen, ohne Wasser. Nach etwa einer Stunde fing der Mann vor mir an, vorwärts und rückwärts zu schwanken, dann brach er zusammen, ein schmutziges Lumpenbündel. Im Lauf der Zeit sah ich noch andere, sie lagen, wo sie hingefallen waren, bewußtlos oder tot.

Die Toten waren frei, wie Sammy, wie meine Familie. Ihnen ging es besser. Nein, sagte ich zu mir. Du darfst nicht aufgeben. Ich versuchte, meinen Kopf ganz leer zu machen, an nichts zu denken, nur dazustehen und zu warten, in einer Art von Trance.

Grzimeks Stimme holte mich zurück in die Realität. Ich machte die Augen auf. Einen Augenblick schien die große Gestalt, die da auf dem Podium stand, ein böser Geist zu sein, ein Dibbuk. Nun, er war ein Teufel.

»Leert eure Taschen aus!« brüllte er. »Werft alles vor euch auf den Boden. Alles! Wer irgendwas behält, wird erschossen!«

Geld, Gold, alles mögliche an Schmuck kam aus den zerlumpten Kleidern zum Vorschein. Ich wußte, daß manche die Wertsachen, die sie bei den Leichen im Ghetto gefunden hatten, aufgehoben hatten. Und sie hatten Gegenstände verschluckt, bevor sie sich im Lager ausziehen mußten, oder in ihren Körpern versteckt. Aber ich konnte nicht fassen, was für ein Vermögen hier auf dem Boden lag.

Wachposten gingen durch die Reihen zwischen den Gefangenen, sammelten die Schätze aus dem dreckigen Schnee auf und stopften sie in Kleidersäcke. Ich fragte mich, wieviel wohl in ihre eigenen Taschen wanderte.

Es muß nach Mitternacht gewesen sein, als die Wachen uns zuriefen, wir sollten durch das Tor nach draußen gehen. Dort kletterten wir auf die Lastwagen und fuhren bis zu einer Bahnstation, wahrscheinlich in der Nähe von Tarnów.

Dort stand ein langer Güterzug, der über den beleuchteten Bahnsteig noch weit hinaus in die Dunkelheit reichte. Soldaten trieben uns in den Zug, mindestens 100 Personen wurden wie die Ölsardinen in jedem Waggon zusammengepfercht. Es gab keinen Platz zum Sitzen, man konnte sich nicht einmal bewegen. Die einzige Luftzufuhr kam durch eine kleine, etwa 60 cm breite und 45 cm hohe Öffnung, hoch oben in der Waggonwand, die mit Stacheldraht überzogen war.

Einem jungen Mann, der neben mir an die Wand gedrückt stand, gelang es irgendwie, den Stacheldraht zu lockern, und er schob ihn auf die eine Seite. Dann zog er sich hoch, zwängte seinen Körper durch die Öffnung und verschwand. Nach wenigen Minuten folgte noch ein Mann und dann noch einer und noch einer; sie alle fielen in die Dunkelheit. Auch junge Frauen bahnten sich einen Weg durch den vollgestopften Waggon und flohen durch das Fenster.

Ein älterer Mann, der neben mir stand, murmelte: »Ich wünschte, ich hätte den Mumm, das zu tun. Ich weiß nicht, wohin man rennen könnte. Aber ich weiß, wohin wir gebracht werden. Ich wette, sie bringen uns nach Auschwitz.«

Ich antwortete nicht. Statt dessen dachte ich plötzlich: »Oh

Gott, jetzt kann ich mich setzen!« Ich glitt an der Seitenwand hinunter und sank auf den Boden.

Tage und Nächte vergingen. Der Zug rollte immer weiter. Ab und zu blieb er stehen und fuhr dann mit einem Ruck wieder an. Vier Tage ohne Essen, ohne Wasser. Ich glaubte nicht, das noch viel länger aushalten zu können. Viele Menschen in dem Waggon waren tot oder halbtot. Es gab niemanden, mit dem man sprechen, nichts, auf das man hoffen konnte.

Fünfzehntes Kapitel

Der Zug hielt und setzte sich dann wieder in Bewegung. Die Räder schürften auf den Gleisen, als er anfuhr; bald darauf blieb er stehen. Ich hörte Schritte auf dem Schotter und Rufe auf Deutsch. Offenbar war der Zug von Wachposten umstellt, aber ich war zu klein, um sie durch das hoch gelegene Fenster sehen zu können.

Eine laute Stimme rief: »Tür öffnen!«

Die Waggontür glitt ein paar Zentimeter zur Seite und öffnete sich dann, unter dem Druck vieler Hände, ganz. Draußen standen Soldaten mit Maschinengewehren. Männer in gestreifter Häftlingskleidung kletterten in den Waggon; sie trugen lange hölzerne Schlagstöcke.

»Raus, ihr *Schweine*! Raus hier!«

Sie kamen auf uns zu und schwangen ihre Schlagstöcke. Wer es schaffte, auf die Beine zu kommen, versuchte, den Schlägen auszuweichen. Die Posten schwangen die Schlagstöcke und Stükke schwerer Gummischläuche, mit Stahlkabeln innen drin, die noch mehr weh taten.

Ich glaubte, wir würden auf einen Bahnsteig treten. Statt dessen ging es etwa einen Meter in die Tiefe. Die Menschen traten ins Nichts und stürzten; sie schrieen, als sie übereinanderfielen.

Als ich die Waggontür erreicht hatte, sprang ich so weit ich konnte. Mein einer Fuß verfing sich in dem Haufen aus menschlichen Körpern, und ich fiel der Länge nach hin. Mit aufgeschlagenen Knien und zerkratzten Händen rappelte ich mich auf.

Als alle Lebenden den Zug verlassen hatten, sprangen die Wächter ab und schlugen auf die am Boden Liegenden ein. Manche standen nie wieder auf.

Riesige Flutlichter beleuchteten das Gelände. Unser Waggon

war fast der letzte des Zuges und außerhalb des Bahnsteigs stehengeblieben. Deshalb waren die Menschen beim Aussteigen gefallen. Ich schaute in Richtung Lokomotive. Tausende von Menschen standen auf dem Bahnsteig oder liefen darauf zu. Manche stolperten und blieben liegen. Andere versuchten, den Gewehrschlägen der Soldaten auszuweichen. Hunde knurrten und fielen die Gefangenen an, die an den Ecken der Menge standen.

Auf einmal wurde mir etwas hart in die Rippen gestoßen. Ich stöhnte auf und stolperte.

»Lauf, du dreckiger kleiner *Schweinehund*!«

Der Soldat zeigte auf den vorderen Zugteil. Ich rannte los und kletterte die Stufen zum Bahnsteig hinauf.

Am anderen Ende schritt ein SS-Offizier auf und ab. Als wir in Fünferreihen standen, stieg er auf eine Kiste und rief: »*Ich bin Hauptsturmführer Schwartz.* Tut, was ich euch sage, oder ihr werdet es bereuen.«

Wir warteten. Genau wie in Szebnie bissen uns die Hunde und zerrten an Kleidern und Fleisch. Es gab keine Möglichkeit, ihnen zu entkommen. Wenn jemand sich auch nur rührte, wurde er von einem Soldaten zurück in die Menge gestoßen.

Bald fuhren dröhnend Lastwagen vor und hielten entlang des Bahnsteigs. Jeder hatte seitlich einen großen runden Tank, wie ein Boiler.

Ein anderer SS-Offizier schritt die Reihen ab und schlug mit einem Stück Drahtseil auf seine linke Handfläche. Er rief: »Du nach links«, oder »du nach rechts« und schwang dabei das Seil in Richtung der jeweiligen Personen. Diejenigen, die er nach links geschickt hatte, mußten auf die Lastwagen steigen. Tausende wurden abtransportiert, bis nur noch ein paar Hundert von uns unter den Flutlichtern standen.

Schließlich befahl uns der SS-Mann, geradeaus zu gehen, die Stufen am Ende des Bahnsteigs hinunter. Meine eine Seite tat sehr weh, und ich war so schwach, daß ich kaum die Füße heben konnte.

Vor einer riesigen Baracke blieben wir stehen. Aufseher befahlen den ersten Reihen, hineinzugehen, und nach wenigen

Minuten begannen die Schreie. Flüsternd sprachen wir miteinander; wir hatten Angst vor einer neuen Bestrafung.

Dann war meine Reihe dran. Ein fetter Aufseher stand neben der Tür. »Ausziehen!« schrie er.

Ich zog mich aus, und ein größerer Aufseher packte meinen Arm. Mit der anderen Hand fuhr er mir mit einer Schere über den Kopf, hin und zurück, bis ich kahlgeschoren war. Es war Winter – November 1943 – und sehr kalt. Ich stand in der langen Reihe, nackt und zitternd.

Es dauerte fast bis zum Morgen, bis ich am Anfang der Reihe war. Ein Aufseher packte mich am Arm und riß mich zu sich her. Ich zuckte zusammen und verzog das Gesicht, als er eine Schreibfeder in meinen Unterarm stieß.

Der Mann grinste. »Gefällt dir das nicht?« fragte er.

Er schlug mir mit der flachen Hand ins Gesicht und schlug mir zwei Vorderzähne aus. Blut spritzte mir aus Nase und Mund.

»Du findest, das tut weh? Wart's ab! Weißt du, wo du bist?«

»Nein.«

»In Auschwitz bist du. Wozu, glaubst du, bist du hierhergekommen? Um Ferien zu machen? Hier werden wir euch loswerden, du Bastard!«

Er stach mir die Feder tief ins Fleisch, zog sie ruckartig raus und stieß wieder zu, wieder und wieder. Jedesmal, wenn er sie rauszog, betete ich, es möge das Ende sein. Mein Arm tat so weh, daß ich meine anderen Schmerzen vergaß.

Er stieß mich weg und griff nach dem nächsten.

Ich war keine Person mehr. Nur noch eine Nummer – 161051. Ich fühlte mich verlorener als je zuvor. Mein Körper wurde geschüttelt, aber ich wollte nicht, daß sie mich schluchzen sahen.

Warum war ich unter das Sofa gekrochen? Das fragte ich mich. Warum nur!

Ein Mann, der hinter mir stand, legte mir die Hand auf die Schulter.

»Junge«, flüsterte er, »nicht weinen. Du kannst nichts ändern. Versuch, zu überleben.«

Ein Aufseher stand neben einem Haufen Kleider mit schwarz-weißen Streifen. Er warf mir eine Jacke und eine Hose zu, Schuhe mit Holzsohlen, ein Stück Stoff, auf dem meine Nummer stand, eine Nadel und Faden. Ich zog die Hosen und die Schuhe an; alles war mir viel zu groß.

Keiner sagte mir, was ich mit dem Stück Stoff machen sollte, aber als ich die anderen, die vor mir waren, anschaute, sah ich, daß sie es vorne an ihre Jacken genäht hatten. Ich machte es genauso.

Dann ging ich hinaus und stellte mich zu den anderen. Lastwagen kamen, und die Wachen schrieen uns zu, wir sollten aufsteigen. Als ich versuchte, mich hochzuziehen, schlug mir einer von ihnen – ein junger mit einem blonden Schnurrbart – seinen Schlagstock auf den Rücken. Schließlich beugten sich zwei Männer herunter, ergriffen meine Arme und zogen mich hoch.

Mein Rücken tat fürchterlich weh. Wenn ich geradestehen wollte, fühlte es sich an, als steckte ein Messer in mir. Bestimmt waren einige Rippen gebrochen.

Die Lastwagen fuhren uns zu einem Teil von Auschwitz mit Namen Birkenau. Dort standen riesige Holzbaracken, so weit ich sehen konnte. Jede von ihnen bestand aus einem einzigen Raum, der fast vollständig ausgefüllt war mit Schlafstellen, drei Etagen übereinander. Darauf lagen Strohsäcke. In der Mitte lief durch die gesamte Länge des Gebäudes ein langer Kamin, eine Art Heizung.

Ich wollte in die oberste Reihe, wo es schwierig für die Wächter sein würde, mich zu schlagen. Stöhnend vor Schmerz stand ich neben der untersten Reihe; dann zog ich mich, an der zweiten vorbei, bis zur dritten hinauf. Dort brach ich zusammen, ich konnte kaum mehr atmen, so stark schmerzten meine Brust und mein Rücken.

Die Schlafkojen waren nicht getrennt. Jede Etage bestand aus einem einzigen langen Bett, wo Hunderte von Männern einer neben dem anderen lagen. Zu fünft oder sechst teilte man sich eine grobe graue Decke.

Ein Barackenaufseher, ein *Kapo*, stampfte rein und stellte sich neben die Tür.

»Herhören!« rief er. »Mein Name ist Potok, und ich werde dafür sorgen, daß ihr euch wünscht, niemals hierhergekommen zu sein. Ihr werdet euch wünschen, mir nie begegnet zu sein.«

Ich fragte mich, ob er schlimmer sein könnte als die Wachposten in Szebnie.

Er ging die Pritschen entlang, packte einen Mann aus der Mittelreihe, genau unter mir, am Fuß und zerrte ihn auf den Boden. Keiner sagte ein Wort, als der Häftling ausgestreckt auf dem Bauch lag.

Der *Kapo* beugte sich vor, sein Gesicht war ganz nah an dem des Mannes.

»Du siehst aus, als würdest du was verstecken«, sagte er. »Ich wette, du hast was Wertvolles in deinem Körper. Gib es her!«

Der Mann rollte auf den Rücken und streckte seine Hände aus, die Handflächen nach oben.

»Nein.« Ich konnte ihn kaum hören. »Ich habe nichts.«

»Du hast nichts?«

Der Mann sprach lauter. »Nein, Herr! Nichts!«

Potok lächelte. »Ich werde es rauskriegen.«

Er zog ein langes dünnes Messer aus einer Scheide an seinem Gürtel.

»Gib's her oder ich schneide dich auf.«

»Bitte nicht!« Der Mann wollte aufstehen, aber Potok stieß ihn mit dem Fuß nieder.

»Umdrehen!« brüllte er und trat dem Mann an den Kopf.

Schreiend drehte sich der Häftling um und lag mit dem Gesicht auf dem Boden. Potok schnitt die Hosen des Mannes auf, dann stieß er ihm das Messer in den Anus und schnitt Stücke von Fleisch heraus.

Schreie gellten durch meinen Kopf; ich hielt mir die Ohren zu.

Die Schreie hörten auf, und der *Kapo* lachte. »Seht ihr«, sagte er, »er hatte nichts.«

Er zog andere aus den Pritschen, ließ sie auf dem Rücken liegen und quetschte ihnen die Luftröhre mit seinen schweren Stiefeln zusammen. Dann drehte er sie um und metzelte sie, wie er es bei dem ersten Mann gemacht hatte.

Wir anderen lagen in unseren Pritschen, manche sahen hin, manche machten die Augen zu.

»Wißt ihr, was der Rauch bedeutet?« fragte ein Mann mit dem Davidstern, als wir am nächsten Tag vor den Baracken standen. Er deutete mit dem Kopf auf eine graue Rauchsäule, die hinter einem hohen Zaun aufstieg.

»Sie verbrennen die Leichen. Es hört und hört nicht auf.«

»Was meinen Sie?«

»Sie ermorden die Leute mit Gas und anschließend verbrennen sie die Leichen. Wußtest du das nicht?«

»Nein«, sagte ich.

»Erinnerst du dich an die Lastwagen am Bahnhof, mit den Tanks an der Seite?«

»Ja.«

»Also, die Leute, die zu alt oder zu krank sind, um arbeiten zu können, werden in diesen Lastwagen vergast und anschließend verbrannt. Dasselbe passiert mit denen, die sie nicht mehr brauchen können. Mengele kommt alle zwei Wochen und macht die ›Selektion‹ für die Gaskammer.«

»Mengele?«

»*Dr.* Mengele. Du wirst den kleinen Bastard noch früh genug zu sehen kriegen. Bete nur, daß du nicht erschöpft aussiehst.«

Nach Monaten des Hungerns sah ich aus wie ein *Muselmann* – nichts als Haut und Knochen, halbtot, Knochen, die aus dünnem Fleisch hervorstachen, der Lebenswille gebrochen.

Ich war bei Mengeles drittem Besuch dran; ich stand in einer langen Reihe nackter Männer und Jungen. Die meisten waren *Muselmänner.* Einer nach dem andern blieben wir vor ihm stehen, der steif und aufrecht auf einem geraden Holzstuhl saß. Seine kalten grünlichen Augen blickten jeden einzelnen an, dann zeigte er – häufiger, als er es nicht tat – auf die Nummer, die auf einen eingeschrumpften Unterarm tätowiert war. Ein Assistent schrieb sie in ein Buch, und der Mann wurde zu einem wartenden Lastwagen gestoßen.

Aber ich hatte noch nicht aufgegeben; ich wollte überleben.

Ich mußte Mengele zeigen, daß ich arbeitsfähig war. Ich erinnerte mich an Romeks Worte, als wir – ein ganzes Leben war das her! – registriert wurden:

»Steh stramm, sieh ihnen in die Augen. Sprich laut!«

Ich hatte keine Gelegenheit, laut zu sprechen, aber ich stand stramm und sah Mengele in die Augen. Der Mann vor mir war zusammengesackt und hatte auf den Boden geblickt.

Mengele schien von meinem Verhalten überrascht. Er zögerte, aber dann zeigte er mit einem Finger auf meine Nummer.

Ein Aufseher stieß mir einen Gewehrlauf in den Rücken, und ich stolperte davon. Mehr als 100 Leute aus meiner Baracke waren an diesem Tag zum Tod ausgewählt und zum Krematorium in Birkenau gebracht worden. Ich war einer von ihnen.

Wir stiegen von den Lastwagen ab, bildeten eine Reihe vor den Türen, an denen »Duschen« stand, und warteten. Wir wußten, daß wir hier waren, um zu sterben.

»Tut mir leid, Mama«, sagte ich. »Ich hab's versucht.«

Ich zog das Stückchen Brot heraus, das ich von meiner Ration übrigbehalten hatte, und steckte es in den Mund. Es gab keinen Grund, es länger aufzuheben.

Ein zweiter Transport traf ein, und die Lastwagen wurden abgeladen. Massen von Leuten wurden vor uns eingereiht. Jemand in dem Gebäude schob die Türen auf, und die Reihe begann, sich in jenen entsetzlichen Raum zu bewegen.

Mit jedem Schritt, den ich weiter nach vorn kam, ließ meine Verzweiflung nach. Ich hatte mein Bestes getan, um zu überleben. Mama würde Verständnis haben.

Der Mann vor mir ging durch die Tür, und ich folgte ihm. Da hielt ein Aufseher sein Gewehr vor mich.

»Ihr übrigen zurück«, befahl er. »Es ist kein Platz mehr.«

Die Tür wurde zugeschoben. Ich hatte überlebt!

Wir circa 50, deren Leben für diesmal verschont geblieben war, gingen zu einem Lastwagen. Eine Frau kam auf mich zu, ergriff meine Hand und drückte sie fest.

»Du wirst leben!« sagte sie. »Ich weiß es.«

Wir stiegen in den Lastwagen und fuhren zurück zur Baracke.

Immer wieder sagte ich zu mir: Ich werde leben, ich werde leben. Ich war überzeugt, daß es mehr als nur Glück gewesen war, was mich gerettet hatte. Ich erinnerte mich an den alten Mann in Tarnów nach dem Massaker. Er hatte zu mir gesagt: »Gott will, daß du lebst.« Ich würde weiter um mein Überleben kämpfen.

Als ich die Baracke betrat, schrie der Aufseher und schlug einen Häftling mit einem Stück Schlauch. Ich zählte 25 Schläge.

Dann hörte er auf und wandte sich uns zu.

»Alle ausziehen!« rief er. »Rausgehen.«

Es war Winter, vielleicht Februar, mit Temperaturen unter dem Gefrierpunkt. Wir standen ungefähr zwei Stunden lang nackt im Schnee. Fast alle älteren Menschen starben. Später erfuhr ich, daß wir bestraft wurden, weil jemand ein Stück Brot aus dem Zimmer des Baracken-Aufsehers gestohlen hatte. Er wußte, wer es gewesen war, aber er bestrafte uns alle.

Das Leben in Birkenau hatte ein festes Schema. Neue Transporte trafen ein; viele Menschen wurden direkt zum Krematorium geschickt. Meine Baracke füllte sich wieder mit den anderen. Bald würde Mengele wiederkommen und weitere *Muselmänner* aussortieren, und eine neue Ladung würde zum Vergasen fahren.

Tag und Nacht trafen Transporte in Auschwitz ein. Es gelang den Nazis nicht, sie alle zu vergasen, deshalb ließen sie lange Gräben ziehen. Sie warfen Männer, Frauen und Kinder hinein, übergossen sie mit Benzin und verbrannten sie bei lebendigem Leibe. Die Schreie dieser Menschen werde ich niemals vergessen.

Viele gaben auf. Ab und zu durften wir außerhalb der Baracken herumgehen, und jedesmal sah ich Menschen, unfähig, weitere Leiden und Erniedrigungen zu ertragen, zum Zaun laufen und die geladenen Drähte berühren.

Unsere Toilette war ebenfalls eine große Baracke, mit Löchern überall im Boden. Es gab kaum Stellen, wo man auf den glitschigen Brettern laufen konnte, sie waren bedeckt mit gefrorenem Urin und Fäkalien. Manchmal fielen Menschen durch ein Loch in die menschlichen Exkremente.

Jedesmal, wenn ich dort hinging, bat ich Gott, zu verhüten, daß ich da hineinfiele. Es wäre besser, erschossen zu werden, als auf solche Weise zu sterben. Ich war so schmächtig, daß ich leicht hätte durchfallen können.

Auch andere hatten davor Angst. Manche urinierten lieber in ihre Suppenschüsseln, als auf die Toilette zu gehen. Der Barakkenaufseher kam dahinter und ließ uns wieder nackt draußen stehen.

Nach zwei Wochen mußten wir wieder vor Mengele antreten. Wieder sortierte er mich aus fürs Gas. Dieses Mal fuhren wir zu einem anderen Krematorium, im Hauptgelände von Auschwitz. Der Kippwagen, der uns transportierte, fuhr rückwärts zu einem offenen Tor. Die Ladefläche ging hoch, und wir rutschten hinunter.

Wir rutschten in einen Gang, nicht in die Gaskammer. An der einen Seite des Gangs stand ein hoher Tresen. Ich schlüpfte darunter und bedeckte mich mit den Kleidern, die hier aufgestapelt waren.

Von meinem Versteck aus hörte ich die Menschen schreien, als die Aufseher sie mit jenen großen hölzernen Schlagstöcken schlugen und in die Gaskammer trieben. Ich hörte das Dröhnen, als die schweren Stahltüren zugeschoben wurden.

In der Stille, die dann folgte, spähte ich hinaus. Niemand war zu sehen. Ich schlich hinter dem Tresen hervor und ging in Richtung der Tür, die nach draußen führte. Ich hatte keine Vorstellung, wohin ich gehen sollte. Ich wollte nur raus.

Jemand packte meinen Arm und riß mich herum, daß ich ihn ansah.

»Was machst du hier?« fragte er.

Vorne im Flur sah ich, wie Männer Kleider sortierten, die den Vergasten weggenommen worden waren.

»Ich bin verwechselt worden, Herr«, sagte ich. »Ich sollte eigentlich dort vorn Kleider sortieren.«

»Was machst du denn dann hier? Du solltest bei deiner *Sonderkommando*-Gruppe sein. Geh an deine Arbeit.«

»*Jawohl.*«

Er schob mich in Richtung der anderen. Wieder war ich gerettet.

Ich arbeitete dort etwa drei Wochen lang und sortierte Kleider, die Menschen ausgezogen worden waren, die man vergast hatte. Jacken auf einen Stoß, Hosen auf einen anderen, Schuhe auf einen Haufen. Dann stellte sich eines Tages der Aufseher hin, die Hände in den Hüften.

»Du *Schwein* hast es zu leicht«, sagte er. »Es wird Zeit, daß du was Richtiges arbeitest.«

Von da an mußte ich in der Gaskammer selbst sortieren. Meine Aufgabe war es, Goldzähne aus den Mündern der Toten zu brechen. Als ich all die Leichen zum erstenmal sah, Männer, Frauen und Kinder, mußte ich mich übergeben. Das Gefühl des Grauens verließ mich nie, aber nach der ersten Woche mußte ich nicht mehr erbrechen.

Ein Transport, der fast ausschließlich aus Frauen und Kindern bestand, kam zum Krematorium. Als ich hereinkam, sah ich eine junge Frau, vielleicht um die 30, auf dem Boden liegen; sie hatte ein Baby in ihren Armen. Das Baby lebte, es saugte noch an der Brust der Mutter.

Ich nahm das Kind, ein hübsches kleines Mädchen. Tränen liefen mir übers Gesicht, als ich sie im Arm hielt und sie mich ansah. Ich überlegte, wie ich das Baby retten könnte. Ich wußte, daß es in der Nähe ein Frauenlager gab. Wenn ich das Baby zu den Frauen schmuggeln könnte, könnten die es vielleicht retten.

»Was machst du da mit dem Baby?« fragte mich ein Aufseher.

»Nichts. Sie war bei ihrer Mutter. Ich wollte sie zu Ihnen bringen.«

»Du lügender Judenbastard, das wirst du mir büßen.« Er packte das Baby und warf es ins Feuer.

Dann zog er seinen Revolver, bohrte ihn mir in den Rücken und zwang mich, vor ihm herzulaufen. Er ging zum Ende des Lagers, in die Nähe des Stacheldrahts. Dort stand ein kleines Gebäude. Er klingelte. Die Tür ging auf. Er schob mich hinein, dabei versetzte er mir einen kräftigen Schlag.

Hinter einem Schreibtisch saß ein Nazi-Offizier. Ich sah ihn an und sagte: »Ich vermute, das ist das Ende meines Lebens.«

Ich erkannte ihn wieder. Ich hatte ihm oft Büchsen mit Zyklon

B gereicht, die er vom Dach in die Gaskammer schüttete und damit das Giftgas erzeugte.

Er sah mich an. Dann sagte er: »Du hast ein Verbrechen begangen, und ich werde dich dafür büßen lassen.«

Sie banden mich mit dem Kopf nach unten an einen großen Stuhl. Einer der *Kapos* fing an, mich mit einem Gummischlauch zu schlagen, der innen ein Drahtseil hatte. Ich sollte jedesmal zählen, wenn er mich schlug, aber ich hatte solche Todesangst, daß meine Stimme versagte. Immer wenn ich aufhörte zu zählen, fing er von vorne an. Er schlug mich und schlug mich.

Schließlich hörte er auf, und sie banden mich los. Als ich auf dem Boden lag, stand der Offizier über mir und sagte: »Für dich ist sterben zu gut. Du wirst dir noch wünschen, ich hätte dich getötet. Du wirst dich bis ans Ende deines Lebens an mich erinnern!«

Am folgenden Morgen wurde eine Gruppe von uns auf einen Konvoi von fünf oder sechs Lastern geladen und weggefahren. Ich erkannte den Weg zum Teil wieder. Als ich ganz klein war, waren wir oft hierher gefahren, es war nicht sehr weit von Kattowitz. Erinnerungen an jene Zeiten stiegen in mir auf, und ich weinte.

Der Laster bog scharf auf, eine Staubstraße ein und hielt vor einem hohen Holztor. Darüber sah ich einen Schriftzug, wie den in Auschwitz, nur ein bißchen anders: *Arbeit macht das Leben frei.*

Das Tor schwang auf, und wir fuhren durch, in ein anderes Lager. Ich war in Jawischowitz, im Bergwerk. Ich hatte schon von Jawischowitz gehört – es war ein Straflager.

Sechzehntes Kapitel

Ich glitt von dem Laster auf den schneebedeckten Boden und fröstelte in dem kalten Vorfrühlingswind. Ein SS-Offizier zeigte mit seiner behandschuhten Hand auf mich und rief:

»Du! Kleiner! Komm her!«

Ich rannte hin und stand vor ihm.

»Geh in den Keller da drüben und schieb' die Bretter durch das Fenster raus. Verstanden?«

»*Jawohl!*«

»Beeil dich!«

Er zeigte auf fünf andere Jungen: »Und ihr geht mit!«

Die langen Bretter waren schwer, aber es gelang mir, eins bis zum Fenster zu schleppen und hinauszuschieben. Als ich mich zum nächsten umdrehte, sah ich auf einem Stoß Ziegelsteine etwas liegen. Ich hob es auf und erkannte in dem trüben Licht, was es war: ein Paar Handschuhe!

Plötzlich schlug mich jemand so hart ins Gesicht, daß ich rückwärts stolperte. Blut quoll aus meiner Nase, und ich sah alles nur noch verschwommen. Ich schüttelte meinen Kopf und wischte mein Gesicht mit meinem schmutzigen Ärmel ab.

»Du hast meine Handschuhe gestohlen!«

Ein Mann in Häftlingskleidern stand vor mir und starrte mich böse an; sein Mund bildete eine schnurgerade Linie unter einem kleinen Schnurrbart.

»Ich habe Ihre Handschuhe nicht gestohlen. Ich habe sie nur aufgehoben, um zu sehen, was es war. Ich komme aus einem anständigen Elternhaus, und ich habe von meinen Eltern gelernt, niemals zu stehlen.«

Sein Blick wurde sanft; er zog ein sauberes Taschentuch aus der Tasche und wischte mein Gesicht ab.

»Es tut mir leid«, sagte er. »Ich habe nicht gemerkt, daß ich einen Jungen geschlagen habe. Wer bist du? Bist du neu im Lager?«

»Ja. Mein Name ist David Faber.«

»Wo warst du zuhause?«

»In Polen, in Kattowitz.«

»Lebt von deiner Familie noch jemand?«

»Nur eine Schwester. Sie fuhr zur Weltausstellung nach Paris und kam nicht mehr zurück. Es gelang ihr, nach England zu gehen.«

Er faltete das Taschentuch zusammen und steckte es wieder ein.

»Ich habe auch in Paris gelebt«, sagte er. »Wo wohnte deine Schwester? Hattet ihr Verwandte dort?«

»Ja. Sie wohnte bei unserem Onkel Mila, rue du Temple.«

»Mila Faber? Den Namen kenne ich. Er besaß eine Reifenfirma.«

Er legte mir die Hand auf den Kopf. Das war die erste freundschaftliche Berührung seit Sammys Tod.

»Du kommst wirklich aus einer guten Familie. Es tut mir leid, daß ich dich geschlagen habe.« Er lächelte mir zu. »Du hast doch sicher Hunger.«

»Oh ja, ich bin sehr hungrig.«

»Ich heiße Paul. Paul Grachstein. Ich bin der Elektriker hier im Lager. Ich werde dir helfen, wann immer ich kann. Komm jetzt mit, ich gebe dir was zu essen.«

Da fing ich an zu weinen. Paul legte seinen Arm um mich und hielt mich fest, bis ich sagen konnte: »Danke.«

»Laß uns gehen«, sagte er.

Ich stieg hinter ihm eine hölzerne Treppe hinauf, die zu einem kleinen Raum im Erdgeschoß der Baracke führte. An den Wänden standen Regale mit allen möglichen Elektrogeräten. Paul schob eins zur Seite, und dahinter kam eine Blechbüchse zum Vorschein. Er öffnete den Deckel und nahm ein Stück Brot und ein Glas Marmelade heraus. Er strich mit seinem Löffel eine dicke Schicht Marmelade auf das Brot und reichte es mir.

Seit mein Bruder und ich in Richter Valahs geheimem Zimmer versteckt waren, hatte ich keine Marmelade mehr gesehen. Ich wußte nicht, woher er sie hatte, und es war mir auch egal. Worauf es einzig ankam, war, daß ich einen Freund gefunden hatte, der für mich sorgte.

Meine Hand zitterte, als ich das Brot zum Mund führte und ein kleines Stückchen abbiß. Ich kaute ganz langsam, um so lange wie möglich den Geschmack und das Gefühl von etwas Eßbarem im Mund zu behalten.

»Danke, Paul«, sagte ich, als das Brot alle war und ich ein Restchen Marmelade von meinen Fingern abgeleckt hatte. »Vielen Dank.«

Er lächelte und streckte seine Hände aus, die Handflächen nach oben.

»Wir müssen uns gegenseitig helfen«, sagte er. »Komm jeden Tag her und ich werde dir genug geben, um dich am Leben zu halten. Und ich werde versuchen, dich aus dem Bergwerk rauszuhalten. Da unten würdest du zugrunde gehen.«

Er klopfte mir auf die Schulter. »Es ist besser, du gehst jetzt, bevor der Aufseher dich vermißt.«

»Wo warst du?« fragte einer der Jungen, als ich in den Keller zurückkam.

»Ich mußte dem Elektriker bei etwas helfen«, sagte ich.

Ich konnte ihnen nichts von dem Essen erzählen, nicht, wenn ich wollte, daß Paul mir auch weiterhin half. Er hätte Schwierigkeiten bekommen, und ich wäre genauso schlecht dran gewesen wie vorher.

»Während wir die ganze schwere Arbeit machen!« sagte der Junge. »Das ist nett!«

Ich hob das eine Ende eines Brettes und zog es zum Fenster.

Wenige Minuten später rief ein Aufseher die Kellertreppe herunter:

»Appell! Appell!«

Wir rannten raus auf das große offene Gelände, das von Baracken umgeben war. Von allen Seiten kamen Männer und stellten sich in Fünferreihen auf.

Ein SS-Mann rief Nummern auf, und ich hörte, wie überall um mich herum die Gefangenen »Ja!«, »Ja!« antworteten. Ich wiederholte im Geist immer wieder die Nummer 161 051, vor Angst, sie nicht rechtzeitig zu hören und geschlagen zu werden, wenn ich nicht antwortete. Endlich kam sie dran, und ich schrie: »Ja!«

Danach dachte ich an nichts mehr, außer, wie kalt mir war und daß ich morgen von Paul wieder etwas zu essen bekommen würde. Alle Nummern waren aufgerufen; da hörte ich eine andere Stimme.

»Ich bin Oberst Heinrich Bischoff, der Kommandant dieses Lagers. Ich wünsche, daß ihr, die neu angekommenen Häftlinge, wißt, daß ihr bei nicht korrektem Verhalten hart bestraft werdet. Hier ist Jawischowitz! An diesem Ort erwartet euch der Tod, wenn ihr Befehle nicht befolgt!«

Er redete immer weiter, die gleichen Drohungen, die ich auch vorher schon immer gehört hatte. Ich versuchte wegzuhören. Nach einer langen Zeit hörte er auf, und ich fragte meinen Nachbarn: »Hat er irgendwas gesagt?«

»Wir sollen uns beim Barackenaufseher melden. Er sagt uns, welche Arbeit wir tun müssen und wo wir was zu essen kriegen.«

Als ich wieder in die Baracke kam, sah ich drei Jungen in der Nähe der Tür beeinanderstehen. Sie schienen ungefähr in meinem Alter zu sein, und ich dachte, wie schön es wäre, noch ein paar Freunde zu haben.

»Hallo«, sagte ich lächelnd. »Ich heiße David Faber. Darf ich dazukommen?«

Einer der Jungen, er war groß, mit dunklen Haaren und Augen, sah mich an. »Klar«, sagte er. »Ich heiße Jacob Banah.«

»Ich bin Chaim Weiner, aus Jaslo.« Der zweite war klein, mit hellbraunen Haaren.

»Ich komme aus Kattowitz«, sagte ich.

»Krakau«, sagte Jacob.

Der dritte Junge sprach lauter. »Ich heiße Janny. Ich komme aus Lwow. Vielleicht können wir uns gegenseitig helfen, wenn wir zusammenhalten.«

Ein anderer Junge, noch kleiner als ich, kam zu unserer Gruppe.

»Hallo«, sagte er. »Ich bin Sammy Laufer. Ich kenne hier niemanden. Kann ich zu euch kommen?«

Chaim runzelte die Stirn. »Wir sind schon vier. Vielleicht paßt es dem *Kapo* nicht, wenn sich so viele zusammenschließen.«

»Ob vier oder fünf, was macht das für einen Unterschied?« fragte ich. »Laß ihn doch dazukommen.«

Jacob und Janny waren einverstanden. Wir fanden alle fünf zusammen Platz auf der obersten Pritschenreihe. Mir war beinahe zumute, als hätte ich eine Familie.

Kurz vor Einbruch der Dunkelheit ertönte laute Militärmusik aus den Lautsprechern. Ich schaute hinaus und sah, wie eine lange Reihe von Männern ins Lager kam. Sie sahen völlig erschöpft aus, ihre Köpfe fielen nach vorn, ihre Arme hingen gerade herunter. Ihre Gesichter waren von Kohlenstaub verschmiert, auch die weißen Streifen ihrer Häftlingskleidung waren kaum mehr zu erkennen.

In einer der Reihen hing ein Mann zwischen zwei anderen; er hatte seine Arme um ihre Schultern gelegt, um sich überhaupt auf den Beinen halten zu können. Wenn er zu Boden fiele, würden die Aufseher ihn erschießen oder in die Gaskammer schicken, das wußte ich.

Genau davor wollte Paul mich bewahren.

Wenig später lagen wir fünf auf der obersten Pritsche und unterhielten uns über unsere Familien und wie es vor dem Krieg gewesen war. Wir bemühten uns, daß unsere einzige Decke von der einen bis zur anderen Seite reichte. Ich hatte Glück: Ich lag in der Mitte und hatte auf beiden Seiten jemanden, der sich an mich kuschelte, um es warm zu haben. Ganz außen lagen Jacob und Chaim. Sie zogen die Decke mal auf die eine, mal auf die andere Seite.

Eine laute Stimme unterbrach unsere Gespräche.

»Ich bin der Barackenaufseher, und ihr macht genau das, was ich euch sage! Das Licht ist jetzt aus, und ich will keinen Ton mehr hören! Sonst werdet ihr es bereuen!«

Keiner rührte sich mehr oder sagte ein Wort. Schließlich schlief ich ein. Es schienen nur Minuten vergangen, als der Lautsprecher wieder losdröhnte.

»Aufstehen! Der Waschraum ist in der nächsten Baracke. Ihr habt fünf Minuten Zeit, euch zu waschen und zurückzukommen!«

Überall um mich herum sprangen die Häftlinge von den Bettstellen und stürmten in die Waschbaracke. Sie war so überfüllt, daß ich überhaupt nicht in die Nähe des Wassers kam. Ich gab es auf und rannte ungewaschen zurück, aus Angst, geschlagen zu werden, wenn ich zu spät kam.

Ich ging ans Ende einer Reihe von Männern, die vor einem großen Kessel Schlange standen. Jemand berührte mich am Arm, und als ich mich umdrehte, sah ich Paul neben mir. Er beugte sich vor und sagte leise:

»Ich habe alles vorbereitet. Sobald du dein Essen hast, gehst du weg von dieser Gruppe. Die gehen ins Kohlebergwerk. Komm zu mir, ich bringe dich bei einem Bautrupp unter, der in einem *Schahkommando* arbeitet.

Ich nickte, zum Zeichen, daß ich ihn verstanden hatte.

Als ich vorn angekommen war, gab mir ein Häftling eine Emailschüssel, genau wie die in Birkenau. Ich tauchte sie in das Faß mit dünnem Kaffee. Dann gab mir ein anderer Häftling eine kleine Scheibe Brot.

Paul wartete, während ich den dünnen Kaffee trank und einen Bissen Brot aß. Dann brachte er mich zu einer Reihe von Männern, die neben einer anderen Baracke standen.

»Ich begleite dich«, sagte er. »Es ist alles vorbereitet.«

Ungefähr zu 100 verließen wir das Lager. Wir liefen über eine Stunde, bis wir an einem Eisentor mit der Aufschrift »I. G. Farben« ankamen.

Als wir drin waren, brachte mich Paul zum *Kapo;* er hieß Hans.

»Das ist David«, sagte Paul und zeigte auf mich. »Er ist ein prima Junge. Versuch, dich um ihn zu kümmern.«

»In Ordnung«, sagte Hans. »Ich tu, was ich kann.«

Er gab mir eine Spitzhacke; ich sollte einen Graben für ein Fundament ausheben. Er kam mir endlos lang vor. Ein Teil davon war bereits fertig. Männer befestigten Stahlstäbe darin und errichteten Holzverschalungen für die Betonmauern. Ich fragte einen von ihnen, was wir hier eigentlich bauten.

»Du hast doch das Firmenschild gesehen«, antwortete er. »Eine Art Rüstungsfabrik.«

Ein kalter Wind ließ meine Finger steif werden; sie taten jedesmal weh, wenn die Hacke auf den harten Boden aufstieß. Bald bekam ich Rückenschmerzen und fühlte ein Stechen in meiner Seite. Ich arbeitete langsam, aber ich mußte weitermachen. Alles war besser als das Kohlebergwerk.

Nach ungefähr einer Stunde rief mich Paul.

»David, komm mit. Hans weiß Bescheid.«

Ich stellte die Hacke in den Graben und war froh, daß ich aufhören konnte. Paul brachte mich in eine Holzhütte, das Büro für die Bauarbeiten. Auf der einen Seite stand ein runder Holzofen mit sechs Ringen auf der Herdplatte; ein schwarzes Ofenrohr mündete in eine Öffnung in der Decke. Ein Mann, er war jünger als Paul, saß an einem kleinen Tisch neben dem Ofen. Er sah uns an, als wir hereinkamen.

»Das ist ein Freund von mir, Juziek Fuksenbruner«, sagte Paul. »Du bleibst bei ihm und machst Kaffee für die Arbeiter.«

Der Mann sagte nichts, er runzelte nur die Stirn und starrte mich an.

Paul nahm eine große Blechkanne und gab sie mir. »Füll sie mit Wasser und setz sie auf den Herd«, sagte er. »Wenn es kocht, schütte diesen Kaffee hinein.«

»Das sieht aus wie gebrannter Weizen«, sagte ich.

»Genau das ist es auch.« Er lachte. »Also mach ihn jetzt. Und sag mir Bescheid, wenn er fertig ist. Ich werde dir einen Jungen schicken, der dir beim Ausschenken hilft.«

Er ging, und ich machte, was er gesagt hatte, voller Dankbarkeit für die leichte Arbeit und für die Chance, es warm zu haben.

So ging es eine ganze Zeitlang: Paul gab mir Extraessen, und ich behielt den leichten Job auf dem I. G. Farben-Gelände. Ich konnte mir vorstellen zu überleben, wenn ich mich nur von dem Barakkenaufseher und den Wächtern fernhielt. Aber ich war mir gar nicht mehr so sicher, ob ich überleben wollte, wenn die Deutschen den Krieg gewinnen würden und der Rest meines Lebens dann so aussähe.

Dann änderte sich alles. Dem *Lagerführer* paßte die Art nicht, wie Paul eine Leitung verlegte, und er ließ ihn für sechs Wochen einsperren. Ich bekam kein Extraessen mehr, und ohne Pauls Unterstützung verlor ich meinen guten Job. Ich kam wieder zu den Bauarbeiten.

Sammy Laufer, der Junge, dem ich geholfen hatte, in unsere Gruppe zu kommen, bekam meinen Job. Ich hatte Sammy dem *Kapo* Hans vorgestellt und ihn gebeten, Sammy wenn möglich zu helfen.

Jetzt machte Sammy Kaffee in der warmen Hütte, und ich war draußen, frierend und hungrig.

Ein Paar Tage später fragte ich ihn: »Sammy, kannst du mir einen kleinen Extra-Kaffee geben oder ein zusätzliches Stückchen Brot?«

Er sah mich an. »Wer bist du?« Er grinste höhnisch. »Ich kenne dich nicht. Geh zur Hölle!«

Ich sprach nie wieder mit ihm.

Eines Tages arbeitete ein Junge in meiner Nähe, der etwa so alt war wie ich. Ich hatte ihn schon früher bei der Arbeit gesehen, aber ich wußte seinen Namen nicht. Als er versuchte, die harte Erde zu lockern, brach der Stiel seiner Schaufel ab.

Ein Aufseher kam angerannt, schlug den Jungen mit seinem Gewehrkolben und schrie ihn an:

»Du hast deutsches Eigentum sabotiert.«

Das sagten sie immer, wenn etwas kaputtging. Ich dachte an Sammy in Szebnie.

Die Aufseher brachten den Jungen zurück nach Jawischowitz und steckten ihn in ein betoniertes Loch von circa 40 mal 40 cm

Grundfläche und etwas über 2 m Tiefe. Sie verschlossen das Loch bis auf einen kleinen Spalt mit einem Holzdeckel. Er konnte sich weder setzen noch umdrehen. Vier Tage später zogen sie seine Leiche heraus.

Wochen vergingen. Paul wurde freigelassen und erhielt seine alte Arbeit als Lagerelektriker wieder. Wieder half er mir mit Extra-Brot, und schließlich bekam ich meinen Job als Kaffeekocher wieder. Was aus Sammy Laufer geworden war, wußte ich nicht; es war mir auch egal.

Während Paul eingesperrt war, wurde sein ganzes Elektromaterial ins Souterrain geräumt. Nicht in einen eigenen Raum, sondern in eine durch Kartons abgetrennte Ecke. Eines Tages ging ich unangekündigt hinunter, um ihn zu besuchen. Ich schob das Segeltuch, das vor dem Eingang hing, zur Seite. Paul und sein Freund Juziek Fuksenbruner hörten Radio!

Juziek sah mich, zog einen Revolver aus seiner Jacke und richtete ihn auf mich.

Paul schlug ihm die Waffe aus der Hand.

»Bist du verrückt?« flüsterte er heftig. »Das ist David! Und außerdem hätte man den Schuß gehört.«

»Er weiß Bescheid«, antwortete Juziek. »Wir können ihn nicht am Leben lassen. Es ist zu gefährlich.« Er bückte sich und wollte den Revolver aufheben, aber Paul stieß ihn beiseite und ergriff die Waffe.

»Du wirst niemanden erschießen.« Er blickte Juziek wütend an. »Du kannst dich auf den Jungen verlassen. Er hat nicht gesehen, was er sah. Sei unbesorgt. Es geht auf meine Verantwortung.«

Ich konnte einfach nicht glauben, was ich gesehen hatte. Ein Radio und eine Waffe im Lager! Ich sah Juziek an.

»Keine Sorge«, sagte ich. »Ich verdanke mein Leben Paul und Ihnen. Warum sollte ich den Deutschen etwas erzählen? Sie haben meine ganze Familie umgebracht.«

Er beruhigte sich. »Na gut«, sagte er, »aber bleib mir vom Hals.«

»Ich habe Ihnen nichts getan, aber ich werde mich bemühen,

mich fernzuhalten. Schon als ich Sie zum erstenmal sah, wußte ich, daß Sie mich nicht leiden können. Aber ich weiß nicht, warum.«

Ich drehte mich um und ging hinaus.

Zu dieser Zeit tauchten Gerüchte auf, die Deutschen verlören den Krieg. Es wurde erzählt, die Russen würden sie zurückschlagen und die Alliierten würden in Frankreich landen. Für uns änderte sich allerdings gar nichts, und wir wußten nicht, was wir glauben sollten. Die Deutschen im Lager benahmen sich, als würden wir hier sein, bis wir stürben, so oder so.

Siebzehntes Kapitel

Einige Wochen später traf ein Transport mit sehr jungen Kindern ein. Sie wurden am nächsten Morgen ins Kohlebergwerk geschickt, und ich sollte sie als Dolmetscher begleiten. Sie sprachen nur Ungarisch und Jiddisch, also übersetzte ich ihnen, was der *Kapo* auf Deutsch sagte.

Am ersten Tag ging Paul mit und stellte mich *Kapo* Schmidt vor, so wie er mich früher *Kapo* Hans vorgestellt hatte. Schmidt war ein politischer Häftling, mit einem roten Dreieck auf seiner Jackentasche. Als er sah, wie jung die Kinder waren, schüttelte er den Kopf.

»Die Kleinen! Ich werde versuchen, sie zu retten.« Er schien zu überlegen, was er für sie tun könnte. »Kommt mit«, sagte er. »Ich zeige euch, wo ihr arbeitet.«

Ich winkte die Kinder heran, und wir folgten ihm. Einige der Kinder weinten leise, aber die meisten waren so müde und verängstigt, daß sie nur noch hinter mir herstolpern konnten.

Schmidt blieb an einem langen Förderband stehen, auf dem Kohlestücke zum Bergwerkseingang transportiert wurden.

»Die Steine müssen aussortiert werden«, erklärte er mir. »Stell die Kinder auf beiden Seiten auf, sie sollen Steine, die vorbeikommen, rausholen. Das ist die beste Arbeit, die ich ihnen geben kann.«

Für die älteren Kinder war die Arbeit leicht, aber nicht für die jüngsten, die acht- und neunjährigen. Sie konnten die ganz schweren Steine nicht heben. Ich sorgte dafür, daß diese von den älteren Jungen oder von mir abgeladen wurden. Alle hatten wir blutende Hände, zerkratzt und zerschnitten von den zackigen Kanten und Ecken der Steine. Manchmal fiel auch ein Stein auf Finger oder Füße.

Kapo Schmidt schlug die Kinder nie; er schrie sie auch nie an. Er gab uns soviel wie möglich Zeit zum Ausruhen; aber wenn das Band lief, mußten wir arbeiten. Wenn nicht alle Steine aus der Kohle aussortiert waren, würde Schmidt bestraft werden und ein neuer *Kapo* käme an seine Stelle.

Wir beide wurden Freunde, und er erzählte mir, warum er in Jawischowitz war.

»Ich bin Christ«, sagte er, »und ich weiß, daß die Nazis unrecht tun. Ich konnte meinen Mund nicht halten, deshalb bin ich hier.«

Eines Nachts lag ich auf meiner Pritsche, zu müde, um mich zu bewegen. Jemand sang, aber ich verstand die Worte nicht. Der Gesang hörte auf, und dann begann er von neuem. Ich hielt die Worte für Italienisch.

Dann fing er zum drittenmal an, und ich verstand »Mama«. Ich hob den Kopf und sah mich nach dem Sänger um. Ein zarter, dunkelhaariger Junge, der am Tag zuvor angekommen war und ganz in meiner Nähe lag, sang mit einer bezaubernden Stimme.

Das war das erstemal, daß ich jemanden singen hörte, seit Mutters Tod. Meine Augen füllten sich mit Tränen, als ich mich an die Schlaflieder erinnerte, die sie mir jeden Abend vorgesungen hatte, als ich klein war.

Der Junge hörte auf zu singen, und ich fragte ihn:

»Was singst du?«

Er antwortete etwas, das ich nicht verstehen konnte.

»Über deine Mamma?« fragte ich.

»Sí, sí! *Mamma!*«

Er setzte sich auf und bewegte seine Arme, als wiege er ein Baby. Er neigte sich mehrmals von einer Seite zur anderen, dann hob er die Arme, als würde das Baby gestillt.

»Sing es noch mal«, sagte ich und summte ein paar Töne, die ich noch im Ohr hatte.

Er lachte und begann das Lied noch mal.

Er hieß Finci. Keiner von uns konnte die Sprache des anderen, aber wir verstanden uns trotzdem gut genug, durch Gesten und Mimik. Wir fühlten uns zueinander hingezogen, und bald lernten wir beide so viele Worte, daß wir miteinander reden konnten. Er erzählte mir, er stamme aus Italien und seine Familie sei in andere Lager gebracht worden.

Ich tauschte den Platz mit Jacob, so daß Finci und ich nebeneinanderlagen; und bald lernte ich das kleine Lied, das in meiner Erinnerung folgendermaßen klingt:

Mamma, son tanto felice,
perché ritorno da te.
La mia canzone mi dice
che il più bel fiore
è per te.

Mamma, solo per te
la mia canzone
vola.

Mamma, sarai con me tu
non sarai più sola.
Quanto ti voglio bene
queste parole d'amore
che ti sospira il mio cuore
forse no si usano più.

Mamma, la canzone mia
più bella sei tu.
Sei tu la vita,
ma per la vita
non ti lascerò mai più.

Durch meinen Job als Dolmetscher lief ich viel herum und kam auch mit den polnischen Bergarbeitern zusammen, die täglich von außerhalb ins Lager kamen. Ich freundete mich mit vielen von ihnen an. Sie hatten zwar genug zu essen, klagten aber darüber, wie schwierig es sei, Kleidung zu bekommen. Das brachte mich auf eine Idee.

Finci arbeitete im Depot; er sortierte dort Kleider, die aus Auschwitz gebracht und dann weitergeschickt wurden.

Eines Abends, als wir unsere Suppe und unser Brot aßen, sagte ich zu ihm: »Finci, ich glaube, ich kann Extra-Essen für uns kriegen. Aber du mußt mithelfen.«

Er guckte verdutzt.

»Wie? Kein Essen.«

Damals kannten wir beide schon die Wörter für viele alltägliche Dinge. Ich berührte seine Jacke.

»Du Hemd«, sagte ich; dann öffnete ich meine Jacke und steckte meine Hand drunter. »Herbringen.« Ich deutete auf meine Schlafstelle.

Plötzlich lachte er. »*Sí*! Hemd bringen! *Sí*!«

Ich zeigte auf meine Brust.

»Ich Hemd.«

Ich steckte die Hand unter meine Jacke, zeigte nach draußen, als ob ich Kohle schaufeln würde. Ich bewegte die Hand, als würde ich jemanden heranwinken; dann legte ich meine Finger an den Mund.

»Brot«, sagte ich.

Finci nickte, daß er verstanden habe.

»Männer machen?« fragte er.

»*Ja*«, antwortete ich. »Männer machen.«

Er runzelte die Stirn. »Deutsche erschießen, dich, mich.«

»Sei vorsichtig, nichts merken.«

»Gut«, sagte er.

Als ich am nächsten Tag vom Bergwerk zurückkam, sah ich Finci an. Er schüttelte den Kopf. »Nein«, sagte er.

Am nächsten Abend nickte er, kaum daß er mich sah. Wir kletterten auf unsere Pritschen und Finci zog Unterwäsche hervor und zwei Hemden, die er unter seiner Jacke getragen hatte. Ich stopfte alles unter die Decke.

»Gut«, sagte ich.

Am folgenden Tag trug ich die Sachen unter meinem Häftlingsanzug und tauschte sie bei einem Bergwerksarbeiter gegen Kielbasa und Brot. Andere Arbeiter wollten auch tauschen, und so lief das Geschäft eine Zeitlang recht gut. Alles, was ich bekam, teilte ich mit Finci und den anderen, Jacob, Janny und Chaim. Manchmal war es ein Stück Margarine, manchmal Käse oder Kielbasa, meistens Brot. Dank Finci überlebten wir.

»Rate mal, wer heute hier ankam«, sagte Jacob eines Abends, als ich vom Bergwerk zurückkam. »Ein alter Freund aus Auschwitz.«

»Ein Freund?« Ich sah ihn mißtrauisch an. »Wer?«

»Einer von Potoks reizenden Brüdern«, antwortete Jacob. »Er bekam irgendwelche Schwierigkeiten, und sie brachten ihn her, damit er im Bergwerk arbeitet.«

»Ist das nicht nett?« Jacob grinste und rieb sich die Hände.

Die Nachricht verbreitete sich rasch im Lager, und bis zum nächsten Tag wußte jeder, daß ein ehemaliger *Kapo* in Jawischowitz eingeliefert worden war. Und ich hörte immer wieder denselben Satz: »Der muß sterben.«

Nach drei Tagen kam der Mann vom Bergwerk nicht zurück. Es ging das Gerücht, er sei erschlagen worden; seine Leiche habe man irgendwo versteckt.

Die Lebensmittel der Bergleute und von Paul hielten mich am Leben. Aber schließlich war ich in einer fürchterlichen Verfassung. Die Arbeit im Bergwerk war zwar nicht schwer, aber ich sah so gut wie kein Tageslicht. Ich bekam eine Erkältung nach der anderen, und dann kamen die Furunkel: zwei am Hals, eins unter meinem linken Arm und ein besonders scheußliches in der Leiste. Jede Kopfbewegung tat weh, und ich heulte fast bei jedem Schritt. Die Erkältungen wurden schlimmer, ich bekam Fieber; aber nach wie vor ging ich täglich ins Bergwerk.

Sterben wäre ein Ausweg, dachte ich. Aber da war das Vesprechen, das ich Mama gegeben hatte. Ich konnte mich nicht einfach in den elektrischen Zaun werfen; ich konnte nicht einfach aufgeben. Ich mußte am Leben bleiben, egal, was für Schmerzen ich hatte.

Eines Morgens wachte ich vor dem Aufruf zum Appell auf; ich fühlte mich sehr krank. Irgendwas mußte ich tun. Vielleicht konnte Paul mir helfen. Ich stand auf, fiel beinah um, schaffte es aber doch, mich die Stufen zum Keller hinunterzuschleppen.

Ich schob den Leinenvorhang vor Pauls Ecke beiseite.

»Paul, hilf mir.«

Er stand auf und kam zu mir.

»Du siehst ja schrecklich aus, David. Was ist los?«

»Ich bin sehr krank. Ich schaffe es heute nicht, zur Arbeit zu gehen. Ich weiß nicht, was ich machen soll.«

Er legte mir die Hand auf die Stirn.

»Du hast hohes Fieber. Du kannst nicht arbeiten. Melde dich krank im *Revier.*«

Das war das Lager-»Krankenhaus«: ein einziger Raum, kein Arzt, keine Krankenschwester. Niemand tat irgend etwas für einen. Aber man konnte dort ausruhen.

»Ist gut«, sagte ich. »Ich geh hin.«

Ich fiel fast um, und Paul faßte meinen Arm.

»Kannst du alleine hingehen?«

»Ich denke schon.«

Ich taumelte und fiel gegen die Baracke, als ich hinausging. Das *Revier* befand sich zwei Gebäude weiter. Ich wußte nicht, ob ich noch so weit kommen würde. Hätte ich mir doch von Paul helfen lassen!

Ich stolperte die Stufen hinauf und stieß die Tür auf. Ein Häftlingspfleger saß an einem Tischchen und trank Kaffee. Er sah mich an, setzte die Tasse ab und holte tief Luft.

»In Ordnung«, sagte er.

Ich hielt ihm meinen Arm hin. Der Mann las meine Nummer – 161 051 – und schrieb sie in das Hauptbuch, das vor ihm lag.

»Nimm irgendeinen freien Platz«, sagte er und wandte sich wieder seinem Kaffee zu.

Es gab ein Dutzend Liegeplätze, alle besetzt, bis auf zwei in der oberen Reihe und einen am Ende der unteren. Ich wollte rauf. Ich hatte gelernt, daß sie einen oben nicht so oft schlugen.

Ich lag da und fühlte, daß mir immer heißer wurde. Stunden schienen vergangen, als ich den diensthabenden Mann rief.

»Bitte geben Sie mir einen Schluck Wasser.«

Er antwortete nicht.

Ich wartete. Dann bat ich noch einmal.

Er goß Wasser aus einem Emailkrug in einen der Näpfe, wie wir sie auch zum Essen benutzten, und brachte ihn mir.

»Hier«, sagte er. »Verschütte's nicht.«

»Danke.«

Das Wasser brachte ein bißchen Linderung für meinen Hals. Halb wach, halb schlafend blieb ich den restlichen Tag dort liegen.

Ich hörte Geräusche und machte die Augen auf. Es war fast dunkel. Männer kamen von der Arbeit zurück. Ich hörte ihre Gespräche und ihre Schritte in dem großen Raum nebenan.

Die Tür ging auf und Paul kam herein. Als Lagerelektriker konnte er überall hingehen. In der einen Hand trug er eine Schüssel mit Suppe, in der anderen Brot und Margarine.

»Hier oben, Paul«, sagte ich.

Er kam zu mir und legte mir die Hand auf die Stirn. »Du hast immer noch hohes Fieber, mein Junge. Wie fühlst du dich?«

»Nicht sehr gut.«

»Hier, trink die Suppe. Sie wird dir guttun.«

Er hielt mir die Schüssel an den Mund, und ich schluckte. Dann brach er kleine Brotstückchen ab und fütterte mich damit.

»Ich besuche dich morgen früh wieder«, sagte er, als ich fertig gegessen hatte. »Ich muß für Bischoff heute abend in seinem Büro noch was installieren.«

»Ist gut. Danke, daß du gekommen bist, und für das Essen.«

Ich muß total erschöpft gewesen sein, denn ich schlief ausgezeichnet in dieser Nacht, trotz Furunkeln und Fieber. Am nächsten Morgen weckte mich die Werkssirene. Es mußte also kurz nach fünf sein. Ich hörte, wie die Männer sich aufstellten und zur Arbeit abmarschierten.

Ich döste eine Zeitlang, dann wurde ich plötzlich hellwach. Mir war, als wollte mir jemand etwas sagen. Auf einmal fiel mir ein, was ich in Auschwitz gehört hatte.

»Sie können dich nicht brauchen, wenn du krank bist«, hatte ein Mann zu mir gesagt. »Sie bringen dich ins Krematorium, wenn du nutzlos für sie bist.«

Oh Gott, was mache ich? Ich muß hier raus, dachte ich.

Der Pfleger war noch nicht da. Langsam und unter Schmerzen stieg ich von meiner Schlafstelle herunter und machte mich auf den Weg zur Toilette, in der nächsten Baracke. Vielleicht war es ja nur das Fieber und meine Phantasien, die mich glauben ließen, sie würden mich in die Gaskammer schicken. Aber ich wollte es nicht darauf ankommen lassen.

Bald darauf hörte ich ein Geräusch und sah aus dem niedrigen Fenster, das fast eine ganze Wandseite einnahm. Ein Lastwagen fuhr vor, einer von denen mit Plane und Tank an der Seite. Zwei Wachposten stiegen aus und kamen herein. Der Fahrer setzte zurück und hielt unmittelbar neben der Tür. Dann schrie jemand, und ich sah, wie sich Gestalten in dem schmalen Bereich zwischen *Revier* und Lastwagen bewegten. Der Motor heulte auf, und der Laster fuhr ein kleines Stück weiter. Ein Wachposten hob die Heckklappe, die halbwegs zum Wagendach reichte, verschloß sie und stieg auf.

Wenn ich auf meiner Pritsche geblieben wäre, wäre ich jetzt auf dem Weg nach Auschwitz! Was sollte ich machen? Ich hatte Angst, in meine Baracke zurückzugehen. Der Pfleger hatte meine Nummer notiert. Sie würden mich suchen.

Ich versteckte mich stundenlang in der heißen, stinkenden Toilette und spähte ab und zu aus dem Fenster, um zu sehen, ob Wächter kamen. Es war ungefähr Mittag, als ich Paul mit dem Pfleger kommen sah. Der Pfleger sagte etwas und zuckte die Achseln. Paul blieb stehen, schlug die Hände vors Gesicht, drehte sich um und ging fort.

Paul würde wissen, was ich tun sollte. Vielleicht konnte er mich irgendwo verstecken. Ich schlüpfte zu einer Hintertür aus der Toilette hinaus und lief ihm hinterher. Es war, als ob mir heiße Messer ins Fleisch schnitten, so weh taten die Furunkel; aber ich lief weiter.

Als ich Paul fast erreicht hatte, rief ich seinen Namen.

Er wirbelte herum und starrte mich mit aufgerissenen Augen und offenem Mund an.

»Ich kann's nicht glauben!« Er zog mich an sich, drückte und küßte mich. »Ich kann's nicht fassen! Wie bist du entkommen?«

Ich erzählte ihm, daß ich mich an den Mann in Birkenau erinnert und in der Toilette versteckt hatte.

»Gott behütet dich, David«, sagte Paul. »Du bist wie ein Sohn für mich, und mir war, als hätte ich dich getötet, weil ich dir geraten hatte, dort hinzugehen. Gott sei Dank, daß du entkommen bist.«

»Der Pfleger hat meine Nummer aufgeschrieben, Paul. Sie werden wissen, daß ich nicht in dem Laster war. Sie werden mich suchen.«

»Mach dir keine Sorgen«, sagte er. »Ich kümmre mich drum.«

Paul ging zurück zum *Revier* und kam nach wenigen Minuten mit einem Stück Papier wieder.

»Hier«, sagte er. »Jetzt bist du sicher.«

Es war eine Seite aus dem Hauptbuch des Pflegers, die er herausgerissen hatte.

Paul lachte. »Die werden eine Menge Nummern vermissen, und deine haben sie jedenfalls auch nicht.«

Paul versteckte mich ein paar Tage bei sich, bis mein Fieber weg war und die Furunkel sich gebessert hatten. Er sagte *Kapo* Schmidt, ich sei zu krank, um im Bergwerk zu arbeiten, und organisierte für mich eine andere Bauarbeit im Freien. Paul kannte auch dort den *Kapo*, und so brauchte ich eine Zeitlang keine schwere Arbeit zu tun.

Unser Baracken-*Kapo* war in ein anderes Lager versetzt worden. Er war ein freundlicher Mann gewesen, der uns ziemlich machen ließ, was wir wollten, solange es keinen Ärger gab. Der neue *Kapo*, Fritz, war ein anderer Fall.

Er war nur etwas mehr als 1,50 m groß und stämmig, mit starken Armen und Händen, ein Teufel, der tötete, weil es ihm guttat. Wenn er sah, daß irgend jemand etwas tat, was ihm nicht paßte, rief er: »*Komm her*!«

Wenn der Mann dann zitternd vor ihm stand, stellte Fritz ihm eine Frage, irgendeine. Ehe der Mann antworten konnte, ballte Fritz seine linke Faust und tat, als wolle er ihn schlagen.

Aber das tat er nie.

Statt dessen bohrte er zwei Finger seiner rechten Hand in die Augen des Mannes. Wenn der zu Boden fiel und schreiend liegenblieb, schlug Fritz auf ihn ein, bis er tot war.

Es war lange her, daß ich an den Gott meines Vaters geglaubt hatte, von dem er gesagt hatte, er sei der Eine und würde uns behüten. Wenn es Ihn gab, dann hatte Gott uns vergessen und bestrafte uns für irgendwelche schrecklichen Sünden, von denen wir nichts wußten. Ich fand es besser, mich auf mich selbst zu verlassen und alles nur mögliche zu tun, um zu überleben.

Nur ein paar der älteren Männer versuchten, den jüdischen Ritus beizubehalten. Jeden Sabbat bedeckten sie ihre paar Brotbrocken mit schmutzigen Stoffetzen, zündeten Kerzenstummel an, die sie irgendwo ergattert hatten, neigten ihre Köpfe und beteten.

»Gelobt seist Du, Ewiger, unser Gott, König der Welt, der uns durch Seine Gebote geheiligt und uns befohlen hat, das Schabbat-Licht anzuzünden.

Gelobt seist Du, Ewiger, unser Gott, König der Welt, der das Brot aus der Erde hervorbringt.«

Dann bliesen sie schnell die Kerzen aus und aßen das heilige Mahl. Das Ritual schien den alten Männern Trost zu spenden, und ich machte mich nie über sie lustig, wie einige der jüngeren Juden.

Gerüchte über russische Siege und schwere Bombenangriffe auf deutsche Städte häuften sich. Bestimmt waren sie wahr; trotzdem schien sich für uns nichts zu ändern.

Einer der Jungen, die ich gut kannte, Chaim Waksman, war Kleptomane. Er mußte stehlen, ob er die Dinge brauchte oder nicht. Es war im späten Frühjahr, als Paul eine Kneifzange mit Gummigriffen vermißte; er beschuldigte Chaim, sie genommen zu haben.

»Ich würde dich doch nicht bestehlen, Paul«, sagte Chaim. »Und außerdem, was sollte ich mit deiner Zange schon anfangen?«

Zwei Wochen später kamen wir dahinter. Die Luftangriff-Sirenen heulten eines Abends gegen neun, und alle Lichter gingen aus. In der Dunkelheit benutzte Chaim die Zange, um ein Loch in den elektrischen Zaun zu schneiden und zu fliehen. Wochen vergingen, ohne daß wir ein Wort von ihm hörten, und so nahmen wir an, er sei tot.

Ein neues, aufregendes Gerücht lief durchs Lager: Die Alliierten wären in Frankreich gelandet und drängten die deutsche Armee zurück. Wir würden frei sein, noch bevor der Winter kam! Ich konnte es nicht glauben. Es war zu schön, um wahr zu sein.

An einem späten Nachmittag im Juli heulten die Sirenen wieder.

»Was ist los?« schrie Jacob. »Vielleicht sind die Russen wirklich schon ganz nah!«

»Das wäre wunderbar«, sagte ich. »Sie würden uns helfen.«

Wir hörten einen Flugzeugmotor und dann das *tak-tak-tak* der Flak. Ich schaute aus dem Fenster und sah, wie Flugblätter vom Himmel fielen.

Ich hielt es nicht aus, nicht zu wissen, was auf den Flugblättern stand. Ich schlüpfte aus der seitlichen Barackentür und hob ein paar auf, die der Wind gegen die Stufen geweht hatte. Die Wachposten auf den Türmen konnten nicht auf mich schießen, weil der Winkel zu spitz war.

Der Text war in mehreren Sprachen abgefaßt: Deutsch, Polnisch, Französisch und Englisch.

»Haltet durch!« stand da. »Gebt nicht auf! Die Alliierten sind schon ganz nah. Die Deutschen verlieren den Krieg.«

Ich las die Nachricht, rannte zurück in die Baracke, schwenkte die Zettel und rief: »Sie kommen! Sie werden uns befreien!«

Alle umringten mich und rissen mir die Flugblätter aus der Hand.

»Wovon sprecht ihr?« fragte ein alter Mann.

»Hier, lies selber!« Ich hielt ihm ein Flugblatt hin. »Die Alliierten gewinnen!«

Er nahm den Zettel in seine zitternde Hand und hielt ihn nah an die Augen. Einen Augenblick später ließ er ihn zu Boden fallen.

»Zu spät«, sagte er. »Zu spät.«

Finci sah aus dem Fenster zum Lagerzaun.

»Komm! Schau!« rief er.

Ich rannte zum Fenster. Die Straße nach Kattowitz führte jenseits des Zauns vorbei. Auf ihr gingen zwei deutsche Soldaten, ihre Gewehre im Anschlag, vor ihnen ein Mann in einer Lederjacke, mit einer amerikanischen Fahne auf der Schulter. Er sah zu den Baracken herüber und winkte.

»Sie kommen wirklich, Finci!«

Ich ergriff seinen Arm und rief noch mal: »Sie haben uns nicht vergessen! Sie kommen!«

»*Sí*!« Finci lachte und klatschte in die Hände. »*Sí*, sie kommen!«

Am nächsten Morgen war alles wie immer, aber ich fühlte mich anders. Ich wußte, was auf den Flugblättern stand, war die Wahrheit. Wir konnten auf die Freiheit hoffen. Bitte, Gott, gib, daß es bald soweit ist!

Nachdem die Flugblätter abgeworfen worden waren, durften die *Kapos* die Gefangenen nicht mehr schlagen. Fritz wurde von unserer Baracke abgezogen, und alles wurde leichter. Die Flugblätter hatten recht, dachte ich. Die Freiheit ist nah.

Es war später September geworden, als es eines Morgens aus den Lautsprechern schallte: »*Appell! Appell!*« Wir rannten in die Mitte des Lagers und stellten uns vor dem Gerüst auf, das dort stand. Es wurde geraunt, die Russen seien nur noch wenige Kilometer entfernt, und wir würden in ein anderes Lager gebracht; es hieß sogar, die Deutschen würden uns gehen lassen.

Nichts von alledem: Sie hatten Chaim Waksman gefunden. Die Hände auf den Rücken gebunden, wurde er aus einem Lastwagen geworfen. Ein Aufseher stieß ihn zum Galgen und die drei Stufen hinauf.

Lagerführer Bischoff stand auf seinem kleinen Podest und schrie: »Dieser Mann ist geflohen; zur Strafe wird er gehängt werden. Jedem, der zu fliehen versucht, wird dasselbe passieren!«

Als Bischoff schwieg, hob Chaim den Kopf und rief: »*Haverim!* Freunde! David! Jacob! Janny! Sie kommen! Amerikaner, Engländer und Russen. Ich bin der letzte, der stirbt! Ihr werdet leben!«

Sekunden später erhängten sie ihn. Er starb in Würde.

Die nächsten zwei Monate arbeitete ich nicht. Ich blieb einfach in der Baracke. Ohne das Extra-Essen der Bergleute ging es uns allen schlecht. Wir wurden zwar nicht mehr geschlagen, und wir hörten neue Gerüchte, daß die Russen kämen; aber unsere Hoffnungen, die die Flugblätter und Chaims Worte geweckt hatten, verblaßten allmählich. Ich wußte nicht, wie ich einen weiteren Winter überleben sollte.

Viele der *Kapos* waren Kriminelle, verurteilt wegen Mordes oder anderer schwerer Verbrechen; oder sie waren politische Gefangene. Der Lagerführer befahl uns, eine leere Baracke zu reinigen; dann brachte er Prostituierte ins Lager. Drei Tage und Nächte gingen *Kapos* in der Baracke ein und aus.

Achtzehntes Kapitel

Ende November oder Anfang Dezember 1944 gab es eines Morgens wieder einen Appell, um 5 Uhr früh. Aber diesmal war es anders. Als wir in den frostigen Morgen hinauskamen, sahen wir richtige Soldaten, Wehrmacht, die an allen Ecken des großen offenen Platzes standen. Manche hatten Gewehre, viele Maschinengewehre.

Ich sagte zu Jacob, der neben mir stand:

»Irgendwas geht hier vor, Jacob. Mir ist unheimlich zumute.«

»Ja«, antwortete er. »Es gab bisher nie normale Soldaten hier. Und sieh dir die vielen Laster da draußen an.«

Ich schaute durch den Zaun. An beiden Straßenseiten standen sie, Lastwagen an Lastwagen, so weit das Auge reichte. Soldaten lehnten an den Führerhäusern oder standen zu zweit und zu dritt zusammen. Es waren normale Soldaten, nicht die SS-Truppen, die immer in den Lagern waren.

»Vielleicht verfrachten sie uns nach Auschwitz«, sagte ich. »In die Gaskammern.«

Lagerführer Bischoff kam aus seinem Büro und bestieg das kleine Podest, das er immer benutzte, wenn er eine Ansprache hielt.

Er begann mit den Worten: »Wir haben Befehl, dieses Lager zu schließen.«

Ich traute meinen Ohren nicht. Nie hatten sie uns gegenüber irgend etwas begründet. Sie hatten nur Befehle erteilt und Drohungen ausgestoßen.

»Chaim hatte offenbar recht«, sagte ich. »Die Russen oder sonst jemand müssen in der Nähe sein, und die Nazis wollen nicht, daß wir befreit werden.«

»Ihr kommt in ein anderes Lager«, fuhr Bischoff fort. »Jeder

Fluchtversuch wird mit Erschießen bestraft. Nehmt eure Decken mit. Alles andere bleibt hier.«

Er stampfte die drei Stufen herunter und ging wieder in sein Büro.

Alles andere hierlassen? Ich besaß nur einen Napf, einen gestreiften Häftlingsanzug und jene schwere Decke, an deren einem Ende russische Worte eingewebt waren. Das war alles, was wir hatten; jeder von uns.

»Na, David«, sagte Jacob, »wie gefällt es dir, alles hier zurückzulassen? Mir bricht das Herz.«

»Es ist wirklich ein Jammer, alles hierzulassen«, antwortete ich.

Wir froren und hatten Hunger, aber wir lachten.

Wir standen fast den ganzen Tag über draußen. Am späten Nachmittag schickte uns der *Kapo* in die Baracke zurück, wo wir etwas zu trinken bekamen und eine doppelte Brotration. Eine doppelte Ration! Vielleicht würde jetzt alles besser. Oder das Ganze war ein Trick.

Ich war lange Zeit in diesem Lager gewesen und wußte, wie man hier überlebte. Jetzt wurde das anders. Wir würden an einen neuen Ort kommen, und ich mußte alles wieder neu lernen – vielleicht würde es ein Ort wie Auschwitz sein. Und niemand wußte, wann wir wieder etwas zu essen bekämen. Ich brach ein kleines Stück von dem Brot ab und behielt es eine Weile im Mund, bevor ich es runterschluckte. Den Rest steckte ich in meine Tasche.

»Nehmt eure Decken und raus!« brüllte der *Kapo*, sobald das Brot ausgeteilt war.

Ich legte mir die dicke Decke um die Schultern und rannte ins Schneetreiben. Die Tore waren offen, und wir gingen hinaus auf die Straße. Aber die Laster waren weg. Ich fragte mich, warum sie wohl hiergewesen waren. Jemand mußte den Plan geändert haben.

Ich packte meine Decke und wickelte mich ein bis unters Kinn. Gottlob hatte ich die! Sie war immer noch groß, obwohl ich schon viele Reihen aufgetrennt und mit Stöckchen statt Nadeln

Socken und Handschuhe gestrickt hatte. Mutter hatte mir Strikken beigebracht, als ich ein kleiner Junge war. Ich hatte Finci und den anderen Jungen gezeigt, wie es ging.

Wir verließen das Flutlicht des Lagers und rutschten und stolperten in dem frisch gefallenen Schnee. Ich hatte Jacob und Finci auf der einen Seite und Janny auf der anderen. Paul und Juziek Fuksenbruner gingen in der Reihe vor uns.

Paul und Juziek sahen aus wie alte Frauen mit Kopftüchern. Ehe wir das Flutlichtgebiet verließen, fiel mir auf, daß sie Kopfhörer trugen. Beide hatten ein Kästchen in der Hand und ich hörte klopfende Geräusche, wie beim Morsen. *Bup-bup, bup-bup, bup-bup* tönte es eine Zeit lang.

Wir waren erst ein kleines Stück gegangen, da fing Jacob an zu jammern.

»Meine Füße tun weh«, sagte er. »Ich kann nicht erkennen, wo ich hintrete; ich werde hinfallen, in diesen verdammten Holzschuhen.«

»Halt die Klappe!« sagte Janny. »Allen tun die Füße weh. Mir reicht dein Gejammer jetzt.«

»Wenigstens sind deine Füße warm«, sagte ich. »Es geht dir nicht wie den meisten, die keine Socken haben.«

»Oder keine Handschuhe«, fügte Janny hinzu.

Ich unterhielt mich mit Jacob und Finci und versuchte, die Decke um mich zu halten. Plötzlich merkte ich, daß Paul und Juziek nicht mehr vor uns liefen.

»Wo sind sie hin?« Es schneite jetzt stärker, und man konnte höchstens einen Meter weit sehen. »Sie waren doch vor einer Minute noch da.«

»Na ja, und jetzt sind sie weg«, sagte Jacob. »Hoffentlich sind sie entwischt.«

Ich wußte nicht, wie ich mich fühlen sollte: glücklich, daß Paul entkommen war, oder ängstlich, daß er erschossen würde. Vielleicht hatten sie ja über ihren Funk mit Leuten Kontakt aufgenommen, die ihnen helfen würden. Was aus Juziek würde, war mir egal, aber daß Paul lebte, das wollte ich.

Außerdem war ich eifersüchtig. Paul hatte gesagt, ich sei wie ein Sohn für ihn. Und jetzt war er mit Juziek geflohen. Vielleicht interessierte er sich doch nicht so für mich, wie ich geglaubt hatte. Aber ich brauchte ihn; er würde mir fehlen.

Vielleicht würde ich ihn ja auch gar nicht mehr brauchen. Niemand wußte, wohin wir gingen. Vielleicht würde ich sterben, bevor wir in dem anderen Lager waren. Vielleicht würden sie uns umbringen, wenn wir ankämen. Warum sich also um Paul sorgen?

Wir marschierten die ganze Nacht hindurch, mit schleppenden Schritten, weil der Schnee immer tiefer wurde. Die Schwächsten und die Kränkesten fingen an zu stolpern. Manchen wurde von den Leuten um sie her geholfen; manche fielen hin und blieben im Schnee liegen. Wer nicht weitergehen konnte, wurde erschossen. Die Deutschen ließen niemanden lebendig zurück.

Stunden vergingen, und die Schüsse wurden mehr. Ein Mann aus der Reihe hinter uns stürzte gegen meinen Rücken. Als ich mich umdrehte, lag er der Länge nach auf dem Bauch. Ein Wachposten legte sein Gewehr an und schoß. Die nachfolgenden Reihen stiegen über seinen Leichnam, und wir gingen weiter.

Vor Tagesanbruch machten wir Halt. Es schien früher zu sein als bei dem üblichen 5 Uhr-Appell, und es war dunkler.

»Hinsetzen«, brüllten die Wächter.

Ich nahm meine Decke ab, legte das eine Ende auf den Schnee und zog das andere wieder um mich. Die Vorstellung, aufzugeben, war verlockend. Aber ich wußte, ich würde es nicht tun. Ich hatte hart genug gekämpft, um jetzt zu überleben. Vielleicht bestand ja noch Hoffnung. Vielleicht würden die Alliierten, welche auch immer, es schaffen, uns bald zu befreien. Ich rollte mich auf die Seite und schlief ein.

»Aufstehen! *Schweine!* Aufstehen!«

Ich öffnete die Augen und setzte mich auf. Wachposten rannten die Straße entlang, sie schrieen und stießen die Leute mit ihren Gewehrkolben. Jacob stand schon und rieb sein Gesicht mit seinen behandschuhten Händen. Ich stellte mich auch hin.

Finci lag in seine Decke gewickelt da.

Ich stieß ihn mit dem Fuß in den Rücken. »Steh auf, Finci! Schnell! Der Posten kommt.«

Er rollte sich herum und stand auf. Dabei murmelte er etwas auf Italienisch.

Die Menschen husteten und spuckten. Sie stampften mit den Füßen im Schnee. Andere urinierten, wo sie standen. Wie die Tiere, dachte ich. Das war, was die Nazis aus uns machten: Tiere.

Manche standen nicht auf, nicht einmal, als die Posten sie anstießen.

Ich sah nach vorne, aber ich konnte den Anfang der Reihe nicht sehen. In der anderen Richtung war es genauso. Es waren Hunderte und Aberhunderte von Menschen.

»Wieso sind hier so viele Menschen?« fragte ich. »Ich weiß doch, daß letzte Nacht viele gestorben sind, und jetzt scheinen es mehr zu sein als bei unserem Aufbruch.«

Auch Jacob sah in beide Richtungen. Da waren Menschen, so weit wir blicken konnten.

»Du hast recht«, sagte er. »Irgendein anderes Lager muß letzte Nacht zu uns gestoßen sein. Vielleicht Auschwitz.«

Die Posten riefen, wir sollten uns in Fünferreihen aufstellen. Langsam setzte sich der Zug wieder in Bewegung. Es hatte aufgehört zu schneien, aber graue Wolken verbargen die Sonne, und ein kalter Wind blies uns ins Gesicht. Der Schnee auf der Straße war von den vor uns Gehenden festgetreten worden, und es ging sich leichter. Immer noch hörten wir Schüsse vor und hinter uns und kamen an Körpern vorbei, die lagen, wo sie hingefallen waren.

Ich schaute auf den Boden und zwang mich, zu gehen, Schritt für Schritt. Etwa zu Mittag, als wir wieder haltmachten, kam die Sonne zum Vorschein. Wir bekamen nichts zu essen oder zu trinken. Deshalb hatten wir am Tag zuvor die doppelte Brotration bekommen! Ich hatte das meiste von meinem aufgehoben, und Jacob und Finci auch. Ich hatte ihnen schon vor längerer Zeit geraten, das so zu machen.

»Eßt jedesmal nur ein kleines bißchen«, sagte ich ihnen. »Sorgt immer dafür, daß euch für später was übrig bleibt. Auf diese Weise ist es nicht so schlimm. Ihr fühlt euch wohler, wenn ihr wißt, ihr habt noch was in Reserve.«

Ich weiß nicht, warum, aber in der Regel hörten sie auf mich.

Wir hatten Stoffetzen von einer Häftlingsuniform abgerissen und unsere Brote hineingewickelt. Jetzt packte jeder seins aus und brach ein Stückchen davon ab. Zu erschöpft, um zu reden, saßen wir am Straßenrand auf unseren Decken. Dort lag tiefer Schnee, der unter der Oberfläche ganz sauber war. Wir steckten uns kleine Mengen davon in den Mund. Es gab nichts anderes zu trinken.

Dann gingen wir weiter, mit wunden Füßen und Schmerzen am ganzen Körper. Ein Junge, den ich nicht kannte, lief rechts neben mir. Ich fragte ihn nach seinem Namen.

»David«, sagte er. »David Michaelman.«

»Ich heiße auch David, David Faber.«

Ich war überrascht, als er sagte, er sei 16, fast 17. Er sah älter aus als ich.

»Ich bin älter als du«, sagte ich. »18. Und deine Familie?«

»Ich habe zwei Brüder und drei Schwestern. Eines Tages kamen die Nazis und nahmen sie alle mit. Ich war klein und versteckte mich hinter einer Vitrine. Manchmal wünsche ich mir, sie hätten mich gefunden.«

»Ich kenne das«, sagte ich. »Meine ganze Familie ist ermordet worden, mit Ausnahme einer Schwester, die in England lebt. Meine Eltern, fünf Schwestern und ein Bruder. Oft denke ich, es wäre besser gewesen, wenn ich mit ihnen umgekommen wäre.«

Er fuhr fort: »Mein Vater war ein frommer Mann. Jeden Morgen ging er in die Synagoge. Ich liebte ihn sehr. Jeder liebte ihn. Er erzählte mir Geschichten und brachte mich oft zum Lachen. Ich weiß nicht, was aus ihm und aus den anderen geworden ist.«

»Mein Vater war auch sehr fromm. Meine Mutter kümmerte sich ums Geschäft. Er war meistens in der Synagoge oder er las Bücher. Aber er war gut zu uns, und wir liebten ihn alle.«

Kurz vor Einbruch der Dunkelheit machten wir auf einem

kleinen Weg hinter einem Haus und einer Scheune halt. Wieder gab es nichts zu essen oder zu trinken, nur einen Bissen von unserem Brot und Schnee. Ich hörte Kühe in der Scheune muhen und stellte mir vor, wie gut Milch schmeckte. Aber es bestand keine Möglichkeit, daran zu kommen. Überall standen Wachposten.

Ich lag da, am Straßenrand, und dachte an die Kühe und an die Milch. Schließlich sagte ich zu David: »Milch wäre was Wundervolles. Laß uns zur Scheune rüberschleichen und welche holen.«

»Nein«, antwortete er. »Ich will nicht erschossen werden.«

»Und was ist mit dir, Jacob?«

»Ich gehe mit«, antwortete er. »Verdammt, mir ist es egal, ob sie mich erschießen. Es lohnt sich doch eh nicht, zu leben.«

Ich fragte auch Finci.

»Nein, nicht sicher«, sagte er. »Mond hell. Soldaten sehen.«

»Also gut, wir gehen«, sagte ich. »Die Soldaten schlafen alle. Paßt ihr auf unsre Decken auf, Freunde! Komm, Jacob.«

Wir krochen langsam auf allen vieren, so nah am Boden wie möglich. Unsere Hände sanken im weichen Schnee ein, und unsere Kleider waren vorne bald naß. Als wir ein gutes Stück von der Straße entfernt waren, standen wir auf und rannten zur Scheune.

»Warte«, flüsterte ich. »Mach noch nicht die Tür auf. Wart erst mal, ob du irgend jemand hörst.«

Wir standen still und horchten.

»Ich höre nichts«, sagte Jacob. »Laß uns reingehen.«

Die Tür knarrte, als Jacob sie gerade so weit öffnete, daß wir hineinschlüpfen konnten. Mondlicht fiel durch ein Fenster; im Schatten standen vier Kühe. Sie drehten uns ihre Köpfe zu und sahen uns mit ihren großen, sanften Augen an. Ihr warmer Atem bildete weiße Wölkchen.

»Schau sie dir an, Jacob«, sagte ich. »Wir werden uns ein bißchen Milch holen.«

»Vielleicht ist sie alle«, meinte er. »Ich weiß sowieso nicht, wie man eine Kuh melkt, du?«

»Nein.«

»Außerdem haben wir nichts, wo wir die Milch reinfüllen können.«

Wir sahen uns um, konnten aber nichts finden.

»Also ich versuche, welche zu kriegen«, sagte ich.

Ich legte mich auf den Rücken, den Kopf unter die Kuh. Sie beachtete mich nicht, kaute einfach weiter.

»Was machst du?« fragte Jacob. »Die Kuh wird dir mitten ins Gesicht treten.«

»Ach wo, sie kümmert sich überhaupt nicht um mich. Aber so kann ich sie nicht melken.« Ich faßte die Kuh am Euter. »Nimm die Zitzen und spritz mir Milch in den Mund.«

Er zuckte die Achseln. »Ich versuch's.« Er kniete sich neben die Kuh, legte seine Hand um eine der Zitzen und drückte. Es kam keine Milch.

»Du mußt von oben nach unten streichen«, sagte ich. »Soviel weiß ich.«

»Also, warum zeigst du mir's nicht, wenn du weißt, wie's geht?« Er klang verärgert. »Vielleicht hat der Bauer auch alles leergemolken.«

»Du kannst es, Jacob. Versuch's noch mal.«

Der Kuhschwanz schlug über Jacobs Hinterkopf.

»Verdammt«, sagte er. »Jetzt wird sie wütend.«

»Sie ist in Ordnung. Versuch's einfach noch mal.«

»Also gut. Aber nur noch ein einziges Mal.«

Er griff nach der Zitze. Diesmal hatte er es wohl richtig gemacht, denn warme Milch spritzte in mein Gesicht.

»Sie kommt«, sagte ich. »Aber du mußt besser zielen.«

Der zweite Spritzer landete genau in meinem Mund. Ich verschluckte mich und dachte, ich müßte sterben, noch ehe ich aufhören könnte zu husten.

Jacob zerrte mich unter der Kuh hervor und setzte mich auf. Dann klopfte er mir auf den Rücken. Milch floß aus meinem Mund.

»Noch irgendwelche guten Einfälle?« fragte er, als ich endlich wieder atmen konnte.

Ich schüttelte den Kopf, noch immer außerstande zu sprechen.

Jacob stand auf und lief zum anderen Ende der Scheune. Bald kam er mit einem Blecheimer zurück.

»Den habe ich auf einem Strohhaufen gefunden«, sagte er. »Diesmal bist du dran.«

»Also gut.«

Auch ich hatte noch nie eine Kuh gemolken, aber wenn Jacob es konnte, konnte ich es auch. Wir drückten und zogen abwechselnd. Die Kuh merkte wohl, daß wir uns nicht auskannten. Sie schlug uns weiter mit ihrem Schwanz und hob einen Hinterfuß, als wolle sie uns treten.

Wir bekamen etwa einen halben Eimer voll Milch, dann kam nichts mehr. Ich hob ihn an den Mund und trank lange.

»Gott, schmeckt das gut«, sagte ich. Ich wischte meinen Mund ab. »Hier, trink.«

Jacob nahm den Eimer und trank, dann gab er ihn mir.

Als wir getrunken hatten, soviel wir konnten, war noch etwas übrig.

»Können wir das für die anderen mitnehmen?« fragte Jacob.

»Wir können nicht kriechen und dabei einen Eimer tragen«, erwiderte ich. »Wir würden alles verschütten. Sie hätten mitkommen sollen.«

Wir liefen ein Stück in Richtung Straße, dann ließen wir uns auf Hände und Füße nieder. Die Wachposten schliefen immer noch und bemerkten uns nicht.

Janny öffnete die Augen, als ich neben ihn kroch.

»Wir haben eine Menge Milch getrunken, Janny«, berichtete ich ihm. »Sie schmeckt wundervoll. Es ist noch was übrig, in einem Eimer. Warum gehst du nicht hin und trinkst es?«

»Nein«, sagte er. »Ich bin all die Jahre durch die Hölle gegangen und habe überlebt. Jetzt riskiere ich nichts mehr, nur für Milch.«

»Aber sie schmeckt wirklich gut.«

Ich kroch unter die Decke, die ich mir mit einem anderen Jungen namens Klaus teilte. Jacob und Janny machten es genauso: eine Decke unter sich und eine zum Zudecken. Außerdem war es wärmer als wenn man allein schlief.

Klaus rollte sich herum und zog mir die Decke weg. Ich zog sie zurück, bis ich zugedeckt war. So ging es weiter, bis ich einschlief.

Es schienen nur ein paar Minuten vergangen, als die Wachposten riefen, wir sollten aufstehen. Ich öffnete die Augen. Die Sonne war noch nicht aufgegangen, aber es wurde hell.

Ich stand sofort auf, bevor mich ein Posten mit seinem Gewehrkolben schlagen konnte.

Klaus lag noch da.

»Steh auf, Klaus«, rief ich. »Willst du, daß sie dich schlagen?« Ich schüttelte ihn. Er rührte sich nicht. Ich stieß ihn an. »Mach los! Steh auf! Der Wachposten kommt!«

Ich zog ihm die Decke von Kopf und Schultern. Sein Gesicht war so weiß wie der frische Schnee. Er konnte nicht aufstehen. Er war erfroren.

Ich nahm seine Decke.

Neunzehntes Kapitel

Wir trotteten weiter, machten nur mittags ein paar Minuten Halt und aßen den letzten Rest unseres Brotes; dann ging's weiter. Wir konnten kaum die Füße heben und bemühten uns nur noch, irgendwie von der Stelle zu kommen. Das einzige Geräusch weit und breit war das Knirschen des Schnees unter unseren Holzschuhen. Einmal rutschte ich aus und fiel auf die Knie.

»Steh auf!« schrie Finci. »Die schießen sonst.«

Er packte meinen Arm und zog mich hoch.

»Ist schon gut«, sagte ich, »ich bin nur ausgerutscht.«

»Es ist schon fast dunkel«, sagte Jacob. »Warum machen wir nicht halt? Ich kann mich nicht länger auf den Beinen halten.«

»Scheißkerle!« sagte Finci, »vergiß es!«

Endlich, es war längst dunkel, riefen die Wachposten, wir sollten stehenbleiben. Ich breitete Klaus' Decke am Feldrand aus und ließ mich darauffallen. Finci und Jacob legten sich rechts und links von mir hin und wir deckten uns mit den übrigen Decken zu. Zu essen hatten wir nichts mehr, aber vielleicht war's wenigstens warm genug, um schlafen zu können.

Ich hörte ein schwaches Geräusch, es klang nach Motoren. Ich hob den Kopf und stieß Jacob an: »Horch!«

Die Deutschen hatten es auch gehört und rannten über das Feld. Sie riefen uns nichts zu. Sie rannten nur. Ehe wir aufstehen konnten, waren die Flugzeuge schon über uns; ein Kugelhagel prasselte auf die mit Menschen überfüllte Straße nieder. Im gleißenden Licht der Scheinwerfer sah ich, wie etliche sich aufrappelten und in die Dunkelheit rannten. Körper zuckten und sanken, von Kugeln getroffen, übereinanderstürzend zu Boden.

»Oh Gott!« rief Jacob. »Die halten uns für Deutsche.«

So töteten uns sogar unsere Freunde.

Auch wir rannten in das Feld. Nach wenigen Minuten kamen die Flugzeuge zurück. Ich versuchte, mich im Schnee einzugraben, und hoffte, daß sie mich, flach auf dem Bauch liegend, weniger leicht sehen würden.

Dreimal überflogen uns die Flugzeuge und schossen. Jedesmal sah man im Licht ihrer Scheinwerfer mehr Menschen am Boden liegen, Tote und Verwundete. Der Unterschied spielte keine Rolle, die Deutschen würden ohnehin jeden erschießen, der nicht weiterlaufen konnte.

Die Wachen riefen uns zu, wir sollten auf die Straße zurückgehen und uns hinlegen. Wir fanden unsere Decken noch auf dem Schnee ausgebreitet und legten uns wieder hin. Wir hörten Stöhnen und Hilferufe rings um uns her. Man konnte nichts tun, nur versuchen, sich warm zu halten.

Noch vor Tagesanbruch scheuchten die Deutschen diejenigen, die noch am Leben waren, hoch, und wir zogen weiter. Jetzt konnte ich Anfang und Ende der Reihe sehen, so viele waren während der Nacht umgekommen, durch die Kälte oder durch die Kugeln der Flugzeuge. Überall lagen Erfrorene. Blutspuren überzogen den schmutzigen Schnee.

Kurz vor Dunkelheit erreichten wir einen Bahnhof. Ein Zug mit leeren Viehwaggons wartete dort.

»Vielleicht fahren wir jetzt«, sagte ich.

»Hoffentlich«, meinte Jacob. »Ich habe das Laufen verdammt satt.«

Die Wachen schrieen, wir sollten in den Zug steigen.

»Ihr Scheißkerle habt Glück«, sagte jemand neben uns, »da steht euer eigener Sonderzug.«

Der Sturm hatte Schnee in die Waggons gefegt; nur wenige Stellen des Bodens waren frei geblieben. Dort lagen dicke Schichten von Kuhmist; unter dem Schnee sicher auch. Da die meisten von uns tot waren, gab es für die Überlebenden diesmal reichlich Platz. Nur ein paar Dutzend Menschen waren mit mir im selben Waggon. Ich setzte mich in eine Ecke auf Klaus' zusammengefaltete Decke, wickelte mich in meine eigene und lehnte mich an die Waggonwand. Die anderen Jungen kuschelten sich an mich.

Bevor wir abfuhren, begann es wieder zu schneien. Große Flocken deckten alles zu. Alle paar Sekunden wischte ich sie mir vom Gesicht und pustete sie von meinen Lippen.

Der Zug ratterte stundenlang durch die Dunkelheit; manchmal pfiff er, manchmal bremste er vor einem Bahnhof, dann legte er wieder Tempo zu. Endlich sah ich auf einem Schild das Wort *Huchenbach* und dann die Worte: *Buchenwald Lager.*

Der Zug fuhr langsamer und hielt an einem Bahnsteig, ähnlich dem in Auschwitz. Auch was dann folgte, war wie in Auschwitz. SS-Männer entriegelten die schweren Schlösser und schoben die Waggontüren auf. Dann begann das Geschrei:

»Raus, ihr Schweine! Aussteigen!«

Ich griff nach einem der Bretter an der Waggonwand und zog mich hoch. Die Wächter würden hereinkommen, wenn wir uns nicht beeilten. Wir sprangen auf den Bahnsteig, wo die *Kapos* mit Schlagstöcken und Gummischläuchen auf jeden, den sie erreichen konnten, einschlugen.

»Fünf!« schrieen sie. »Fünferreihen!«

Es waren immer Fünferreihen. Wir stellten uns auf, ohne nachzudenken.

Die *Kapos* gingen durch die Reihen, wir streckten unsere Arme aus, und sie notierten die Nummern. Dann warteten wir; stundenlang. Es gab nichts zu essen oder zu trinken.

Mir war schon lange klar, daß es Teil ihres Strafprogramms war, uns stehen und warten zu lassen. Sie taten es immer wieder. Endlich schrieen sie, wir sollten vom Bahnsteig verschwinden, und wir marschierten los, ins Lager, bis zu einer der Baracken.

Der *Kapo* fing an, Schlafstellen zuzuweisen, aber wir beachteten ihn nicht.

»Jacob! Finci!« rief ich, »geht nach oben! Schnell!«

Wir kletterten rauf in die oberste Reihe. Ich legte Klaus' Decke auf die nackten Bretter.

»Wir können auf dieser hier liegen und uns mit den anderen zudecken«, sagte ich.

Wir kuschelten uns unter den drei Decken zusammen und hatten uns grade aufgewärmt, als der *Kapo* schrie, wir sollten uns wieder draußen aufstellen.

Diesmal bekamen wir ein Stück Brot und etwas, das Kaffee sein sollte. Das trockene Brot schmeckte wie gehäckseltes Stroh. Aber immerhin hatten wir jetzt was im Magen, etwas, das uns half, zu überleben.

Ich fragte mich, wann die Alliierten wohl hier sein würden. Bestimmt kamen sie bald!

Am nächsten Tag befanden wir uns in Quarantäne und warteten darauf, Arbeit zugeteilt zu bekommen. Wir lagen eine Zeitlang auf der Schlafstelle, da sagte Finci: »Gut draußen. Sonne warm.«

Jacob und ich stimmten ihm zu. Wir blieben stundenlang draußen und liefen in der Sonne herum. Am späten Nachmittag befahl uns der *Kapo,* wieder reinzugehen.

»Ihr Dreckschweine werdet ein Bad nehmen«, sagte er.

Wir gingen zu einer anderen Baracke, in der sich ein enormes Wasserloch befand. Das Wasser sah seltsam aus, grünlich statt klar.

»Ausziehen und reinspringen!« befahl der *Kapo.*

Kaum daß die ersten in das Wasser geglitten waren, begannen sie zu schreien. Wir anderen wichen zurück, aber die *Kapos* schlugen uns mit Stöcken und Schläuchen und die SS-Männer mit ihren Gewehrkolben, und so trieben sie uns hinein.

Ich erinnerte mich an etwas, das ich von Papa gelernt hatte, als ich ein kleiner Junge war. Damals hatten wir kein Badezimmer. Deshalb gingen wir jede Woche in ein Hallenbad; dort zogen wir uns aus und tauchten ein paarmal unter.

Ich mochte das nie, weil ich Wasser in Ohren und Nase bekam. Papa riet mir: »David, mach es wie ich. Halt dir die Ohren zu. Drück mit den Mittelfingern fest gegen deine Nase. Mach den Mund zu. Dann tauch dreimal unter. Es ist Gottes Wille, daß du gereinigt bist für den Sabbat.«

Ich dachte an seine Worte und rief Jacob und Finci zu:

»Haltet euch Ohren und Nase zu! Macht den Mund fest zu! Und die Augen!«

Einige Menschen kletterten aus dem Loch; sie schrieen und weinten. Andere trieben im Wasser oder lagen auf dem Grund.

Die SS-Männer stießen uns hinein. Es fühlte sich nicht wie Wasser an. Es brannte. Ich klammerte mich an den Rand und zog mich hinaus.

Jacob folgte mir. Finci hatte offenbar die Orientierung verloren, weil er die Augen geschlossen hatte. Er fing an, sich von der Seite weg in Richtung Mitte zu bewegen.

»Finci!« schrie ich. »Finci! Halt! Wir helfen dir raus!«

Er streckte seine Arme hoch. Jacob und ich beugten uns vor und zogen ihn raus.

An den Wänden waren Duschen. Jeder von uns stellte sich unter eine, und wir ließen das kalte Wasser über unsere Körper laufen. Ich warf einen kurzen Blick auf Jacob und die anderen. Dann sah ich meinen eigenen Körper an.

Alle Haare waren weg. Meine Achselhöhlen und meine Leisten brannten wie Feuer. Mein ganzer Körper war mit Blasen bedeckt, als hätte mich jemand mit kochendem Wasser übergossen. Meine Lippen waren geschwollen. Meine Augen gingen kaum auf.

Ich hob meinen Häftlingsanzug auf, aber ich konnte die Berührung mit dem Stoff auf meinem Körper nicht aushalten. Meine Haut blätterte in Fetzen ab. Nackt lief ich hinaus. Die Kälte war angenehm auf meiner brennenden Haut. Kurz darauf befahl uns der *Kapo*, zu unserer Baracke zurückzugehen.

Auf dem Weg dorthin hob ich Schnee auf und drückte ihn vorsichtig auf meinen Körper. Ich säuberte einen schmutzigen Stoffetzen, füllte ihn mit Schnee und betupfte die Stellen, die am meisten brannten. Mein Rücken tat furchtbar weh.

»Finci, bitte leg mir ein bißchen Schnee auf den Rücken«, bat ich.

Er füllte seine Suppenschüssel, tauchte die Finger hinein und berührte damit meinen Rücken.

»Aah, das tut gut«, sagte ich. »Ich mach das auch bei dir.« Der *Kapo* schrie, wir sollten uns anziehen und in die Baracke zurückgehen. Wir halfen uns gegenseitig dabei, in unsere Jacken zu schlüpfen, dann zogen wir vorsichtig die Hosen an und humpelten hinein.

»Wie zum Teufel soll ich da oben raufkommen?« fragte Jacob. »Ich kann nichts anfassen.«

»Na ja«, sagte ich, »wenn sie uns schlagen, ist es noch schlimmer. Wir dürfen nicht hier unten bleiben.«

Finci richtete sich auf und legte langsam seine Finger um ein Brett. Er holte tief Luft, sagte aber nichts. Er stellte einen Fuß auf die untere Schlafbank und zog sich hoch; die übrige Strecke kroch er. Ich sah, daß die Bretter blutverschmiert waren.

»Jetzt du, Jacob«, drängte ich.

»Wenn Finci es kann, kann ich's auch«, sagte er. »Aber ich mach's schneller. Also, bringen wir es hinter uns.«

Er griff nach einem Brett und schrie »Aeeii!«. Aber er machte weiter, bis er oben war.

Ich folgte ihm, aber langsam, so wie Finci. Die Bretter verletzten mein Fleisch, und ich hinterließ Blutspuren.

Wir mußten die Decken über uns legen, um nicht zu erfrieren. Aber sie fühlten sich an wie Millionen von Nadeln, die in unser rohes Fleisch stachen. So lagen wir die ganze Nacht, schliefen ab und zu für ein paar Minuten ein, und wachten auf, sobald wir miteinander in Berührung kamen.

Zwei Wochen lang ließen uns die Deutschen in Ruhe, und allmählich ließen die Schmerzen nach. Es tat immer noch weh, wenn jemand mich berührte oder wenn ich irgendwo anstieß. Aber meine Kleider rieben nicht mehr am rohen Fleisch.

Ich fragte mich, was wohl noch kommen konnte. Was könnten sie uns noch antun, ohne uns zu töten? Es war schwer, die Hoffnung auf Freiheit nicht aufzugeben; aber ich zwang mich, daran zu glauben. Die Deutschen verloren den Krieg, so viel war sicher.

Finci kam in die Baracke und rief mich.

»He, David, komm, rausgehen. Schön in der Sonne.«

Wir wanderten die Straße hinunter in Richtung Haupttor. Viele neue Gefangene drängten sich ins Lager.

»Schau«, sagte Finci, »neuer Transport. Laß sehen, was für Leute ankommen.«

Wir gingen näher hin. Plötzlich schrie Finci:

»David, schau!«

Er packte meinen Arm, daß ich stöhnte.

»Finci! Das tut weh!«

Er ließ los und zeigte auf die neuen Häftlinge.

»Schau! Mein *papá!*«

»Das bildest du dir ein!«

»Nein! Mein *papá!* Ich weiß es!«

Er wollte losrasen, aber ich packte ihn an der Jacke.

»Finci! Lauf nicht hin!« schrie ich ihn an. »Tu's nicht!«

Er wand sich, um loszukommen, und zog so fest, daß der Knopf seiner Jacke abriß. Ich konnte ihn nicht zurückhalten.

»Papá! Papá!« rief er und rannte auf seinen Vater zu. Der Mann sah auf, sein Mund öffnete sich und er trat aus seiner Reihe. Finci erreichte ihn, flog in seine ausgebreiteten Arme und küsste ihn wieder und wieder. Sein Vater hob ihn hoch und drückte ihn ganz fest an sich. Ich war nah genug, um zu hören, wie er sagte: »Finci! Finci! Finci!«

Jacob kam zu mir gerannt.

»Was ist los mit Finci?«

»Er hat seinen Papa gefunden«, berichtete ich ihm. »Ich kann's gar nicht glauben, daß sie solches Gück haben. Es ist ein Wunder.«

Ich dachte an meinen Vater, der vor langer Zeit erschlagen wurde. Vielleicht war es besser für ihn. Womöglich wäre er verhungert oder vergast worden. Niemand hätte es je erfahren. So hatte wenigstens seine Familie um ihn getrauert.

Einen Augenblick später boxte sich ein großer SS-Mann durch die Menge.

»*Was ist los?*« wollte er wissen.

Ein Häftling drehte sich um und sagte auf Deutsch: »Der Junge hat seinen Vater gefunden.«

»Er hat *was?*«

»Er hat seinen Vater gefunden. Sie sind glücklich.«

»Das sind sie nicht.«

Der Nazi zog seinen Revolver aus dem Seitenhalfter und schoß Finicis Vater in den Kopf.

Finci stand da und starrte auf seinen Vater, der mit blutendem Kopf am Boden lag. Kein Laut. Dann sah er den Deutschen an. Man konnte sehen, wie sehr er ihn haßte.

Der SS-Mann starrte zurück, auch er mit Haß in den Augen. Ich hatte Angst, er würde jetzt Finci erschießen. Aber er steckte seine Waffe weg und ging.

Mit einem lauten Schrei fiel Finci schluchzend auf den Leichnam seines Vaters.

Ein paar Männer brachten einen zweirädrigen Karren, zogen Finci weg, hoben die Leiche auf und warfen sie auf den Karren. Als sie abfuhren, lief Finci nebenher. Er nahm die Hand seines Vaters und drückte sie an seine Brust.

»Papá mio, papá mio«, sagte er wieder und wieder.

Ein *Kapo* packte ihn: »Was glaubst du eigentlich, wo du hingehst?«

Finci riß sich los; er hielt noch immer die Hand seines Vaters.

»Nein, Finci!« rief ich. »Nicht!« Jacob und ich versuchten, ihn von dem Karren wegzuziehen. »Finci, nicht! Nicht aufgeben! Bitte, Finci, komm mit!«

Wir stützten ihn und nahmen ihn mit zur Baracke.

Zwanzigstes Kapitel

Zwei Tage später weckte uns der *Kapo* vor Tagesanbruch. Wieder geschah, was ich schon so viele Male erlebt hatte. Wir hetzten auf den Appellplatz; sie riefen unsere Nummern auf; dann standen wir da und warteten, bis es dunkel wurde. Lastwagen fuhren vor. SS-Männer und *Kapos* umstellten uns, schlugen auf uns ein, schrieen:

»Los! In die Wagen! Los!«

Ich hatte jedesmal Schwierigkeiten, in die hohen Lastwagen zu steigen. Diesmal stieß ich mit dem Knie gegen die metallene Kante der Ladefläche und fiel rückwärts zu Boden. Ein Wachposten stieß mich mit seinem schweren Stiefel und brüllte, ich solle aufstehen.

Ich stolperte auf meine Füße, und zwei Männer mittleren Alters hoben mich auf den Laster. Ich humpelte an die Seite und lehnte mich gegen die Plane. Einer der Männer schob mein Hosenbein hoch und sah sich mein blutendes Knie an. Er zog einen Lappen aus der Tasche, wickelte ihn drum und zog ihn fest.

»Ist nicht schlimm, Junge«, sagte er, »das ist bald vorbei.«

»Sobald du kannst, solltest du den Lappen auswaschen«, sagte der andere Mann. »Es ist wichtig, daß du die Wunde sauberhältst.«

»Ich werd's versuchen«, antwortete ich. »Danke.«

»Ich hatte einen Sohn«, fuhr er fort, »ungefähr in deinem Alter, schätze ich. Ich weiß nicht, ob er noch lebt oder nicht.«

»Woher sind Sie?« fragte ich ihn.

»Aus Krakau«, antwortete der erste Mann.

»Ich bin aus Sosnowiec«, sagte der zweite, »nicht weit von der schlesischen Grenze.«

»In Sosnowiec war ich auch eine Zeitlang«, sagte ich. »Dann gingen wir nach Tarnów.«

»Hat irgend jemand eine Ahnung, wohin wir fahren?« fragte der erste Mann.

Zunächst antwortete niemand. Dann sagte einer: »Was spielt das denn für eine Rolle? Entweder sie bringen uns um, oder sie lassen uns schuften wie Vieh.«

Spät in der Nacht sahen wir auf einmal Flutlichter vor uns. Als wir näherkamen, las ich ein Schild: *Mittelbau Lager Dora.*

Die Tore öffneten sich, und die lange Reihe von Lastwagen fuhr durch. Jeder wendete und setzte bis zu einer Beton-Plattform zurück. Die Ketten rasselten, als die Wächter sie lösten und die Klappen herunterließen. Ringsherum standen *Kapos* und SS-Männer.

Sie brüllten uns an: »Antreten! Strammgestanden!« Sie schlugen uns mit Stöcken und Schläuchen. Schäferhunde knurrten und bissen. All das erinnerte mich an Auschwitz, und mir war, als hätte ich immer und immer wieder denselben Alptraum.

Ich wußte nicht, wo Jacob und Janny waren, aber ich hoffte, sie wären in der Nähe. Finci war nicht mit uns gefahren. Man hatte ihn einer anderen Gruppe zugeteilt.

Ein SS-Mann rief unsere Nummern auf und schickte uns zu verschiedenen Gruppen an der linken Seite der Plattform. Dort warteten wir fast bis Tagesanbruch, dann marschierten wir zu einer großen Baracke, ähnlich denen in Auschwitz.

Mein Knie war geschwollen und tat fürchterlich weh, aber ich zwang mich, auf die oberste Pritschenreihe hinaufzuklettern. Ich wußte, daß es einem oben besser ging. Unsere Decken hatten wir in Buchenwald zurücklassen müssen; hier gab es nur noch eine für zwei Personen. Sie waren groß, und wir lagen zu siebt eng beieinander; eine Decke hatten wir unter uns, und mit zweien deckten wir uns zu. Das bewahrte uns vorm Erfrieren.

Bis spätabends gab es nichts zu essen oder zu trinken, nicht einmal Wasser. Dann stellten wir uns an um eine Scheibe Brot und eine Suppe, die so dünn war, daß man nicht schmecken konnte, was es für eine sein sollte.

Die Suppe aß ich auf, aber von meinem Brot behielt ich, wie immer, ein kleines Stück zurück, das ich in einen Stoffetzen wikkelte. Vor dem Einschlafen legte ich es zwischen meine Beine, damit niemand es stehlen konnte.

Am nächsten Morgen kamen *Kapos* in die Baracke.

»Aufstehen, ihr dreckigen Bastarde!« brüllten sie. »Ihr stinkender Abfall! Aufstehen!«

Wir liefen hinaus auf den großen, viereckigen Platz, der von Baracken umgeben war. Gleich darauf riefen sie unsere Nummern auf und steckten uns in verschiedene Arbeitsgruppen.

Wir rannten durch das offene Tor hinaus, wo Lastwagen warteten, die uns irgendwo hinbringen sollten. Wächter mit Gewehren und Hunden liefen an den einzelnen Reihen entlang. Vor mir rutschte ein Mann aus und fiel hin. Die nach ihm kamen, stolperten und fielen auf ihn drauf. SS-Männer stachen auf sie ein und Hunde bissen in ihre Beine, als sie sich abmühten, um wieder hochzukommen.

Die Laster kletterten eine kurvenreiche Straße hinauf, die durch dichte Wälder führte. Sie wurde immer steiler und endete schließlich vor einer hohen Bergwand. Die Wagen hielten, und die Wachposten schrieen, wir sollten absteigen.

Ich sprang auf den felsigen Boden und fragte mich, warum sie uns wohl hierher gebracht hatten. Ich sah ringsum nichts als Wald, mit Ausnahme eines breiten Weges, der vom Ende der Straße an bergauf führte.

»Antreten!«

Als wir die üblichen Fünferreihen gebildet hatten, befahlen uns die Wächter, den Weg hinaufzugehen. Man konnte kaum laufen, ohne über lose Steine zu stolpern. Meine Luftröhre schmerzte bis in die Lungen, als ich die kalte Luft einatmete. Der Weg wand sich etwa anderthalb Kilometer durch Bäume hindurch, dann kamen wir an Gleisen an, die aussahen, als ob sie zu einer Spielzeug-Eisenbahn gehörten.

Sie liefen außen an der Bergwand entlang und verschwanden dann in einer Höhle, die in den Felsen vor uns gehauen war. Vierrädrige Wagen ratterten quietschend über die Schienen, als

Männer sie in die Öffnung schoben. Die Wagen waren alle leer, und ich fragte mich, warum jeder einzelne von sechs Männern begleitet wurde.

Ich sollte es bald wissen.

Ein *Kapo* holte sich sechs von uns aus der Reihe.

Er zeigte auf einen der leeren Wagen und schrie: »Bringt den her und kommt mit!«

Wir packten den Wagen an und schoben ihn in den Felstunnel. Als wir drin waren, brach das Dröhnen von Preßlufthämmern über uns herein, das das Quietschen der Räder auf den Gleisen noch übertönte. In dem schwachen Licht der Glühbirnen, die an den Wänden hingen, sah ich, daß zu beiden Seiten weitere Tunnel abzweigten. Wir gingen geradeaus weiter, tief in den Berg hinein, und bogen schließlich in einen der Seitentunnel ein.

Der Lärm wurde noch stärker, der Staub dichter. Am Ende des Tunnels bohrten Männer Löcher in die Stirnwand und brachen Steinbrocken aus ihr heraus. Andere luden die Steinbrocken auf die kleinen Wagen und stießen sie in den nächsten Tunnel, der auf der linken Seite nach unten ging. Der *Kapo* zeigte auf die Felsbrocken auf dem Boden. Hier war unsere neue Arbeit.

Ich hob einen großen Brocken auf; die scharfen Kanten schnitten mir die Hände auf. Ich warf ihn in den Wagen und drückte meine Handflächen an meinen Rücken.

»Heb die Steine auf!« Ein *Kapo* schlug mir mit einem Stock auf die Schulter. »An die Arbeit!«

Ich bückte mich nach einem neuen Brocken.

Wir schoben den voll beladenen Karren aus dem Berg hinaus, bis zu einer Stelle, wo der Erdboden über mehr als 100 m jäh abfiel. Zwei Männer betätigten einen Hebel, der den Wagen auskippte, und die Steine rumpelten den steilen Abbruch hinunter. Danach zogen wir den Wagen zu der Stelle zurück, an der wir in den Berg hineingegangen waren.

Und dann begann es von vorn, den ganzen Tag über: Steine aufheben, Wagen schieben, Steine abladen, Wagen schieben. Immer im Kreis. Stunde um Stunde. Keine Pause, allenfalls etwas Erleichterung beim Schieben eines leeren Wagens. Schultern und Rücken taten mir weh. Meine Hände brannten von den Schnittwunden.

Kein Essen, kein Wasser. Ich hatte ein Stück Brot vom Vortag aufgehoben. Von Zeit zu Zeit knabberte ich ein Krümelchen ab und behielt es im Mund. Nie schluckte ich es sofort hinunter. Es war ein gutes Gefühl, etwas im Mund zu haben.

Am dritten Tag flogen uns früh am Morgen große, viermotorige Flugzeuge an und warfen Bomben ab. Die *Kapos* waren offenbar gewarnt worden, denn sie schrieen uns zu, in den Tunneln zu bleiben. Einige Minuten lang gab es schwere Explosionen. Als sie vorbei waren, gingen wir hinaus.

Die Gleise waren stellenweise verbogen, Kompressoren und andere Geräte waren umgekippt, die einzelnen Teile lagen ringsum verstreut. Einige Bäume hatten Feuer gefangen.

Innen im Berg hatte der Angriff nichts zerstört. Mir machte er trotzdem Hoffnung, denn er war ein Zeichen dafür, daß die Deutschen den Krieg verloren. Darüber hinaus bescherte er mir eine Ruhepause, denn wir konnten nicht weiterarbeiten, solange die Schäden draußen nicht repariert waren.

Die folgenden neun Tage blieb ich im Lager in Dora, ohne zu arbeiten. Ich wußte nicht, welcher Tag es war, nicht einmal, welcher Monat. Niemand hatte einen Kalender, und ein Tag glich dem anderen.

Ich fragte Jacob: »Was glaubst du, welchen Monat haben wir?«

»Ich weiß es nicht. Es war lange Zeit kalt. Wahrscheinlich ist jetzt Ende Januar, vielleicht auch Februar. Aber bestimmt haben wir 1945.«

»Ja, da bin ich auch sicher. Ich kann die Winter zählen.«

Keiner wußte es genau, aber die meisten von uns glaubten, daß es Februar 1945 war.

Eines Morgens, es war früher als sonst, schrieen die *Kapos*, wir sollten aufstehen und zum Appell antreten. Es war immer wieder das gleiche Angeschrieen- und Geschlagenwerden. Inzwischen schien es uns schon fast normal. Genau wie an dem Morgen, als wir Jawischowitz verließen, standen wir auch diesmal zu Tausenden in Fünferreihen und warteten darauf, unsere Nummern zu hören und darauf, Lastwagen zu besteigen, die auf der Straße, außerhalb des Tores, parkten.

Als es hell wurde, kamen die Laster ins Lager gefahren. Sobald einer voll beladen war, fuhr er ab.

Eis überzog die Kanten der Ladefläche, und ich hatte Angst, auszurutschen und mir noch mal mein Knie aufzuschlagen.

Ich wandte mich an einen jungen Mann, der auch darauf wartete, aufzusteigen.

»Bitte«, sagte ich zu ihm, »ich habe ein verletztes Knie. Wenn ich es noch mal anstoße, werde ich nicht mehr laufen können. Sei so gut und hilf mir beim Aufsteigen.«

»Klar«, sagte er. »Stell deinen Fuß in meine Hände, dann schieb ich dich hoch.«

Er hieß Moishe. Wir standen nebeneinander auf dem voll beladenen Lastwagen und fingen an, von unseren Familien zu erzählen. Alle erzählten immer von ihren Familien.

»Ich hatte zwei Brüder«, sagte er, »und eine Schwester, alle jünger als ich. Eines Tages griffen mich die Deutschen auf der Straße auf. Ich hatte keine Möglichkeit mehr, meiner Familie Lebewohl zu sagen. Wer weiß, was aus ihnen geworden ist. Und meine Eltern! Vielleicht sind sie tot. Und wenn, dann geht es ihnen besser als uns.«

»Kann sein«, sagte ich. »Aber wenn wir nur noch ein bißchen weiterleben, dann schaffen wir's vielleicht.«

Der Lastwagen fuhr eine holprige Staubstraße entlang. Nach etwa zwei Stunden hielt er.

»Aussteigen!« rief ein Wachposten. »Der Rest wird gelaufen.«

»Hoffentlich ist es nicht allzu weit«, sagte ich zu Moishe. »Ich weiß, daß mein Knie nicht viel aushält.«

»Ich helfe dir, wenn du's nicht schaffst«, sagte er.

Wir stiegen ab. Bereits nach wenigen Minuten ließ uns der Posten anhalten; aber bei jedem Schritt war es mir so vorgekommen, als hätte jemand mein Knie mit einem scharfen Messer durchbohrt.

»Ich verstehe nicht, warum der Laster nicht den ganzen Weg gefahren ist«, sagte ich. »Die Straße ist hier auch nicht schlechter als vorher.«

»Vermutlich gibt's keinen Grund. Sie sind einfach Arschlöcher.«

Vor uns war ein hohes Tor mit einem Schild, auf dem *Crawinkel Lager* stand. Das Tor schwang auf, und wir gingen hinein.

Einundzwanzigstes Kapitel

Noch nie hatte ich so viele Hunde gesehen. Jeder Wachposten, jeder *Kapo* hielt einen Schäferhund an der Leine. Alle Hunde wollten sich auf uns stürzen. Noch mehr waren an den Torpfosten angebunden. Sie knurrten böse, als wir durchgingen, konnten uns aber nicht erreichen.

»Bitte, Gott«, betete ich, »laß sie nicht loskommen. Ich habe so viel überstanden. Laß nicht zu, daß ich jetzt von Hunden getötet werde.«

Zwischen den Baracken blieben wir stehen. Es waren kleine Baracken, anders als alle, die ich bis dahin gesehen hatte. Sie sahen eher aus wie Häuser. Ein SS-Mann rief Nummern auf und wies immer Gruppen von 30 einer Baracke zu.

Als wir hineinkamen, war ich enttäuscht, daß die Schlafstellen nur doppelstöckig waren. Die oberen Reihen reichten zwar fast bis an die Decke, aber sie waren trotzdem für einen *Kapo* oder einen Aufseher allzu leicht zu erreichen. Ich kletterte hinauf und rollte mich kugelrund zusammen. Es war bitterkalt, und ich zitterte unter der einzigen Decke.

Am nächsten Morgen gab es Brot und schwarzen Kaffee. Es war eher schmutziges Wasser, aber die Wärme tat meinen Händen gut und meinem Magen auch.

Ein Mann, der neben mir in der Reihe stand, fragte mich nach meinem Namen.

»David Faber«, sagte ich.

»Faber? Kann sein, daß du einen Verwandten hier hast. Der Lagerarzt heißt auch Faber.«

»Kennen Sie seinen Vornamen?«

»Hm«, er zögerte, »ich glaube, Avram.«

»Das könnte ein Verwandter von mir sein«, sagte ich.

Es wäre wunderbar, einen Verwandten zu treffen, einen, der meine Eltern gekannt hatte, einen, der sich an alles erinnerte.

Die Stimme des *Kapo* unterbrach uns.

»Ihr werdet alle dieselbe Arbeit zugeteilt bekommen. Morgen früh.«

Vielleicht konnte ich Dr. Faber aufsuchen, dachte ich, und erfahren, ob wir wirklich Verwandte waren.

»Wo finde ich den Doktor?« fragte ich den Mann, der mir von ihm erzählt hatte.

»Normalerweise ist er in dem Gebäude dort drüben, auf der anderen Straßenseite«, sagte er.

Ich überquerte die Asphaltstraße und ging in eine kleine Baracke. Ein Mann, etwa 40, blickte von einem kleinen Schreibtisch auf.

»Was willst du?« Er klang nicht besonders freundlich.

»Sind Sie Dr. Faber?« fragte ich.

»Ja. Was willst du?«

»Mein Name ist David Faber, und vielleicht sind wir verwandt. Woher kommen Sie?«

»Aus Nowy Sacz.«

»Oh, da bin ich geboren! Kannten Sie meine Mutter, Eva Faber?«

»Ja. Sie war die Schwester meines Vaters.«

»Dann sind wir Vettern.« Ich lächelte ihn an.

Er lächelte nicht zurück. Er fragte mit kalter Stimme: »War es das, was du wissen wolltest?«

»Ja.«

»Nun gut. Und jetzt geh bitte.«

Er wandte sich wieder den Papieren auf seinem Schreibtisch zu. Ich haßte ihn! Wie konnte er einen Verwandten so behandeln? Ich drehte mich um und ging.

Am nächsten Morgen händigte der *Kapo* allen in meiner Baracke eine Schaufel aus, nur mir nicht; und sie gingen fort zu irgendeiner Arbeit. Ich wußte nicht, warum ich ausgelassen wurde. Vielleicht tat mein Vetter nun doch etwas für mich. Vielleicht mußte er einfach vorsichtig sein. Aber dann bekam ich

Angst. Vielleicht würden sie mich töten, weil ich ein verletztes Knie hatte und keine schwere Arbeit tun konnte. Wahrscheinlich war es das.

Der *Kapo* rief mich.

»*Komm her, Kleiner.* Du bleibst hier, für dich gibt's einen anderen Job.«

Wir gingen in die Baracke zurück und warteten. Nach wenigen Minuten öffnete ein SS-Mann die Tür und kam herein. Er trug ein Gewehr und hielt einen Hund an der Leine. Der *Kapo* sprang auf und stand stramm.

»Was für einen *Schweinehund* hast du für mich ausgesucht?«

»Den Kleinen hier.«

Der Deutsche sah mich an.

»*Du kommst mit mir mit.*«

»*Jawohl!*«

»Ich werde dir zeigen, was du zu tun hast. Verstanden?«

»Jawohl. Ich habe verstanden.«

Wegen meines Knies hatte ich Mühe, mit ihm Schritt zu halten, als wir auf ein riesiges Gebäude zugingen, das denen in Auschwitz glich. Er führte den Hund zwar an seiner anderen Seite, aber der knurrte weiter und wollte auf mich losgehen.

Allmählich hörte ich noch andere Hunde bellen, zuerst nur schwach, aber je näher wir der Baracke kamen, desto lauter wurde es. Sie mußte voller Hunde sein, dachte ich. Was hatte er mit mir vor? Ich fürchtete mich vor diesen Hunden, besonders in ihrer Nähe. Hätten sie mir doch auch eine Schaufel gegeben!

Der Mann öffnete die einzige Tür, in der Mitte der langen Wand. Das Gebell und Geknurre traf mich wie ein Schlag. Wir gingen hinein, und ich sah an sämtlichen Wänden angekettete Hunde.

»Hier ist deine Arbeit«, sagte der SS-Mann.

Ich zitterte vor Entsetzen.

»Du wirst diese Hunde füttern. Versorge sie gut, sonst werde ich dich versorgen. Verstanden?«

»*Jawohl!*«

»*Komm mit!*«

Wir gingen raus, und er machte die Tür zu. Meine Ohren dröhnten von dem Gebell, aber wenigstens war ich jetzt weg von den Hunden. Dann gingen wir ein Stück nach links zu einer kleinen Baracke; sie glich der, in der ich schlief.

Es roch gut, als wir hereinkamen; und es war warm. Es war eine Küche, mit riesigen Kesseln auf den Herden. Kleine, mit Futter gefüllte Schüsseln standen neben jedem Kessel. Es roch wunderbar, ein Duft, den ich jahrelang nicht mehr gerochen hatte.

Große Fleischstücke hingen an Haken; manche sahen aus wie Rind. Mir schien, als sei auch Pferdefleisch dabei. Kartoffelsäcke waren auf dem Boden gestapelt, daneben weiße Zuckerrüben und anderes Gemüse.

»Es wird dir jemand helfen, das Futter auf diesen Wagen zu laden. Du bringst es zu den Hunden.«

»*Jawohl!*«

Er half mir, zwei Kessel auf den hölzernen Handkarren zu stellen.

»Nimm das jetzt und füttere sie. Schüsseln stehen auf einem Regal neben der Tür. Für jeden Hund füllst du eine Schüssel. Verstanden?«

»*Jawohl!*«

Er hielt die Tür auf, und ich schob den Wagen hinaus. Er war schwer, und mein Knie war ziemlich wacklig, aber ich schaffte es, zu den Hunden zurückzukommen. Der SS-Mann sagte nichts, drehte sich um und ging in die andere Richtung.

Der Krach, den die Hunde machten, fiel über mich her, als ich die Barackentür aufmachte und hineinspähte. Oh Gott, dachte ich, wie soll ich jemals diese Hunde füttern? Sie werden mich in Stücke reißen. Es waren schrecklich viele. Damit sie sich nicht gegenseitig anfallen konnten, waren sie durch Maschendraht getrennt, der an langen Brettern befestigt war. Das erinnerte mich an einen Stall, den ich einmal gesehen hatte.

Ich beschloß, das Futter zu probieren, bevor ich die Schüsseln füllte. Es schmeckte köstlich: Zuckerrüben, Bohnen und Fleischstücke. Ich wußte nicht, was für Fleisch es war, es war mir auch egal. Ich aß noch mehr. Wenigstens werde ich nicht mehr hungrig sein, wenn sie mich zerreißen, sagte ich mir. Das Gefühl von Essen in meinem Mund und wie es in meinen Magen wanderte, war so gut, daß ich weinen mußte.

Die Hunde bellten immer noch, und ich bekam immer mehr Angst vor ihnen. Aber ich mußte sie füttern. Sonst würde mich der SS-Mann ihnen wahrscheinlich zum Fraß vorwerfen. Neben der Tür stand ein Besen. Da kam mir eine Idee. Ich schob den Wagen an der rechten Seite des Gebäudes hinunter bis zum anderen Ende. Dann füllte ich eine Schüssel, setzte sie auf den Boden und schob sie mit dem Besen zu dem ersten Hund. Auf diese Weise konnte er mich nicht erreichen.

Ich ging weiter, von einer Seite zur anderen, füllte die Schüsseln und schob sie mit dem Besen zu den Hunden. Bei jeder Schüssel, die ich füllte, steckte ich auch mir einen Happen in den Mund.

Als die Hunde fraßen, wurde es ruhig. Kein Bellen mehr, nur das Scharren der Schüsseln auf dem Boden und das Schmatzen. Durch die Ruhe und weil ich selbst gegessen hatte, ließ meine Angst nach.

Ich fütterte die Hunde dreimal am Tag.

Neben der Tür standen Stapel von Schachteln. Bei einer war der Deckel abgerissen und ich sah beigefarbene Kekse mit einem Loch in der Mitte. Auf jedem Keks stand auf Deutsch: *Hundekuchen.*

Ich war zu satt, um welche zu essen. Ich band meine beiden Hosenbeine mit einem Stück Schnur zu und ließ ein paar Kekse hineinfallen. In der Nacht teilte ich sie mit Moishe und den Männern, die in meiner Nähe schliefen.

Zum Kauen waren die Kekse zu hart; wir behielten sie im Mund, bis sie sich langsam auflösten. Sie schmeckten gut, und es dauerte lange, bis man einen aufgegessen hatte. So hatten wir viele Stunden lang etwas im Mund.

Alle hüteten das Geheimnis während der Zeit, in der ich diesen Job hatte.

Dann passierte wieder die alte Geschichte. Eines frühen Morgens war Appell. »Einige von euch werden dieses Lager verlassen«, sagte ein SS-Offizier zu uns.

Ich wollte auf keinen Fall den guten Job mit den Hunden verlieren. Ich hatte überhaupt keine Angst mehr vor ihnen. Und schon gar nicht wollte ich ihr Futter verlieren. Durch das Hundefutter mit dem Fleisch hatte ich zugenommen und war wieder zu Kräften gekommen. Mein Knie tat nicht mehr so weh, und ich fühlte mich wohl.

Mein Vetter stand neben dem Lagerkommandanten. Jeder Häftling blieb vor ihnen stehen, und der Doktor entschied, wer arbeitsfähig war und wer nicht. Wenn er »ja« sagte, blieb derjenige im Lager. »Nein« bedeutete, daß er wegmußte, wahrscheinlich vergast oder erschossen wurde.

Als ich an der Reihe war, sah ich meinen Vetter an.

»Bitte«, sagte ich, »bitte, ich kann arbeiten. Ich habe einen guten Job. Bitte lassen Sie mich hierbleiben.«

Er sah hinunter auf seine Liste und schrieb meine Nummer zu denen, die weggeschickt wurden.

Zweiundzwanzigstes Kapitel

Diesmal warteten wir nicht auf dem Bahnsteig. Kaum daß die ersten den Zug verlassen hatten, schrieen die Wächter, wir sollten losgehen. Es dauerte nicht lange, da kamen wir an ein riesiges Tor. Hohe Wachtürme standen an beiden Seiten und an den Zäunen, so weit man sehen konnte. Im Schatten der Flutlichter sah man Wachposten auf und ab gehen.

Das Konzentrationslager Bergen-Belsen; ein weiteres Stück Hölle. Der Krieg ist fast vorbei, dachte ich. Wenn es einen Gott gibt, so helfe er mir bitte zu überleben.

Das Tor ging auf, und wir liefen ein paar hundert Meter zwischen Stacheldrahtzäunen hinein. Haufen von Kleidern und Schuhen lagen an beiden Straßenseiten. Und menschliche Körper, Hunderte und Aberhunderte nackter Körper. Sie sahen aus wie übereinandergeschichtete Knochen. Ich dachte, sie wären alle tot, bis ich sah, wie ein Arm sich hob und wieder senkte. Ich schauderte.

Wir warteten vor einem zweiten Tor, bis es von Wächtern geöffnet wurde. Sie brüllten uns an und schlugen jeden, der in ihrer Reichweite stand.

Das hörte erst auf, als wir alle durchgegangen waren und vor einer Reihe fensterloser Baracken standen.

Ich schlurfte zum nächsten Gebäude und schaute durch die offene Tür. Der Gestank von Urin und Fäkalien ließ mich würgen, dazu kam der gleiche Geruch, der die Wohnung in Tarnów erfüllt hatte: der Geruch nach Leichen.

Bettstellen gab es keine. Körper, deren Arme und Beine seltsam verbogen oder die in dichten Knäueln zusammengerollt waren, bedeckten fast den gesamten Fußboden. Andere lehnten an den Wänden. Manche schienen mit einer Art Laken bedeckt. Ich betrat den Raum und sah genauer hin: Läuse.

Die meisten der Männer, die gegen die Wände gelehnt saßen, schienen noch zu leben. Einer hob die Hand und starrte mich aus riesigen Augen an. Sein Mund stand offen, Speichel troff über sein Kinn.

Ich hörte Schritte; als ich mich umdrehte, sah ich einen Mann in Häftlingskleidung. Er sah mich an.

»Du bist einer von den Neuen«, sagte er. »Willst du Suppe haben? Du kannst mir helfen.«

Ich starrte ihn an. »Was für eine Arbeit machen Sie?«

Er holte tief Luft.

»Hier gibt es nur eine Arbeit: Die Toten rausräumen.«

»Das ist die einzige Arbeit hier?«

»Das oder verhungern«, antwortete er.

Er stieß mit dem Fuß gegen einen Körper, der ausgestreckt neben der Türe lag.

»Der hier ist soweit. Faß mit an.«

Er zog einen Strick, der als Gürtel gedient hatte, aus der Hose eines Toten und gab ihn mir. »Bind das um seine Beine und zieh ihn zum Ofen. Der *Kapo* wird dir ein bißchen Suppe geben.«

Ich nahm den Strick und beugte mich über den Leichnam. Meine Finger berührten die Läuse, die seine knochigen Beine überzogen; in meiner Kehle stieg Galle hoch.

»Ich kann nicht«, sagte ich. »Ich kann ihn nicht anrühren.«

»Keine Arbeit, keine Suppe«, sagte er. »Wenn du nicht das gleiche Ende nehmen willst wie er, wirst du es tun.«

Der Krieg war fast vorbei. Ich mußte leben. Ich schluckte, band den Strick um die Beine des Toten und zog zu, so fest ich konnte.

Der Mann ging zu einem anderen Toten und band ihm ein kurzes Seil um die Beine.

»So«, sagte er, »gehen wir.«

Ich folgte ihm. Wir zogen die Leichen ein paar hundert Meter weit. Ich heftete meine Augen auf den Boden und versuchte, nicht zu sehen, was vor mir hergeschleift wurde, und nicht darüber nachzudenken, was ich tat.

Hunderte von Leichen, die verbrannt werden sollten, lagen übereinandergestapelt neben dem Ofen. Alle paar Minuten ergriffen zwei Häftlinge einen Toten an Kopf und Füßen und schoben ihn in den Ofen.

»Hier ist ein Neuer«, sagte der Mann, der mir erzählt hatte, wie man an Essen kommt, zu dem *Kapo.* »Kann er ein bißchen Suppe bekommen?«

Der Mann lachte. »Ich denke schon. Aber vorher wird er ein bißchen arbeiten müssen.«

Wir gingen zu einer anderen Baracke. Die Häftlinge hier waren Frauen und Mädchen. Mein Freund zeigte auf einen kleinen Leichnam, nackt, kaum Brüste, mit eckigen, häßlich hervorstehenden Knochen. Ihr schmutziges blondes Haar war bis auf den Schädel abgeschnitten. Ich fragte mich, ob sie mal hübsch gewesen war.

Wieder schnürte ich den Strick um den toten Körper und zog ihn zum Ofen. Dieses Mal löffelte der *Kapo* ein wenig Suppe in einen Napf und gab ihn mir.

»Hier«, sagte er. »Du kannst mehr haben, wenn du mehr gearbeitet hast.«

Die Suppe war dünn und kalt, aber sie linderte meine Magenschmerzen etwas. Ich machte mir klar, wie ich zu der Suppe gekommen war; das und der Geruch nach brennendem Fleisch ekelte mich an. Ich übergab mich.

»Du magst wohl die Suppe nicht?« spottete der *Kapo.* »Na, vielleicht schmeckt sie dir in ein paar Tagen besser.«

Ich mußte weitermachen. Vielleicht starb ich ja sowieso, aber das hier war meine einzige Chance. Ich ging zu den Baracken zurück und zog weitere Leichen heraus. Als der *Kapo* am Ende dieses Tages Suppe in meine Schüssel füllte, schaffte ich es, sie bei mir zu behalten.

Am nächsten Tag fiel es mir immer schwerer, die Leichen zu ziehen, obwohl sie nur wenig wogen. Ich bekam Fieber, es stieg und stieg, und mitten am Nachmittag mußte ich aufhören. Jetzt würde es mir ergehen wie den anderen. Bald würde ein neuer Häftling mich zum Ofen ziehen.

Kurz nach meiner Ankunft in Bergen-Belsen hatte ich Finci noch oft gesehen. Dann plötzlich nicht mehr. Bestimmt war er tot. Nach der Ermordung seines Vaters hatte er seinen Lebenswillen verloren.

Eines Tages brach ich vor der Baracke zusammen. Es schien Frühling zu sein, ein warmer Wind strich mir übers Gesicht. Ich drehte meinen Kopf zu dem Mann, der neben mir saß.

»Ich frage mich, welchen Monat wir haben«, sagte ich.

»Ich bin nicht ganz sicher, aber es könnte April sein. Es wird ein bißchen wärmer.«

April 1945, dachte ich. Aber was spielte das schon für eine Rolle? Mehr als ein paar Wochen würde ich nicht mehr leben.

Ich starrte auf die andere Seite der Asphaltstraße. Da war ein kleines Lager, jenseits des Stacheldrahtzauns. Ich hatte dort Leute herumlaufen sehen, Leute, die ganz anders aussahen als wir.

Sie trugen hübsche Kleider, keine Häftlingslumpen. Männer, Frauen und Kinder waren zusammen, wie richtige Familien. Und was mir besonders auffiel: Sie sahen nicht aus, als hätten sie Hunger.

Ich mußte von Sinnen sein. Wahrscheinlich war es das Fieber, das mich Dinge sehen ließ, die gar nicht da waren.

Ein Mann mit zwei Kindern kam nah an den Zaun und warf Brotstücke auf die Lagerstraße. Ich rappelte mich auf, um ein paar davon zu ergattern. Aber ich war zu schwach, um mich durch die Menschenmenge durchzudrängen. Manche fielen hin und andere traten auf sie und kämpften um die kleinen Essensbrocken. Wie Hunde, dachte ich.

Am nächsten Tag passierte das gleiche. Dieses Mal beobachtete ich alles nur.

Am dritten Morgen schien das kleine Lager verlassen. Ich mußte wohl im Delirium gewesen sein und mir alles eingebildet haben. Aber das konnte doch nicht sein! Ich hatte genau gespürt, wie ich geschubst wurde, als ich versuchte, an das Brot zu kommen. Es war wohl doch Wirklichkeit gewesen.

Ich ging in die Baracke zurück und setzte mich an eine Wand. Ein Mann in den Dreißigern lag rechts neben mir. Seine Wangen waren hohl, aber sein Leib schien mir dick zu sein.

»Was fehlt Ihnen?« fragte ich ihn.

»Typhus.«

Er gebrauchte ein paar medizinische Fachausdrücke, die ich nicht verstand.

»Ich bin aufgedunsen, weil mein Körper voller Wasser ist«, fuhr er fort. »Ich mach's nicht mehr lange.«

»Kann ich irgendwas für Sie tun?«

»Nichts, mein Junge. Ich bin Arzt, aber ich habe nichts, um dir oder mir zu helfen. Versuch du, zu überleben.«

Ein anderer Mann lag neben meinen Füßen. Mit weit offenen Augen starrte er ins Leere.

»Wer sind Sie?« fragte ich ihn. »Woher kommen Sie?«

»Ich komme aus Tarnów.«

»Tarnów! Da bin ich auch her!«

Ich schob den Ärmel seiner Häftlingsjacke zurück und sah die tätowierte Nummer auf seinem Arm an: 161 041 – fast wie meine.

»Wir müssen im selben Transport gewesen sein«, sagte er. »Wo warst du? Es gibt ja so viele Lager. Aber hier werden wir alle sterben.«

Plötzlich war ich entschlossen zu leben.

»Nein!« Ich schrie fast. »Ich gebe nicht auf. Der Krieg ist fast vorbei. Bitte geben Sie nicht auf.«

In dieser Nacht starb der Doktor, und mit ihm starben viele andere. Ich wollte nicht länger in der Baracke bleiben. Ich wollte raus, ins Sonnenlicht und an die frische Luft. Aber ich war zu schwach, um zu stehen, und mein Körper glühte vor Fieber. Ich mußte irgendwie an Wasser kommen.

Ich wälzte mich auf Hände und Füße und kroch langsam hinaus, zum Wasserhahn. Die Deutschen hatten das Wasser abgestellt, aber das Ventil war locker, so daß immer noch ein bißchen kam, ab und zu ein Tropfen. Ich setzte meine Schüssel unter den Wasserhahn, bis etwa ein Teelöffel Wasser den Boden bedeckte, genug, um meinen Mund anzufeuchten.

Ich lag da und beobachtete Männer, die immer noch die Kraft hatten, die Toten aus den Baracken zu ziehen. Sie brachten sie nicht mehr bis zum Ofen, sondern ließen sie einfach auf der Straße liegen.

Am späten Nachmittag schob ich meinen Rücken an der Barackenwand hinauf, bis ich stand. Meine Knie knickten durch, und ich sank wieder auf den Boden. Ich schob mich wieder hoch, und diesmal machte ich ein paar Schritte, bevor ich wieder umfiel. Schließlich gab ich meine Aufstehversuche auf und kroch wieder zurück.

Der Mann aus Tarnów lebte noch, ich sank neben ihm zu Boden.

»Wo haben Sie gewohnt in Tarnów?« fragte ich.

Er nannte mir seine Adresse. Es war ganz nah bei uns, und seine Eltern hatten meine gekannt.

»Ich erinnere mich an euch alle«, sagte er, »sogar an dich.« Er lächelte, und ich sah, daß er fast alle Zähne verloren hatte. »Du warst der Jüngste. Heißt du nicht Faber?«

»Ja, David Faber. Sie haben ein gutes Gedächtnis.«

»Ich heiße Chaim. Ich erinnere mich an deine Familie. Was ist aus ihnen geworden?«

Ich hätte nicht gedacht, daß ich noch weinen könnte, aber als ich ihm antwortete, kamen mir die Tränen.

»Alle tot. Vielleicht lebt noch eine Schwester in England, aber alle andern sind tot. Und Ihre Familie?«

Er schloß die Augen. »Sie sind auch alle tot«, sagte er. »Es gibt nichts mehr, wofür man leben könnte.«

Da hörten wir plötzlich Flugzeuge. Es klang wie Donner. Sie kamen, eins nach dem andern. Ich kroch zur Tür und sah hinauf. Sie sahen nicht wie deutsche Flugzeuge aus. Ein Jagdbomber flog tief über das Lager, und ich sah das runde Kennzeichen der britischen Luftwaffe.

Bald hörten wir Artilleriefeuer; zunächst alle paar Minuten, dann nahezu ununterbrochen. Das laute Donnern erinnerte mich an die erste Nacht in Sosnowiec. Es wurde lauter und lauter, und wir sahen einen Feuerschein am Himmel.

Bis zum Morgen waren die Geschütze sehr nahe gekommen. Ich kroch zur Tür und sah mich um. Irgend etwas war anders als sonst, aber ich wußte nicht, was. Ich sah zu den Wachtürmen hinauf: Sie waren leer. Die Deutschen waren fort. Ich schloß die Augen und wartete.

Ich sagte mir, daß wir bald frei sein würden, aber stundenlang passierte nichts. Dann hörte ich, wie Lastwagen dröhnend ins Lager fuhren. Kurz darauf rumpelten Panzer hinterher.

Ein Häftling stürmte herein.

»Wir sind frei«, rief er. »Die Amerikaner sind da!«

Was ich erwartet hatte, war eingetreten, aber ich konnte noch nicht daran glauben.

»Bitte«, sagte ich, »bitte machen Sie keine Witze. Lassen Sie uns in Frieden sterben. Bitte verlassen Sie diesen Raum.«

Er rannte hinaus und rief noch immer: »Wir sind frei! Wir sind frei!«

Einige Minuten später kam wieder ein Mann herein und rief: »Die Engländer sind da!«

Diesmal mußte ich es glauben. Zwei Leute würden nicht denselben schrecklichen Witz machen. Und die Wachposten waren weg.

Mein Körper wurde von Schluchzen geschüttelt. »Ich hab's geschafft, Mama!« stammelte ich. »Ich habe überlebt.«

Raus! dachte ich. Ich muß hier raus. Die denken, ich bin tot, wenn ich hier drinbleibe. Ich konnte nicht laufen, aber ich drehte mich auf Hände und Füße. Es waren nur etwa drei Meter bis zur Tür; ich konnte hinkommen. Langsam schob ich die eine Hand ein paar Zentimter vor, dann zog ich mich vorwärts. Noch mal. Ein Schütteln durchlief meinen Körper, und ich brach zusammen, meine Wange auf den schmutzigen Fußboden gedrückt.

Ein paar Minuten lag ich ruhig da, dann versuchte ich es noch mal. Es war sinnlos. Ich schaffte es nicht. Ich würde zusammen mit den anderen hier sterben.

Ich hörte schwere Schritte in meiner Nähe, und als ich hochschaute, sah ich einen Soldaten in der Tür stehen. Einen Augenblick starrte er auf die schmutzigen Körper, dann rief er auf Deutsch: »Männer! Ihr seid frei!«

Meine Kehle war so ausgetrocknet, daß ich kaum einen Ton herausbrachte, aber ich mußte mich ihm verständlich machen. Mit dem Restchen Kraft, das ich noch hatte, preßte ich heraus: »Hilfe!« Es war kaum mehr als ein halblautes Flüstern, und er schien mich nicht gehört zu haben. Ich versuchte es noch mal, und diesmal drehte er sich um und sah mich an.

Er kam näher, kniete sich neben mich und legte sein Gewehr auf den Boden. »Halt durch, Junge«, sagte er. »Halt noch durch. Dir wird's gleich besser gehen. Ich hole Hilfe. Ich bin gleich zurück.«

Er nahm sein Gewehr und ging hinaus. Wenige Minuten später kamen zwei andere Soldaten. Diesmal verkündeten sie ihre Botschaft in verschiedenen Sprachen, auf Deutsch, Polnisch und Französisch: »Ihr seid frei!«

»Ihr kommt in ein Krankenhaus. Wir kümmern uns um euch.« Wundervolle Worte!

Ich verstand, was sie sagten, aber es war schwer zu glauben, daß wir tatsächlich aus der Hölle befreit würden. Vielleicht sah ich Sachen und hörte Stimmen, weil ich Fieber hatte. Ich wollte es ja glauben, aber ich hatte immer noch Angst, aufzuwachen und alles beim alten zu finden.

Ich hörte dieselben Sätze aus Lautsprechern schallen, wieder in verschiedenen Sprachen. Das konnte keine Täuschung mehr sein. Es mußte wahr sein.

»Chaim«, sagte ich, »komm. Wir müssen hier raus, weg von all den Toten. Sie werden uns schneller finden, wenn wir draußen sind, und uns in ein Krankenhaus bringen.«

Chaim stöhnte. Er sagte etwas so leise, daß ich es nicht verstand. Ich beugte mich über ihn. »Chaim, wir werden sterben, wenn wir hierbleiben. Wir müssen raus.«

»Ich kann mich nicht bewegen«, flüsterte er. »Rette du dich. Zu spät.«

Ich streichelte sein Gesicht. »Na gut«, sagte ich, »ich werde ihnen sagen, daß sie dich holen sollen.«

Er schloß die Augen und lächelte. Ich fand es furchtbar, ihn zu verlassen, aber ich konnte ihn nicht bewegen. »Ich sag ihnen Bescheid, Chaim«, sagte ich noch mal.

Ganz langsam kroch ich um die Toten und die Lebenden herum. Stunden schienen vergangen, bis ich draußen angekommen war und am Rand der Asphaltstraße liegenblieb.

Panzer rasselten nah an meinem Kopf vorbei. Ein Mann neben mir kroch auf die Straße und blieb dort liegen. Ein Panzer hielt an, und ein Soldat sprang ab und legte ihn auf die Seite. Der Mann ergriff die Hand des Soldaten und küßte sie. Der Soldat streichelte den Kopf des Mannes, dann stieg er wieder auf den Panzer und fuhr davon.

Bremsen quietschten, und neben mir hielt ein offenes Militärfahrzeug. Zwei Frauen stiegen aus, sie trugen blaue Röcke und Jacken.

Die eine, groß, dünn und mit einem länglichen Gesicht, kniete sich neben mich und sprach mich auf Deutsch an. Ich sah die Rotkreuzbinde an ihrem Arm.

»Es wird alles gut, Junge. Wir helfen dir. Verstehst du mich?«

»*Ja*«, sagte ich.

Sie fühlte an meine Stirn, blickte besorgt und sagte etwas auf Englisch zu einer kleineren Frau, die neben ihr stand.

Dann sagte sie zu mir auf Deutsch: »Ich bin Frau Crosthwaite vom britischen Roten Kreuz. Das ist Frau Montgomery. Wir bringen dich jetzt ins Krankenhaus.«

Sie legte mir ihre Arme unter die Achseln, und Frau Montgomery half ihr, mich auf den Rücksitz des Autos zu heben. Sie beugte sich über mich, ihr Gesicht war eingerahmt von grauen Ponyfransen und langem, glattem Haar. Sie lächelte und streichelte mein Gesicht.

»Fahren wir.« Frau Crosthwaite saß bereits hinter dem Lenkrad, Frau Montgomery stieg neben ihr ein, und wir fuhren ab. Mir wurde schlecht von den Bewegungen des Autos, und ich wurde ohnmächtig.

Ganz schwach hörte ich eine Frau deutsch sprechen, und ich fühlte, wie mein Körper mit einem feuchten Tuch abgewischt wurde. Mit geschlossenen Augen versuchte ich herauszufinden, wo ich war. Das letzte, woran ich mich erinnern konnte, war, daß ich in einem offenen Wagen fuhr und mir schlecht war. Jetzt lag ich auf einer harten Unterlage. Die murmelnde Stimme wurde deutlicher.

»Sieh dir den lausigen kleinen Juden an! Was für Schweine sie doch sind!«

Da packte mich plötzlich die Wut. Ich machte die Augen auf und sah eine breitgesichtige Bauersfrau, die sich über mich beugte. Ohne nachzudenken, griff ich ihr mit beiden Händen in die Haare und schlug ihren Kopf gegen die harte Unterlage, auf der ich lag. Zwei- oder dreimal. Sie schrie und versuchte, sich loszureißen.

Erschöpft ließ ich los, meine Arme fielen herunter.

Mit knallrotem Gesicht drehte sich die Deutsche zu der Frau vom Roten Kreuz um, die daneben stand.

»Sie haben gesehen, was er gemacht hat«, schrie sie. »Das Biest!«

»Ich kann ihm keinen Vorwurf machen«, sagte die andere Frau. »Sehen Sie zu, daß Sie ihn sauber kriegen.«

Die Bauersfrau schnitt eine Grimasse, aber sie sagte nichts mehr, während sie meine Beine und meine Füße wusch. Bevor sie fertig war, wurde ich wieder bewußtlos.

Dreiundzwanzigstes Kapitel

Ich wachte auf und hörte jemanden singen. Es war ein Mann. Er sang auf Englisch. Einen Augenblick lang lag ich ganz still da, hörte nur zu und machte mir klar, daß das kein Traum war. Als ich die Augen aufmachte, sah ich einen jungen Soldaten, der am Fußende meines Bettes stand. Es war ein richtiges Bett, mit sauberen Laken und einem Kopfkissen! Ich drehte meinen Kopf von einer Seite zur anderen und sah noch mehr Betten, manche waren leer, in manchen lagen Männer.

Der Mann hörte auf zu singen, lächelte und kam an die Seite meines Bettes. Er sagte ein paar Worte, die ich nicht verstand, drehte sich um und verließ den Raum. Kurz darauf kam er zurück, in der einen Hand eine Schüssel, in der anderen einen Löffel.

Er setzte sich zu mir aufs Bett und fütterte mich mit ein paar Löffeln heißer Suppe. Ich versuchte, ihm zu sagen, daß ich Hunger hatte und mehr wollte, aber er schüttelte den Kopf und trug die Schüssel fort.

Ich sah die anderen Betten ringsum. Das mußte ein Krankenhaus sein, das, wovon die Frauen vom Roten Kreuz gesprochen hatten und wo sie mich hinbringen wollten. Ich war in Sicherheit. Der Krieg war vorbei. Aber ich war sehr hungrig. Warum wollte der Soldat mir nicht mehr zu essen geben?

Wenig später kam ein englischer Offizier und sagte mir in gebrochenem Deutsch, er sei Arzt.

»Warum kann ich nicht mehr zu essen bekommen?« fragte ich ihn. »Ich habe Hunger, und er hat mir nur ganz wenig Suppe gegeben.«

»Immer nur wenig auf einmal«, antwortete er. »Du hattest Typhus, und wenn du jetzt viel ißt, stirbst du.«

Er verstand mich nicht. Ich hatte den Typhus überlebt; jetzt brauchte ich Essen, um wieder zu Kräften zu kommen. Irgendwie mußte ich an Essen kommen. Als beide, der Doktor und der Soldat, das Zimmer verlassen hatten, stand ich auf, nahm eine Decke aus dem Bett, wickelte sie um meinen nackten Körper und ging hinaus auf den Flur.

Da war eine Treppe, und ich ging hinunter ins Erdgeschoß. Niemand sah mich, als ich aus der Tür schlüpfte; ich schaute mich um. Ganz in der Nähe war ein Gebäude, das wie ein Stall aussah. Ich lief zu einer offenen Tür und ging hinein. Ich fand dort schmutzige Kleider, die jemand liegengelassen hatte. Ich zog sie an und ging unbemerkt an der Wachstube neben dem Tor vorbei. Bestimmt würde ich etwas zu essen finden.

Alle möglichen Kriegstrümmer lagen am Straßenrand: ausgebrannte Lastwagen und Panzer, Uniformteile und Gewehre. Ich hob ein deutsches Maschinengewehr auf und klemmte es mir unter den Arm. Es war kaputt, aber es sah gefährlich aus und ich fühlte mich sicherer damit.

Das Gewehr war schwer, und ich fing an zu zittern. Wenn ich nicht bald etwas Eßbares fände, würde ich zusammenbrechen. Ein Stück weiter lag ein Haus an der Straße. Vielleicht würde ich es bis dahin schaffen. Halb gehend, halb stolpernd bewegte ich mich vorwärts bis zu dem Haus; ohne anzuklopfen, stieß ich die Tür auf.

Ein Mann, eine Frau und ein junges Mädchen saßen an einem Holztisch. Das Mädchen schrie auf, und der Mann erhob sich.

»Bleibt, wo ihr seid!« rief ich auf Deutsch. Ich richtete das Gewehr auf die Frau und fuhr fort: »Gebt mir Essen, schnell, oder ich töte euch alle.« Die Frau zögerte, dann nahm sie den Laib Brot, der auf dem Tisch lag, und hielt ihn mir hin.

»Ich will mehr. Ihr Deutschen habt mich fast verhungern lassen. Jetzt werdet ihr mir zu essen geben!«

Die Frau ging zu einem Schrank und nahm Marmelade, Butter und ein Stück Fleisch heraus. »Steck es in einen Sack und leg ihn auf den Tisch«, befahl ich ihr. »Dann geht ihr alle zur anderen

Zimmerseite. Los!« Ich wußte nicht, wie lange ich noch stehen konnte, mit dem Maschinengewehr im Anschlag.

Sie legte den Sack auf den Tisch, und ich sah, daß sie einen goldenen Ehering trug. »Den Ring auch in den Sack«, sagte ich. Vielleicht konnte ich ihn später gegen neues Essen eintauschen. Die Deutschen hatten mir Mamas goldene Hochzeitskette weggenommen. Ich bekam hier nur einen Bruchteil davon zurück.

Langsam streckte ich die Hand aus, griff nach dem Sack und hielt ihn fest, während ich rückwärts zur Tür ging. Die ganze Zeit hielt ich das Gewehr auf sie gerichtet. Niemand folgte mir, als ich die Straße betrat und mich auf den Rückweg machte, in Richtung Krankenhaus. Unterwegs blieb ich stehen, brach ein Stück von dem Brot ab und stopfte es in den Mund. Es war frisch und noch warm. Köstlich!

Auch diesmal nahm keiner in der Wachstube Notiz von mir, als ich vorbeiging; ich bemühte mich aber auch, mir meine Nervosität nicht anmerken zu lassen.

Ein paar Tage lang genoß ich das gestohlene Essen und fühlte meine Kräfte wachsen. Danach kam der Hunger wieder, und ich mußte mich wieder nach Nahrung umsehen.

Damals erfuhr ich, daß es eine zentrale Küche gab, wo das Essen für das gesamte Krankenhaus zubereitet wurde. Zuerst dorthin zu gehen, erschien mir sinnvoll. Ich ging zum rückwärtigen Kücheneingang und wollte in die Küche gehen, aber ich traute mich nicht. Ein Offizier sah mich dort stehen. Er kam heraus, sprach aber Englisch.

»Hunger«, sagte ich. »Hunger.« Bitte versteh mich!

»Hungrig?«

»Ja! Ja! Hungrig!«

Er machte mir ein Zeichen, ich solle mitkommen. Wir gingen hinein und hinunter in den Keller. Dort zeigte er auf einen Haufen Kohle und anschließend auf zwei Eimer. Ich verstand: Ich sollte die Eimer füllen und sie rauftragen zu den Küchenherden.

Schwach, wie ich noch war, war ich bereits erschöpft, nachdem ich die Eimer gefüllt und einen von ihnen bis zum Fuß der steilen

Treppe geschleppt hatte. Ich versuchte, ihn hinaufzutragen, aber ich schaffte es nicht.

Der Offizier sah mich an; dann nahm er die beiden Eimer und trug sie die Treppe hinauf. Er stellte sie ab und führte mich zu einem Tisch.

»Setz dich«, sagte er und zeigte auf einen Stuhl.

Er brachte mir eine große Schüssel voll Reis, Brot und Butter, und Kaffee. Ich schlang alles in mich hinein, so schnell ich nur konnte, wie ein Tier. Plötzlich fühlten sich meine Hosen feucht an und ich wußte, daß ich blutete. Ich sagte nichts, sondern aß weiter.

Von da an ging ich jeden Tag in die Küche, und der Hauptmann gab mir zu essen. Nach einer Woche war ich schon viel kräftiger, und ich hatte genug Englisch gelernt, um mich ein bißchen unterhalten zu können.

»Jetzt kann ich arbeiten«, sagte ich zu ihm, »arbeiten für das Essen.«

Der Hauptmann ließ mich Kartoffeln waschen. Das tat ich ein paar Tage lang, dann bekam ich viele verschiedene Aufgaben. Schließlich ließ er mich kochen, und bald bereitete ich den größten Teil des Essens für die Offiziersmesse zu.

Frau Crosthwaite und Frau Montgomery besuchten mich. Ich erzählte ihnen, daß meine Schwester Rachel vor dem Krieg nach England gegangen war, und sie versprachen mir, sie zu suchen.

Etwa einen Monat später kam einer der Männer, die mit mir im Block 16 wohnten, angerannt und rief:

»David! David! Hier ist jemand, der dich sprechen möchte. Ein Verwandter!«

Ein Verwandter! Das konnte ich mir nicht vorstellen. Ich rannte zur Tür und sah einen Mann in einer britischen Offiziersuniform. Er lächelte und sagte auf Polnisch:

»David, ich heiße Leo Wachtel. Ich bin der Mann deiner Schwester, Rachels Mann.«

Der Mann meiner Schwester! Ich warf meine Arme um seinen Hals und er drückte mich an sich. Dann saßen wir auf einem

Mäuerchen in der Nähe und unterhielten uns eine Stunde oder länger. Er erzählte mir, daß er einer der polnischen Soldaten in Anders' Armee gewesen war. Er war von Krakau nach Rußland geflohen und dann nach England gegangen, wo er Rachel kennenlernte.

Er zog das Foto einer anderen Frau aus der Tasche und zeigte es mir. »Hast du jemals diese junge Frau gesehen?« fragte er.

Ich sah das Foto an. Oh mein Gott! Ich wurde beinah ohnmächtig. »Entschuldige mich eine Minute«, stammelte ich. »Ich brauche einen Schluck Wasser.«

Ich ging ins Bad, um zu trinken. Plötzlich gaben meine Knie nach, und ich fiel um. Nachdem ich ein paar Minuten auf dem Boden gelegen hatte, stand ich auf, wusch mein Gesicht mit kaltem Wasser und ging wieder hinaus.

»Geht's dir gut?« Leo sah besorgt aus.

»Ja, es geht mir gut. Ich mußte nur was trinken.«

Er hielt mir das Foto hin.

»Ja, Leo«, sagte ich. »Ich weiß, wer das ist. Was hat das Mädchen mit dir zu tun?«

»Sie ist meine Schwester«, sagte er.

Ich legte meine Hand auf seinen Arm. »Es tut mir so leid, Leo, aber sie ist tot. Sie wurde abtransportiert. Bitte frag mich nicht, wie es geschah. Es ist vorbei, und ich will mich nicht daran erinnern müssen.«

»Woher kanntest du sie?«

»Du erinnerst dich, daß deine Schwester einen Mann aus Tarnów heiraten wollte?«

»Ja, ich erinnere mich. Deshalb ging sie ja hin.«

»Sie wollte meinen Vetter heiraten; sein Vater war ein Bruder meiner Mutter. Ich wohnte mit meiner Familie in Tarnów, in Onkel Hanohs Haus, als die Deutschen deine Schwester mitnahmen.«

Leo saß ein paar Minuten schweigend da. »Danke, daß du es mir gesagt hast«, sagte er schließlich. »Es ist besser, man weiß, was geschehen ist.«

Ich fand es furchtbar, ihn anzulügen. Sie wurde nicht abtransportiert. Sie wurde ermordet, während sie mir das Leben rettete, als die Deutschen in Onkel Hanohs Wohnung einbrachen. Deshalb konnte ich nicht mehr, als ich ihr Foto sah. Ich hatte Angst, Leo die Wahrheit zu sagen, hatte Angst, er könnte mich dafür hassen und mir nicht helfen, nach England zu kommen.

Leo hatte seine Schwester verloren; ich hatte meine wieder.

Nachwort

David ging Ende 1946 nach England, zu seiner Schwester, bei der er ein paar Wochen blieb. Da es ihm aber nicht möglich war, mit jemandem zusammenzuleben, der den Horror der Konzentrationslager nicht durchgemacht hatte, verließ er das Haus seiner Schwester und quartierte sich in einem halb zerbombten Gebäude ein.

Nach ein paar Monaten kam Tonia, ein polnisches Mädchen, das er in Bergen-Belsen kennengelernt hatte, nach London; sie wohnte bei ihrem Onkel. Von gemeinsamem Leiden geprägt, fühlten sich David und Tonia zueinander hingezogen. Sie heirateten und lebten elf Jahre lang in England. David wurde Konditor und arbeitete an vielen verschiedenen Stellen, einschließlich der Küche des britischen Unterhauses.

David und Tonia emigrierten mit ihrem einzigen Kind, Henry, 1957 in die Vereinigten Staaten. Sie lebten kurze Zeit in New York City und 20 Jahre in Springfield, Massachusetts. 1978 zogen sie schließlich nach San Diego.

Tonia starb ganz unerwartet 1986 in der Nacht zum Erntedankfest, und David war nach 40 glücklichen Ehejahren wieder allein.

Heute ist er mit Lina verheiratet, die ebenfalls ein Holocaust-Opfer ist. Sie leben in San Diego, in der Nähe ihrer Kinder und Enkelkinder, und David hat wieder eine große, liebevolle Familie.